W0073595

CLEMENS TANGERDING

RÜCKKEHR NACH ROTTENDORF

Von Rechten, Linken
und anderen normalen Leuten

C.H.Beck

Mit 13 Abbildungen

Originalausgabe

© Verlag C.H.Beck oHG, München 2024
Alle urheberrechtlichen Nutzungsrechte bleiben vorbehalten.
Der Verlag behält sich auch das Recht vor, Vervielfältigungen dieses
Werks zum Zwecke des Text and Data Mining vorzunehmen.
www.chbeck.de
Umschlaggestaltung: buxdesign | München, Daniela Hofer
Umschlagabbildung: Katharina Gebauer
Satz: C.H.Beck.Media.Solutions, Nördlingen
Druck und Bindung: Druckerei C.H.Beck, Nördlingen
Printed in Germany
ISBN 978 3 406 82305 3

verantwortungsbewusst produziert
www.chbeck.de/nachhaltig

INHALT

Rückkehr nach Rottendorf **7**

Meine Blase und ich **17**

Danger Dan in Radeberg **23**

St. Georgen und der Rechtsruck **39**

Mein inneres Rottendorfer Kind **53**

Die Feuerwehr im Flüchtlingsheim **59**

Der Kampf um den Würzburger Barbarossaplatz **69**

Der Künstler und die Dietramszeller **85**

Weggehen als Wert **99**

Stille in der Mehrzweckhalle Neuenbürg **111**

Das Würzburger Freibad als Schule des Lebens **139**

Brücken über das Königsfließ und in den Erfahrungsraum **171**

Ansteckungsangst in Luckenwalde **205**

Dank **223**

Bildnachweis **224**

RÜCKKEHR
NACH ROTTENDORF

Als Kind in Rottendorf bin ich überall hingegangen und habe mir alles angeschaut: Wie der Bauer einen Bolzen auf die Stirn des Schweins gesetzt und abgedrückt hat. Wie die Frauen ihre Tupperschüsseln mit Torten zum Heimspiel auf den Sportplatz getragen haben. Wie der Pfarrer in der Osternacht durch die stockfinstere Kirche geschritten ist. Ich habe alles gesehen und überall mitgemacht: Bei der Wallfahrt nach Dettelbach Lautsprecher getragen. Bei den alten Frauen Klingelmännchen gespielt. Bei der Inventur im Edeka in der Mittagspause mehr belegte Brötchen gegessen als jeder andere.

Als Kind in Rottendorf habe ich die Dinge so gemacht wie die Rottendorfer. Morgens am Bahnhof habe ich mich wie die Erwachsenen in die Reihe gestellt und schweigend ins Gleisbett geschaut. Vor dem Hochgebet am Sonntagmorgen in St. Vitus habe ich mich hingekniet und bin nach dem «Geheimnis des Glaubens» wieder aufgestanden. Wenn die Erwachsenen im Outlet zufällig einen Bekannten trafen, beendeten sie alle Gespräche nach spätestens einer Minute mit einem aufgesetzten Lacher und liefen weiter. Das habe ich mir auch angewöhnt.

Ich lernte, dass die Erwachsenen schon wussten, was richtig ist, und wir Kinder ihnen vertrauen konnten. Mein Vertrauen war so groß, dass ich in der Montagsrunde am ersten Schultag nach den Sommerferien meine Unterhose herunterzog und allen meine Narbe zeigte, weil ich in den Ferien wegen eines Wasserbruchs operiert worden war. Und weil wir uns doch immer in der Klassensitzung unsere Verbände und Gipse zeigten.

Ich vertraute darauf, dass es richtig war, nach diesem Ereignis nicht mit mir zu sprechen. Trotz der vielen ausgestreckten Finger auf dem Pausenhof. Es musste seinen Sinn haben, dass ich auf dem Zeltlager der Messdiener von den Großen mit Kleidern unter die Dusche gestellt wurde. Es war sicher das Beste für mich, dass die Lehrer mit dem Kopf schüttelten und weiter unterrichteten, wenn ich einen Wutanfall bekam. In mir fühlte es sich oft schlimm an, aber das konnte nicht an den Erwachsenen in Rottendorf liegen.

Wie viele Bekannte und Freunde bin ich zehn Jahre lang nur selten nach Hause gefahren. Es fühlte sich in Rottendorf schnell eng an. Schon, wenn ich am Ortsschild und links an den Hochhäusern vorbeigefahren bin, fühlte ich mich eingeengt. Nachdem ich von der Friedhofstraße in unsere Straße eingebogen bin, zog es sich in mir zusammen. Ich kam aus Pflichtgefühl und nicht, weil ich es wollte.

Dann bekam ich die Gelegenheit, zwei Projekte zu leiten, die mich zurück aufs Land brachten. In vierzehn meist kleinen Orten in ganz Deutschland habe ich zusammen mit den Bürgerinnen und Bürgern vor Ort über die Zeit des Nationalsozialismus in ihrem Heimatort gesprochen. Wir haben Ausstellungen aufgebaut und Dokumentarfilme gedreht, Diskussionsrunden organisiert und Podcasts aufgenommen.

In den Dörfern und Kleinstädten sind mir viele Figuren wiederbegegnet, die ich aus Rottendorf kannte. Nach mehr als 30 Jahren habe ich wieder mit einem Feuerwehrmann und einem Fußballtrainer, mit einer Friseurmeisterin und einer kaufmännischen Angestellten zusammengearbeitet – und mit einem pensionierten Lehrer, der sich für mehr Umweltschutz vor Ort einsetzt. Ich habe erfahren, dass es solche Menschen auch im Osten gibt. Ich wusste es zwar, aber ich kannte sie nicht.

Vier Jahre lang wurde ich von Menschen in ganz Deutschland willkommen geheißen: im Schwarzwald und im Kraichgau, in Ostwestfalen und Ostsachsen oder auch in Egling an der Paar im Kreis Landsberg am Lech, das man nicht mit Egling im Landkreis Bad Tölz-Wolfratshausen verwechseln sollte. Ebenfalls vor vier

Jahren bin ich selbst zurück aufs Land gezogen. Wir wohnen inzwischen in Luckenwalde in Brandenburg. Meine Bekannten und Freunde kennen den Namen Luckenwalde wegen der Bauhausarchitektur, die Menschen hier in der Region wegen des Turmfests im Sommer.

Ich fühle mich nach meiner langen Reise durch die Dörfer und Kleinstädte, als würde ich in zwei verschiedenen Welten leben. Eine der Welten betrete ich, sobald ich morgens im Zug einen Platz gefunden habe, mein Handy einschalte und mir Kurzvideos aus Talkshows oder Bundestagsdebatten ansehe. Wenn ich Überschriften von Zeitungsbeiträgen über Antisemitismus auf der Documenta oder im Hörsaal lese und manchmal sogar die Artikel dazu. Wenn ich vor einer Bühne stehe und den Reden der Bürgermeisterin und des Landtagsabgeordneten zuhöre. Wenn ich auf Facebook sehe, wie ein Bekannter, der nicht mal seine Geburtstagsglückwünsche auf der Plattform beantwortet, die Petition zu einem AfD-Verbot weiterleitet. Wenn in der Eltern-WhatsApp-Gruppe eine Mutter schreibt: «Ich weiß, es gehört wahrscheinlich nicht hierher. Aber das hier ist echt wichtig!!!», und dann einen Aufruf zu einer Demonstration für Klimaschutz teilt.

Manchmal wird unsere Terrasse Teil dieser Welt. Wenn uns Freund*innen und Bekannte aus der Stadt in unserem neuen Zuhause in Brandenburg besuchen. Dann sitzen wir zusammen und sehen der Sonne dabei zu, wie sie hinter dem Haus von Raik verschwindet, der uns im Frühjahr immer Tomatensetzlinge schenkt. Wenn es am Himmel und in den Häusern dunkel geworden ist, wir zu viel geraucht und getrunken haben und jemand dann mit leiser Stimme fragt, ob in unserer Nachbarschaft eigentlich auch Rechte leben würden.

Die andere Welt ist belebt von Menschen, die sich in irgendeiner Art und Weise in ihrem Viertel oder Dorf engagieren. Ich bin in diese Erfahrungswelt eingetaucht, wenn ich aufs Land gefahren bin. Aber es gibt sie auch in den Städten. Ich denke an den linken Projektleiter, der ausnahmslos alle Alten in seiner Kleinstadt befragt, wenn sie als Zeitzeugen dienen können. An den von der

AfD mitgewählten Bürgermeister, der nach einer Veranstaltung die Tafel anruft, damit sie das übriggebliebene Essen vom Buffet abholen. An den Mann mit den kritischen Ansichten zu Flüchtlingen, mit dem ich zusammen Ausstellungstafeln anbringe.

Die erste Welt kann ich so schnell verlassen, wie ich sie betreten habe. Ich muss nur das Telefon weglegen, den Rechner zuklappen oder mich verabschieden und ins Bett gehen. Die zweite Welt betrete ich, indem ich in Orte fahre und mit Menschen zusammentreffe. Dann sitzen wir um einen Tisch, stehen in einer Tischlerei, laufen im Getränkemarkt mit schweren Kisten zur Kasse und erinnern uns im Auto noch einmal daran, dass wir die Rechnung aufbewahren müssen. Wir wollen ja das Geld zurückbekommen. In der zweiten Welt kann ich erst gehen, wenn die Arbeit getan ist.

Einige Bekannte und Freunde von mir leben mal in der einen, mal in der anderen Welt. Sie debattieren gerne, und sie setzen sich für irgendeine Sache ein. Aber die meisten Menschen, die ich kenne, halten sich meistens in der einen und nur selten in der anderen Welt auf. Das muss schon aus zeitlichen Gründen so sein. Der Journalist, den ich aus Würzburg kenne und der 40 Stunden lang pro Woche Texte über Klimapolitik recherchiert und schreibt, kann nicht auch noch mit Kindern Bäume pflanzen und Waldwanderwege einrichten wie mein Bruder, der Förster ist und für einen Naturschutzbund arbeitet. Die Politikerin von den Linken, die sich von morgens bis abends im Landtag für eine bessere Migrationspolitik einsetzt, kann nicht auch noch als Lehrerin mit Schülerinnen und Schülern Flüchtlingsunterkünfte besuchen. Die meisten leben in der einen Welt und besuchen die andere Welt in ihrer Freizeit.

Als Junge in Rottendorf habe ich in einer ganz bestimmten Situation den Übergang von der einen in die andere Welt deutlich gespürt. Es geschah an einem Sonntagmorgen. Am Ende jeder Messe sprach der Priester den Segensgruß. Danach setzte die Orgel ein, und wir Messdiener liefen von unseren Hockern zum Altar. Wenn wir uns aufgereiht hatten, trat der Pfarrer in unsere Mitte. Auf sein Zeichen hin machten wir die Kniebeuge und liefen in Zweierreihen in die Sakristei zurück. Der Priester verließ die Kirche als letzter. Obwohl wir eine ganze Stunde lang nicht gesprochen hatten, schwiegen wir beim Umziehen. Es dauerte ein paar Minuten, bis wieder jemand anfing zu sprechen. Ich selbst hatte immer eine Meinung zu allem und jedem, aber ich war nach der Messe noch ganz beherrscht vom Schweigen. Meistens redeten wir erst wieder wie immer, wenn wir vor der Sakristei standen. An diesen Moment erinnere ich mich noch genau. Ich war wieder draußen in meiner Welt. Ich konnte wieder laut sein, alte Leute im Gottesdienst nachäffen und Fußballkarten austauschen. Wenn ich nur in der Bank gesessen und nicht ministriert hatte, spürte ich den Übergang weniger deutlich. Aber auch jetzt dauerte es einige Augenblicke, bis ich reden konnte. Zaghaft begannen auch die anderen Rottendorfer, wieder miteinander zu sprechen. Jeder Schritt gab mir meine normale Haltung zurück. In der Straße unterhalb der Kirche gab es damals noch einen Zeitschriftenladen. Die kurzen Blicke auf die Magazine für Erwachsene beschleunigten den Wiedereintritt in meine eigene Welt.

Die Kirche von St. Vitus in Rottendorf ist kein Raum für Debatten. Aber auch wenn ich eine Konferenz zum Thema Demokratieförderung besuche und auch wenn ich einen Geisteswissenschaftler oder einee Soziologin zur Spaltung unserer Gesellschaft auf meinem Handy sprechen höre, dann spüre ich, wie mich eine eigene Welt umgibt. Wie man sich in dieser Welt ausdrückt, wie man sich einander vorstellt und wie man sich bewegt, ist anders als die Art, wie sich die Bewohner der anderen Welt verhalten. Ich lese und höre meistens etwas, das mich beschäftigt. Doch sobald ich die Tagung verlasse und zum Auto laufe oder im Zug das Handy in die Hosentasche stecke, um auszusteigen, habe ich das Gefühl: Jetzt betrete ich wieder meine eigene Welt. Wie damals vor der Kirche in Rottendorf erlebe ich immer noch einen Übergang. Noch ein paar Minuten, und ich bin wieder ganz ich selbst.

Ich bin Historiker und als solcher Bewohner des Debattenplaneten. Auf diesem Planeten hatte ich meinen Platz gefunden und habe ihn 15 Jahre lang nicht mehr verlassen. Vor vier Jahren habe ich mich aufgemacht, um wieder in die Welt einzutauchen, aus der ich komme. Dort bin ich Menschen begegnet, die nicht mit Analysen und Prognosen, mit Schreiben und Reden ihr Geld verdienen, sondern dadurch, dass sie irgendetwas sehr Konkretes tun.

Diese Welt habe ich ganz anders erlebt als die Debattenwelt. Die Menschen, mit denen ich zusammengearbeitet habe, waren in der Lage, die schwierigsten Situationen zu meistern. Sie haben einen Umgang mit dem Ehrenmal in ihrer Gemeinde gefunden, das als Pilgerstätte von Rechtsextremen genutzt wird. Sie haben die Namen von NSDAP-Mitgliedern alteingesessener Familien aus dem Ort in einem Dokumentarfilm veröffentlicht und dafür die Zustimmung der Nachfahren erhalten. Sie haben die Lebensgeschichten von Euthanasieopfern, Zwangssterilisierten und von sogenannten Schwerkriminellen in einer Ausstellung dargestellt, obwohl die Unterstützung für diese Betroffenen in ihren eigenen Familien in der NS-Zeit oft sehr gering ausfiel. Die Menschen, denen ich begegnet bin, haben es geschafft, Gruppenmitglieder mit den unterschiedlichsten Haltungen zu einer gemeinsamen Lösung zu bewegen. Auch AfD-Wähler waren unter ihnen. Solche Aushandlungs- und Einigungsprozesse wie in unseren Projekten habe ich in der Debattenwelt so gut wie nie erlebt.

Selbst auf unserer Terrasse merke ich oft, wie sich die Sprache ändert, wenn wir über Migration oder über den Klimaschutz diskutieren. Manche von uns werden stiller, andere lauter als vorher. Die Art, wie wir miteinander sprechen, ändert sich. Meine Freunde und Bekannten sind allesamt gute Zuhörer. Wer über persönliche Probleme bei der Arbeit, in der Beziehung oder mit den Kindern spricht, der wird gefragt, dem wird Zeit gegeben. Sobald wir über Rechtsradikalismus debattieren oder über Energiepolitik, fängt die Uhr an zu ticken. Wir beginnen, um Redezeit zu feilschen. Wir schaffen es kaum noch zuzuhören, weil wir selbst dringend sprechen müssen. An diesen Diskussionen beteiligen sich am Anfang fast alle, am Ende bleiben nur noch die Hitzköpfe übrig. Die anderen sitzen daneben und hören zu oder stehen auf.

In keiner einzigen dieser Terrassendiskussionen haben wir uns am Ende auf irgendetwas geeinigt. Wir haben nicht mal reflektiert, dass wir uns im Gegensatz zu den meisten, über die wir reden, gar nicht einigen müssen. Wenn wir über Migration debattieren und sich die Argumente irgendwann im Kreise drehen, können wir einfach das Thema wechseln, noch mehr trinken oder ins Bett gehen. Die meisten Personen, die mit Migrant*innen zu tun haben, müssen sitzenbleiben und sprechen, bis sie eine konkrete Lösung gefunden haben.

Ich beobachte an mir, dass ich selten motiviert bin, etwas zu tun, wenn ich auf der Fahrt im Zug eine Talkshow sehe, wenn ich einen politischen Podcast höre oder wenn ich mit Kolleg*innen über den richtigen Umgang mit der AfD gesprochen habe. Ich denke noch eine Weile lang über die griffigsten Aussagen nach. Aber meine Gedanken verfolgen kein Ziel. Ich verfalle ins Grübeln. Damit lasse ich genau das zu, wovon Therapeuten immer warnen: «Hören Sie auf zu grübeln. Ständiges Grübeln bringt Sie nicht weiter!» Aber es ist so schwer, es nicht mehr zu tun.

Diese Selbstbeschäftigung hat mir lange den Blick auf die Wirklichkeit verstellt. Ich habe gar nicht mehr gemerkt, dass die Debatten mich mehr prägen als das, was ich in meinem Alltag erfahre. Es hat eine Weile gedauert, bis ich festgestellt habe: Wir debattieren über den Umgang mit der AfD, während AfD-Wähler jeden Tag unsere Kinder erziehen und unterrichten, an der Supermarktkasse sitzen und unsere Großeltern im Krankenhaus pflegen. Sehr oft muss ich ganz selbstverständlich mit ihnen zusammenarbeiten, ohne dass ich es überhaupt merke.

Gegen diese Erkenntnis habe ich mich eine Zeitlang gewehrt. Ich wollte selbst bestimmen, mit wem ich mich abgebe und mit wem ich nichts zu tun haben möchte. Insgeheim habe ich mir gewünscht, dass die Welt ist wie in den Debatten und wie in meinen Grübeleien. Die Einsicht, dass in meinem Umfeld Menschen jeglicher politischer Überzeugung miteinander reden, feiern und arbeiten, habe ich gefürchtet wie der Teufel das Weihwasser. Ich wollte nicht die Kontrolle verlieren. Inzwischen habe ich verstanden, dass nichts besser wird, wenn ich mich weiterhin gegen diese einfache Tatsache wehre. Es bringt nichts, vor der Wirklichkeit in Debattenräume zu flüchten, nur weil ich mich dort sicherer fühle. Ich muss die Realität anerkennen. Seit mir das besser gelingt und ich mich mehr für die Welt außerhalb der Debattenwirklichkeit interessiere, entdecke ich viel Gutes. Ich fühle mich motiviert, weil ich sehe, was ich selbst tun kann. Aber ich weiß, man muss sich realistische Ziele setzen. Sonst erreicht man nichts als den Punkt, an dem die Krankenkasse die Therapiesitzungen nicht mehr bezahlt. Dann war es das mit dem Weg aus der Krise.

Ich möchte zeigen, warum die Debattenräume, in denen wir uns bewegen, Einigungen häufig eher verhindern als sie zu befördern. Ich will anhand eines Ortes zeigen, was passiert, wenn die Debatte sich so stark ausbreitet, dass die eingeübten Aushandlungsprozesse nicht mehr möglich sind. Dietramszell in Oberbayern war der einzige von vierzehn Orten, in denen wir unser Projekt nicht zu Ende bringen konnten. Scheinbar die ganze Welt hatte sich 2013 über das Dorf lustig gemacht, weil sich der Gemeinderat in diesem Jahr gegen eine Distanzierung von der Ehrenbürgerschaft Adolf Hitlers ausgesprochen hatte. Die Darstellung in den Medien hat Dietramszell vollkommen in den Bann geschlagen. Aushandlungsprozesse im Ort selbst kamen gegen die Wucht der Debatte nicht mehr an. Auch zehn Jahre danach konnten wir keine Gruppe zusammenstellen, um uns mit der NS-Zeit zu beschäftigen. Scham und Wut müssen noch weiter abklingen.

Kurz vor dem Ende meiner Projekte musste ich mir überlegen, ob ich meine Reise verlängern wollte oder nicht. Ich war viel unterwegs gewesen, weg von zuhause. Die Arbeit war anstrengend. Aber die Begegnungen mit den Menschen überall in Deutschland erfüllten mich. Ich hatte das Gefühl, etwas Sinnvolles zu tun. Während ich überlegte, erkundigte ich mich, welche Stiftungen oder Ministerien Projekte wie unsere fördern würden. Bei den Telefonaten und Recherchen begegnete mir immer wieder ein politisches Ziel: die Stärkung der Demokratie im ländlichen Raum. Wenn ich meine Ideen vorstellte, bekam ich oft zu hören,

Clemens Tangerding
zurück in Rottendorf

ich wäre am besten im Bereich der Demokratieförderung auf dem Land aufgehoben. Bundesministerien, Landesbehörden, öffentliche und private Stiftungen sind der Ansicht, dass demokratische Strukturen und ein demokratisches Miteinander in den ländlichen Räumen besonders gefördert werden müssten. Ich dachte darüber nach und setzte mir eine Frist für meine Entscheidung.

Genau in der Zeit, in der ich einen Beschluss fassen musste, fuhr ich eines Tages mit einem Transporter nach Rottendorf. Ich musste Ausstellungsstelen nach München und eine Ausstellungsbox nach Luckenwalde transportieren. Für die Ausstellungsbox hatte eine Schneiderin in unserer Rottendorfer Nachbarschaft einen Überwurf genäht. Sie hatte so etwas noch nie gemacht, also bauten wir die Box in ihrem Vorgarten auf. Sie musste genau verstehen, was zu tun war. Die Holzkonstruktion hatte ich an den Tagen vorher mit meinem iranischen Freund Navab in unserem

Garten in Luckenwalde zusammengebaut. Jetzt lud ich sie mit einem Nachbarn ein, dessen Frau jede Woche die Mülltonnen meiner Mutter rausstellt. Als ich mich vor dem Haus meiner Mutter an die Laderampe stellte, um die Ausstellungsmöbel einzuladen, kam der Nachbar aus der Tür und packte mit an. Nach etwa einer Stunde waren wir fertig. Meine Mutter packte mir Stullen ein und ein paar Kuchenstücke, die eine Freundin aus der Nachbarschaft vorbeigebracht hatte. Ich verließ Rottendorf und machte mich auf den Weg nach München. Wer auch immer demokratische Strukturen auf dem Land stärken möchte, dem sei gesagt: Die Ecke Tannenstraße und Carl-Schnabel-Straße in Rottendorf ist ausreichend demokratisiert.

Auf der Fahrt führte ich wieder ein Gespräch mit einem möglichen Geldgeber. Ich erklärte ihm meine Ideen und er verwies mich an einen Kollegen. Er fragte, ob ich etwas zu schreiben hätte. Ich zögerte kurz und dachte mir: Genau das ist es. Ich habe etwas zu schreiben.

Ich möchte meine Leser und Leserinnen einladen, mit mir aufs Land zu fahren: in die Turnhalle nach Neuenbürg und zum Rathaus von St. Georgen, auf den Tönsberg von Oerlinghausen und auf den Barbarossaplatz von Würzburg, zur Feuerwache von Dietramszell – und natürlich nach Rottendorf. Ich möchte meine Eindrücke aus beiden Welten schildern. Ich möchte erklären, warum in der Erfahrungswelt Einigungen so wichtig sind und im Debattenraum Standpunkte. Ich möchte uns allen empfehlen, die Lautstärke der Debatte ab und zu herunterzudrehen. Und zurückzukehren an die Orte, wo die leiseren Töne der persönlichen Erfahrungen stattfinden: in unsere Straße, unser Viertel, auf unsere Arbeitsstelle, in unseren Verein und in unser Wohnzimmer.

MEINE BLASE UND ICH

Wie so viele von uns komme ich vom Dorf, bin zum Studium in die Stadt gezogen und wohne nun wieder auf dem Land. Natürlich bin ich nicht zurück in meine Heimat gezogen, sondern habe zusammen mit meiner Freundin ein bezahlbares Haus in der Nähe der Stadt gekauft, in der wir lange gelebt haben: Berlin. Sie ist meine Freundin und nicht meine Frau, weil wir immer noch am grundsätzlichen Sinn der Eheschließung zweifeln. Wir sind beide 47 Jahre alt und in der Kulturbranche tätig. Meine Freundin arbeitet als Fotoredakteurin beim Öffentlich-Rechtlichen Rundfunk, ich als freiberuflicher Historiker. Seit etwa zehn Jahren antworte ich auf die Frage, ob man denn davon leben könne, auf die immergleiche Weise: Am Anfang musste ich davon leben, inzwischen kann ich davon leben.

Viele von uns sind Geistes- oder Sozialwissenschaftler, Gestalter und Architekten, Schauspieler und Coaches. Gottlob sind auch einige Lehrer, Ärzte, Ingenieure, Therapeuten und Anwälte unter uns, sodass wir Tilgungen und Unterhaltszahlungen in der Regel pünktlich zahlen können. Richtig verschuldet ist im engeren Freundeskreis niemand, es kann aber schon mal eng werden.

Unser Bekanntenkreis teilt sich etwa zur Hälfte in Normalfamilien und in Patchworkfamilien auf. Wir wissen aber, dass der Begriff «normal» hier fehl am Platz und Patchwork inzwischen völlig normal ist.

Wie fast alle aus unserem Freundeskreis haben wir eine problematische Beziehung zu mindestens einem Elternteil und einem unserer Geschwister und zu unserem Partner, sind aber aufgrund unserer Therapie auf dem Weg zu mehr Gelassenheit. Selbstverständlich kennen wir den Unterschied zwischen einer tiefenpsychologisch fundierten Therapie und einer Verhaltenstherapie und haben mit unseren besten Freunden lange darüber gesprochen, welche Therapieform in dieser Phase unseres Lebens die beste wäre. Der Satz, den unsere Freunde dabei am häufigsten benutzt haben: «Das Wichtigste ist, dass es sich für dich gut anfühlt.» Wir wissen seit unserer Therapie auch, dass unser Partner eigentlich viel dringender als wir selbst eine therapeutische Behandlung bräuchte. Noch möchte er das nicht, aber wir gehen ja jetzt gelassen damit um. Wir tragen die Hoffnung in uns, dass er es eines Tages versteht. Unsere Therapeutin und unsere beste Freundin erinnern uns regelmäßig daran: Es muss von ihm selbst ausgehen..

Wenn wir im Freundeskreis über Erziehung sprechen, dann betonen wir, dass wir die Bedürfnisse unserer Kinder mehr beachten müssen. Wir schenken uns bedürfnisorientierte Ratgeber zu Weihnachten. Aber wenn wir mit unserem Partner und den Kindern allein sind, darf es gerne auch mal streng sein. Unsere Zündschnur ist spätestens seit den Lockdowns so kurz, dass uns für lange Auseinandersetzungen die Geduld fehlt.

Wir haben uns während der Corona-Pandemie an die Regeln gehalten. Wir haben Masken getragen und uns impfen lassen. Wir haben uns ständig getestet und bis Ende 2021 den Beipackzettel in den Papiermüll geworfen, bevor wir den Rest im Gelben Sack entsorgt haben. Ab Anfang 2022 kam alles in den Restmüll. Wir haben uns an die Quarantäne-Regeln gehalten und sind zuhause geblieben, wenn unser Testergebnis positiv ausfiel. Wirklich nur ein einziges Mal sind wir trotz Corona-Erkrankung in die Bahn gestiegen. Aber das Yoga-Retreat an der Ostsee war nun einmal schon lange gebucht, und bei einer so kurzfristigen Absage hätte es keine Erstattung gegeben.

Wir haben uns zu Beginn der Pandemie in der WhatsApp-Gruppe angemeldet, die von den Elternvertretern in der Schule unserer Kinder gegründet wurde, sind aber schon lange genervt von den vielen unnützen Nachrichten und besonders von den Corona-Test-Fotos mit der Bildunterschrift «Jetzt hat es uns auch erwischt!!!». Wir haben während der Pandemie Emojis zuerst lieben und dann hassen gelernt.

Es gab einige in unserem Freundeskreis, die sich den Querdenkern angeschlossen haben und ständig Artikel von irgendwelchen abseitigen Blogs auf Facebook gepostet haben. Wir haben versucht, diese Freunde zu meiden, weil es einfach zu viel wurde. Inzwischen hat sich unser Verhältnis zu ihnen zwar wieder gebessert, aber es nicht mehr so wie vorher. Mit Nachrichten, die darauf hinweisen, dass sie in einigen Punkten vielleicht recht hatten, können wir nicht umgehen.

Wir haben während der Corona-Jahre auch daran gedacht, endlich unser Auto loszuwerden. Einige von uns haben die Familienkutsche tatsächlich verkauft und die Einnahmen in den Ausbau der Gartenlaube gesteckt. Andere haben ihr Auto behalten, betonen aber immer wieder, dass es die meiste Zeit herumsteht. Ein Elektroauto hat sich niemand von uns angeschafft. Die sind einfach viel zu teuer, und es gibt keine Elektroautos als Kombi.

2023 sind wir in den Urlaub geflogen. Nach all den Sommerurlauben in einem deutschen Mittelgebirge oder bei den eigenen Eltern mussten wir alle raus, andere Sprachen hören und anderes Essen bekommen. Vor allem hatten wir von den Mittagspausen auf einem Aldi-Parkplatz genug. Nachdem wir die Flüge gebucht hatten, haben wir in Gesprächen mit anderen Eltern auf dem Sommerfest betont, dass wir mit unserem Partner lange darüber diskutiert haben, ob wir tatsächlich fliegen sollten und welches Signal das an unsere Kinder sendet.

Meine Freunde und ich kommen zu einem überwiegenden Teil aus der deutschen Provinz. Wenn wir auf unseren Geburtsort angesprochen werden, nennen wir das Dorf nicht, in dem wir groß geworden sind, sondern die Stadt, die in der Nähe liegt. Wir kommen nicht aus Ochsenfurt, sondern aus «in der Nähe von Würzburg», nicht aus Willebadessen, sondern aus «zwischen Paderborn und Göttingen, aber noch in Nordrhein-Westfalen», nicht aus Markt Schwaben, sondern «aus dem Großraum München». Wir kommen schon gar nicht «aus Pirna», weil wir die ewiggleiche Frage nach den vielen Rechtsextremen nicht mehr hören können, wir kommen «aus der Sächsischen Schweiz». Nur diejenigen von uns, die zuhause geblieben sind, nennen bei ihrer Vorstellung den Namen ihres Dorfes. Denn zuhause kennt man Ochsenfurt, Willebadessen und Markt Schwaben natürlich. Ich komme aus Rottendorf.

Wir gendern, sind aber nicht streng dabei. Es ist uns sofort aufgefallen, dass in diesem Buch offenbar nur ab und zu gegendert wird.

Wer uns auf einer Party erzählt, dass er bis zur Rente in seiner Firma und bis zum Ende bei seiner Frau bleiben möchte, würden wir ihn loben, aber innerlich Mitleid empfinden. Denn wir haben verstanden, dass unser Job und noch mehr unsere Beziehung Teil eines Prozesses sind, den wir jetzt noch gar nicht überblicken können. Wer etwas für immer tun möchte, der hat nie richtig gelernt, auf seine Bedürfnisse zu achten.

Wenn wir im Freundeskreis zusammensitzen, kommen wir inzwischen häufig auf die AfD und ihre hohen Umfragewerte zu sprechen. In vielen Gesprächen äußern meine Freundinnen und Freunde die Sorge, die AfD könne 2024 bei den Landtagswahlen in Thüringen und Sachsen so viele Stimmen bekommen, dass sie Teil der Landesregierung wird. Interessanterweise nennen meine Freunde meistens nur Sachsen und Thüringen als Bundesländer mit möglicher AfD-Regierung. Brandenburg ist dagegen in den Gesprächen deutlich weniger präsent, auch wenn die AfD in den Umfragen auch dort deutlich vor allen anderen Parteien liegt. Da wir Brandenburg etwas kennen, schauen wir entsetzt vor allem nach Thüringen und Sachsen.

Das Szenario, das viele meiner Freunde teilen, lässt sich so zusammenfassen: Die AfD könnte das gesamte politische System umstürzen. Die Landesregierungen mit AfD-Beteiligung könnten ihre rassistische Ideologie in die Tat umsetzen und Geflüchtete entrechten und vertreiben. Sie könnten die Kulturbranche infiltrieren, indem sie zentrale Stellen wie Intendanzen und Geschäftsführungspositionen mit eigenen Leuten besetzen. Die AfD-Regierungen könnten unliebsame Richter und Staatsanwälte entlassen und durch parteikonforme Kader ersetzen. Liberale Menschen wie wir müssten in einem Klima der Angst leben und uns vor Verfolgung durch die Schergen der Partei fürchten.

Diese Prognosen meiner Freunde und Bekannten hören sich für mich so an, als würden wir in einen neuen Nationalsozialismus hineinschlittern. Als stünden wir kurz vor einem neuen 1933, als wäre die AfD eine neue NSDAP. Dieses düstere Szenario wird inzwischen wöchentlich von Journalistinnen, Politikern, Podcastern und Intellektuellen wiederholt.

DANGER DAN IN RADEBERG

Viele meiner Freunde waren im Sommer vergangenen Jahres beim Konzert von Danger Dan in der Waldbühne. Alle, die dort waren, kamen begeistert zurück. Ich glaube, sein Lied «Das ist alles von der Kunstfreiheit gedeckt» spricht vielen Bewohnern meines linksliberalen Milieus aus dem Herzen:

> Gauland wirkt auch eher wie ein Nationalsozialist
> Faschisten hören niemals auf, Faschisten zu sein
> Man diskutiert mit ihnen nicht, hat die Geschichte gezeigt.

Ich verstehe den Wunsch hinter dem Text: Wenn wir uns als große linksliberale Mehrheit von der AfD und ihren Hauptakteuren abgrenzen, dann halten wir sie in Schach, dann verhindern wir ihren Aufstieg, dann zerkleinern wir sie. Als Liedzeile ist die Botschaft verständlich. Als Grundannahme für konkretes politisches Handeln halte ich sie aber für kontraproduktiv, und sie entspricht auch einfach nicht meinen Erfahrungen. Ich sehe nicht, dass der Aufstieg einer politischen Bewegung durch eine möglichst konsequente Abgrenzung aufzuhalten wäre.

Ich selbst habe in der ganzen Bundesrepublik Projekte zur Aufarbeitung des Nationalsozialismus geleitet und dabei mit Bürgerinnen und Bürgern zusammengearbeitet. Oft haben sich bei den Präsentationen unserer Ergebnisse Bürgermeister vor die Festgäste gestellt und die genannten Metaphern wiederholt: Unsere Arbeit sei gerade in diesen Zeiten so wichtig, da braunes Gedankengut wieder Einzug in Parlamente halte. Sehr oft spreche ich mit Mitarbeitern und Mitarbeiterinnen von Stiftungen und von Demokratieförderprogrammen, mit Ministerialbeamten und Politikern über unsere Arbeit. Sie bedanken sich für die wichtige

Arbeit, die wir leisten. Was die Bürgermeister und Stiftungsreferenten nicht wissen oder nicht wahrhaben wollen: An genau diesen Projekten nehmen selbstverständlich auch AfD-Wähler teil.

Meistens spüre ich, dass meinen Gesprächspartnern diese Aussage unangenehm ist. Als würde ich sie provozieren wollen. Aber das möchte ich nicht. Ich möchte nur verhindern, dass wir uns in unserer linksliberalen Blase weiterhin der Realität verschließen.

AfD-Wähler sind oft nicht als solche zu erkennen, wenn wir mit ihnen sprechen. Sie engagieren sich in Vereinen, sie kümmern sich um Alte und Kranke, sie verteilen Essen an Obdachlose, sie übernehmen ehrenamtliche Aufgaben in Kirchengemeinden. Sie helfen ihren Nachbarn beim Umzug, sie stehen ihren Freunden bei. Sie stellen sich im Supermarkt ebenso ordentlich an der Kasse an wie fast alle anderen Menschen. Es gibt nicht eine einzige Erhebung, wonach in Landkreisen mit hohem Anteil an AfD-Wählern ehrenamtliches Engagement weniger ausgeprägt sei als in Regionen, in denen Vertreter unseres linksliberalen Lagers leben.

Wenn ich höre, dass die AfD-Sympathisanten die Demokratie nur als Sprungbrett für den von ihnen geplanten Umsturz benutzen würden, dann stelle ich mir inzwischen innerlich vor allem die Frage: Wo spüre ich diesen Umsturzwillen im Land, wo erlebe ich ihn konkret? Ich spreche ja auch mit Leuten, die eine Deutschlandfahne im Garten und einen «Die Ampel muss weg!»-Aufkleber auf der Stoßstange kleben haben. Ich höre den Pendlern im Zug zu und rede mit Politologen vor dem Nahkauf. Wo ist der Umsturzwille?

Wenn ich mit meinen Schwiegereltern spreche, dann erlebe ich diesen Kontrast von Debatte und Erfahrung meist sehr konkret. Sie leben in einem Dorf in der Sächsischen Schweiz und sind tief verwurzelt in dem Ort. Die Familie meiner Schwiegermutter lebt in der fünften Generation in einem prächtigen Haus aus Sandstein mit großem Garten. Beide sind 80 Jahre alt. Wenn wir mit ihnen sprechen, berichten sie wie meine Eltern aus dem Westen über Geburtstage und Vorbereitungen für das Sommerfest der Kirchengemeinde. Sie sprechen von Besuchen bei Freunden, deren Ehepartner verstorben sind, über Ärzte, die keine Zeit mehr haben, und über Spaziergänge zum See, nach denen am Ende doch das Knie wieder schmerzt. Manchmal sprechen sie Konflikte im Bekanntenkreis oder in Gremien an. Doch was Ärger in ihnen hervorruft, sind meistens menschliche Verhaltensweisen wie Wichtigtuerei, Selbstbezogenheit, Rechthaberei oder die Unfähigkeit zuzuhören. Wenn wir viel Zeit haben, sprechen wir noch über die AfD-Umfragewerte. Bei der Landtagswahl in Sachsen im Jahr 2019 erreichte die AfD in ihrem Ort 32 Prozent der Stimmen. Diese Werte bereiten ihnen Sorgen. Wo das noch hinführen solle, fragen sie sich.

Bei diesen Gesprächsverläufen mit meinen Schwiegereltern ist mir irgendwann aufgefallen: In ihren persönlichen Begegnungen im Ort fühlen sie sich wohl, auch wenn es Differenzen gibt. Es gibt in ihrem Freundes- und Bekanntenkreis keine Hetzer und Fanatiker. Erst bei der Lektüre der Wahlprognosen wird ihnen angst und bange. Während sie im Alltag – so ist schon allein aufgrund der hohen Prozentzahlen anzunehmen – ständig mit AfD-Wählern sprechen, erfahren sie in den Medien, dass man mit AfD-Wählern eigentlich nicht sprechen könne.

Ähnlich verlaufen Gespräche mit Berliner Freunden, die in Thüringen ihre Winterferien verbracht haben oder in Mecklenburg ihren Sommerurlaub. Sie beschreiben die Menschen, die sie treffen, in der Regel als gastfreundlich und warmherzig. Selbstverständlich machen sie auch negative Erfahrungen. Doch diese erleben sie viel häufiger im Umgang mit anderen Eltern als mit den Einheimischen. Oft fragt nach dem Urlaubsbericht der Freunde jemand aus der Gruppe: «Habt Ihr es mitbekommen, dass dort so viele AfD-Wähler leben? War das zu spüren?» Die Antwort lautet dann fast immer, man habe direkt davon nichts mitbekommen. Das eigene Erleben und die Nachrichtenlage sind nicht miteinander in Einklang zu bringen.

Nach vielen Gesprächen dieser Art spüre ich erst einmal Selbstzweifel. Ich frage mich dann oft, ob ich zu naiv bin oder nicht reflektiert genug für meinen Beruf. Wie oft saß ich mit Akademikerfreunden zusammen und hatte das Gefühl, dass ich nicht dazugehöre. Dasselbe Fremdheitsgefühl überkommt mich oft, wenn ich mit Journalisten über die AfD und über Rechtsextremismus spreche. Meine Gesprächspartner sind häufig felsenfest davon überzeugt, dass man mit Rechten weder reden könne noch dürfe. Sehr viele Freunde, Bekannte und Kollegen warnen andauernd vor einem Erstarken der AfD und sagen, man müsse alles tun, um den Einfluss der Rechten zurückzudrängen. Gleichzeitig sind viele ebenso fest der Meinung, man dürfe ihnen keine Bühne bieten, und man dürfe Rechte und ihre Haltungen nicht legitimieren, indem man sie zu Wort kommen lässt. Der Ansatz meiner Bekannten lässt sich so zusammenfassen: Wir müssen alles tun, um den Aufstieg der Rechten zu verhindern. Alles außer reden.

Diese Gespräche werden von Selbstzweifeln begleitet. Ich fühle mich unwohl, weil ich mit Rechten spreche. Ich verschweige manchmal, dass ich ganz bewusst in Gaststätten gehe, in denen draußen die Deutschlandfahne hängt und ein «Die Ampel muss weg»-Aufkleber auf dem Auto klebt. Ich fürchte mich vor negativen Reaktionen, weil ich der festen Überzeugung bin, dass sich Menschen nur durch Dialog verändern, nicht durch Ausschluss und Ausgrenzung.

Im Sommer 2023 sprach ich mit der Leiterin eines Kulturvereins. Wir redeten über mein Buchprojekt und über die Debattenkultur in Deutschland. Die etwa 60-jährige Dame sagte, die politische Diskussionskultur sei so verroht, dass ein normales Gespräch gar nicht mehr möglich sei. Sie versuche, weiter offen zu bleiben und sich Diskussionen nicht zu verwehren. Aber es fiele ihr immer schwerer, das Gespräch zu suchen oder Runden nicht zu verlassen. Sie definierte die Gruppe nicht näher, mit denen sie nicht mehr sprechen könne und wolle. Aber es war klar, sie machte Personen aus dem rechten Spektrum für die Verrohung der Positionen verantwortlich. In ihrem Bekanntenkreis seien inzwischen viele resigniert und zögen sich ins Private zurück. Sie selbst lehne diesen Rückzug vorerst ab und bedauere, wie wenige Menschen aus ihrem Umfeld sich noch in Diskussionen einmischen würden.

Ich wollte verstehen, mit welchen Personen ihrer Meinung nach ein Gespräch noch möglich sei und fragte sie: Mit wem würdest du noch reden? Mit AfD-Wählern? Ihre Antwort habe ich sehr oft in ähnlicher Weise gehört. Sie sagte, sie wisse, dass nicht alle AfD-Wähler rechtsradikal seien. Aber diese Menschen müssten doch verstehen, wem sie ihre Stimme geben: Björn Höcke zum Beispiel. Sie klagte darüber, dass es unter den Rechten Menschen gebe, die den Holocaust leugnen würden. Wie sei mit denen noch ein Gespräch möglich? Ich hatte auf meine Frage keine Antwort erhalten, zumindest keine eindeutige: Mit wem würdest du noch sprechen?

Wie in dem Gespräch mit der Vereinsvorsitzenden geht es mir oft, wenn ich mit unsereins spreche. Zunächst beteuern wir uns alle, wir seien offen für Debatten auch mit Rechten, um unsere Dialogbereitschaft danach sofort wieder zurückzunehmen. Dies tun wir einmal, indem wir immer wieder die radikalsten Vertreter der Partei und ihre gefühlten Verbündeten auf die Bühne bitten: Björn Höcke, Holocaust-Leugner, gewaltbereite Neonazis, Reichsbürger. Wir, die wir sonst sehr um Differenzierung bemüht sind, machen alle Bösen zu Gleichgesinnten. Dies tun wir aber auch, indem wir die Vorhaben der AfD möglichst menschenverachtend, möglichst grausam, möglichst böse darstellen. Wie kann man noch mit Menschen reden, die alle Ausländer aus dem Land werfen wollen?

Nach längerem Zuhören hörte ich in dem Gespräch mit der engagierten Dame heraus, dass sie in vielen Jahren nur ein einziges Gespräch geführt hatte, mit einem gemäßigten Rechten. Die Ansichten ihres rechten Gesprächspartners waren ihr jedoch so zuwider, dass sie den Dialog schnell beendete und ging. Welche Ansichten die Person äußerte, weiß ich nicht.

Vor einiger Zeit haben unsere Freunde Mathias und Hanna Besuch von einem Reichsbürger bekommen. Hannas Tante kam mit ihrem neuen Partner zu Besuch. Er zweifelte die Rechtmäßigkeit der Bundesrepublik an, indem er behauptete, unser Land sei nie richtig gegründet worden. Deutschland werde gesetzlich immer noch von den Alliierten kontrolliert. Die Bundesrepublik sei also rechtlich Besatzungsgebiet und damit kein souveräner Staat. Das Grundgesetz habe die Weimarer Reichsverfassung von 1919 nie aufgehoben, sondern nur pausiert. Der neue Partner von Hannas Tante war sich sicher, dass Hitler Juden geschützt hätte. So kam ich ins Spiel. Denn Matthias erzählte mir von dem Treffen und fragte mich, wie man so einen Unsinn erzählen könne. Die Begegnung brachte ihn auch Tage danach noch auf. Er habe sich die kruden Thesen eine Zeitlang angehört, habe die Runde aber dann verlassen müssen. Er könne sich ein solches Maß an Schwachsinn nicht anhören. Was unser Freund erlebt hat und wie er darauf reagierte, halte ich für typisch für unser linksliberales Milieu. Wenn wir rechte Menschen treffen, wenden wir uns schnell von ihnen ab und erzählen unseren Freunden von dem «Mist», den die Rechten mal wieder erzählt haben.

Ich dachte darüber nach, was der Reichsbürger mit der Freundschaft Hitlers zu den Juden gemeint haben könnte, und mir fiel schließlich das Palästinaamt ein. Die Bezeichnung «Amt» ist etwas irreführend, weil es sich um einen Verein oder eine Interessenvertretung handelte. Das Palästinaamt gehörte zur zionistischen Bewegung des Judentums und organisierte die Ausreise von deutschen Jüdinnen und Juden aus dem Deutschen Reich nach Palästina. Die Vertreter des Amts mussten bei den Reichsbehörden Ausreisegenehmigungen beantragen. Tatsächlich wurden in der Phase zwischen 1933 und 1941 von den Behörden solche Bescheide ausgestellt. Ich habe noch Kontakt zu einer Familie in Israel, deren Vater mithilfe einer solchen Genehmigung 1934 aus dem Reich nach Palästina ausreisen konnte. Sein Vater dagegen und seine Schwester wurden in Treblinka ermordet. Vielleicht meinte der Reichsbürger dieses Amt? Wäre ich bei dem Gespräch mit dem Reichsbürger dabei gewesen, hätte ich den Mann gerne mit meinen jüdischen Bekannten in Israel bekanntgemacht. Zur Vorbereitung auf das Gespräch hätte ich dem Reichsbürger ein paar Seiten aus der Forschungsliteratur zum Palästinaamt geschickt, natürlich per Signal-App, damit der Verfassungsschutz des Unrechtsstaates nichts von unserem Austausch mitbekommt. Die Studie «Jüdische Selbsthilfe unter dem Naziregime 1933 bis 1938» von Salomon Adler-Rudel hätte ich ihm zukommen lassen. Beim Gedanken daran empfand ich Zuversicht, auch weil die israelischen Freunde und Bekannten sich des Reichsbürgers wahrscheinlich mit viel Humor und Zuneigung angenommen hätten. Vielleicht hätten sie ihn sogar nach Israel eingeladen, weil Israelis grundsätzlich alle in ihr Land einladen. All das war nur eine Fantasie von mir. Aber ich hätte es gerne ausprobiert. Wenn ich die Möglichkeit habe, Menschen zu überzeugen, dann will ich es zumindest versuchen. Was kann ich denn sonst tun?

Stattdessen enden Gespräche mit Rechten oft, indem wir uns genervt aus dem Staub machen. Wir bewegen uns von den Rechten weg und schnell wieder auf unsere Freunde zu. Wie eine Brandmauer fühlt sich dieses Konzept nicht an. Denn eine Brandmauer flüchtet nicht, im Gegensatz zu uns. Wir verhalten uns eher, als würden wir selber brennen.

Vor einiger Zeit besuchte ich den Bundestag und wurde von einem Abgeordneten der Grünen-Fraktion durch das Reichstagsgebäude geführt. In einem Durchgang kam uns eine Gruppe von AfD-Abgeordneten entgegen, und mein Gastgeber drehte seinen Kopf auffällig zur Seite. Er ignorierte sie nicht einfach nur, er wandte sich aktiv von ihnen ab. Er verhielt sich wie ein Schauspieler auf der Bühne, der einer alltäglichen Bewegung besonderen Ausdruck verleiht. Die Zuschauer waren in diesem Fall alle anderen Nicht-AfD-Angehörigen in der Halle. Er spielte offenbar eine Rolle. Aber hatte er sich diese Figur selbst ausgedacht?

Ich fragte ihn, wie seine Fraktion mit AfD-Vertretern in alltäglichen Begegnungen umgehen würde. Er antwortete mir, es gebe keinerlei Interaktion: kein Türaufhalten, keine Begrüßung, keine Reaktion auf Wortmeldungen in Ausschüssen. Das sei so abgesprochen. Während man die Fraktion der AfD in Bundestagsdebatten lautstark angreift, bekämpft man sie hinter verschlossenen Türen durch zur Schau gestellte Ignoranz.

Bei einer Projektvorstellung in Radeberg ist mir die Absurdität unseres Verhaltens deutlich bewusst geworden. Im Februar 2023 präsentierten wir im Hotel Kaiserhof die Ergebnisse unseres dortigen Einzelprojekts. Wir hatten einen Podcast über sechs verschiedene Orte von Radeberg produziert. Er trägt den Namen «Hier passierte es». Bei der Vorstellung hörten wir uns gemeinsam die erste Folge des Podcast an und diskutierten anschließend darüber, wie man die Radeberger stärker für die NS-Geschichte interessieren könnte. Eine überschaubare Runde hatte sich zusammengefunden. Die Vorstellung fiel deutlich bescheidener aus als in den meisten anderen der vierzehn Orte, in denen wir Einzelprojekte durchführten. Neben etwa zwanzig Bürgerinnen und Bürgern erschien auch der Radeberger Bürgermeister Frank Höhme.

Als ich die Gäste begrüßte, war ich angespannt. Denn in den Tagen vorher war in der Kleinstadt bei Dresden ein Streit zwischen einer Lokalhistorikerin und einem Lokalhistoriker entbrannt. Der Konflikt begann, indem ein junger Historiker einen kurzen Artikel in einem Radeberger Lokalblatt zur Machtübernahme 1933 veröffentlichte. Der Text erschien in der Serie «Stadtgeschichtliche Anekdoten» und trug den Titel «Vor 90 Jahren – Bürgermeister nach Machtergreifung des Amtes enthoben». Der Artikel schilderte den Wechsel vom regulär gewählten SPD-Bürgermeister zum NSDAP-Amtsinhaber nach der Reichstagswahl vom 5. März 1933. Die Übergabe der Amtsgeschäfte fand unter Zwang statt. Die SA besetzte das Rathaus, hisste die Hakenkreuzflagge und entzog dem amtierenden Bürgermeister das Amt. Der reguläre Bürgermeister wurde durch einen NSDAP-Parteikader ersetzt. Nach Erscheinen des Artikels erschien der Leserbrief einer etablierten Lokalforscherin und Autorin. Darin warf sie dem Autor eine verharmlosende Darstellung der Ereignisse von 1933 vor: «Kein einziges Wort über den Handstreich von 60 Angehörigen der SS und SA, die das Rathaus besetzten und mit vorgehaltenen Waffen Bürgermeister und leitende Beamte von ihren Schreibtischen jagten (…).» Der Historiker hatte in der Tat die SA-Besetzung nur in einem Satz beschrieben und viele Details nicht genannt. Ihr schwerster Vorwurf richtete sich gegen die Beschreibung des im

Juli 1933 eingesetzten NSDAP-Bürgermeisters. Die Autorin warf ihrem Widersacher vor, er habe dessen weitere Karriere nicht mit einem Wort erwähnt und damit die Kriegsverbrechen dieses Mannes namens Otto Rasch ignoriert. Rasch, Radeberger Bürgermeister ab 1933, wurde 1941 als Leiter einer Einsatzgruppe im Ostfeldzug eingesetzt. Unter seinem Kommando ermordeten seine Truppen 80 000 Zivilistinnen und Zivilisten. Diese Fakten dürften nicht verschwiegen werden, auch wenn sie nicht zur Radeberger Stadtgeschichte im eigentlichen Sinne zählten, mahnte die Historikerin.

Der Kritisierte meldete sich nun wieder zu Wort, indem auch er einen Leserbrief publizierte. Darin sprach er der Autorin Anerkennung für ihr fundiertes Wissen und ihre Expertise aus, erklärte aber, er hätte nur einen kurzen Überblick über die Ereignisse geben können und daher auf die meisten Fakten verzichten müssen. Die Kritik der Autorin bezeichnete er als «Angriff», «Anschlag» und sogar als «niedergeschriebenes Attentat». Darauf wollte die Lokalhistorikerin mit einem neuen Leserbrief reagieren, doch diesen Wunsch lehnte die Zeitung ab.

Nachdem mir die Heimatforscherin den Artikel, ihren und seinen Leserbrief hatte zukommen lassen, überlegte ich, was ich nun tun sollte. Wir sprachen einige Tage vor der Präsentation in Radeberg miteinander und ich hatte den Eindruck, sie fühlte sich von mir verstanden. Nun wollte ich auch mit ihrem Gegenpart sprechen und ihn zur Veranstaltung einladen. Denn ich hatte die Hoffnung, dass wir den Konflikt bei einem Gespräch unter sechs Augen vor Veranstaltungsbeginn ansprechen und bestenfalls beilegen würden. Als ich den Namen des Mannes googelte, stellte ich fest, dass er Mitglied der AfD war. Die AfD unterhält in Radeberg ein eigenes Parteibüro. Daher fragte ich bei unseren Förderern, der Bundeszentrale für politische Bildung und dem Antisemitismusbeauftragten des Bundes, ob ich eine Veranstaltungseinladung an alle in Radeberg vertretenen Parteibüros schicken dürfte. Die beiden Ansprechpartner hörten sich den Fall an und baten um etwas Geduld. Sie mussten sich erst informieren und abstimmen, wie in diesem Fall gemäß den Regeln ihrer Häuser zu verfahren sei. Nach kurzer Zeit meldeten sie sich zurück und teilten mir mit, dass eine Einladung von Parteien aufgrund der parteipolitischen Neutralität der Bundeszentrale und des Antisemitismusbeauftragten nicht möglich sei. Die Antwort überraschte mich nicht. Aber sie machte einen Dialog und damit eine Einigung schwieriger.

In der Tat erschien zur Präsentation nur die Autorin. Der junge Mann kam nicht. Ich erfuhr, dass er auch zu einigen Treffen der Radeberger Geschichtsforscher nicht aufgetaucht war. Offenbar sonderte er sich ab. Die Gründe hierfür kannte ich nicht. Wieder konnte ich nichts tun.

Bei der Präsentation unseres Podcast erlebte ich, wie anders ein Dialog verlaufen kann, wenn man vor dem Gespräch nichts über Parteizugehörigkeiten oder politische Haltungen in der Gruppe weiß. Zu der Vorstellung erschien eine Gruppe von jungen Neu-Radebergern, auf die ich im Internet aufmerksam geworden war. Sie gehörten zu einer Baugruppe, die sich ein Herrenhaus in der Innenstadt gekauft und dies mit unzähligen Privatkrediten finanziert hatte. Ich fand das Modell außergewöhnlich, lud die Familien aus dem Haus zur Vorstellung ein, und sie kamen. Würde man mich nach der politischen Haltung der jungen Leute fragen, würde ich Haus und Hof dafür verwetten, dass sie linke Parteien wählen. Sie nahmen neben einem älteren Herrn Platz, der uns in der Vorbereitung des Podcast geholfen hatte. Er war ehemaliger Geschäftsführer der Radeberger Computerfirma VEB Robotron-Elektronik, ist der beste Kenner der Radeberger Industriegeschichte und gehört dem CDU-Stadtverband an. Der Bürgermeister schließlich, Frank Höhme, ist parteilos. In seinem früheren Leben war er Berufsfeuerwehrmann. Die Oberbürgermeisterwahl 2022 gewann er in der Stichwahl gegen die Kandidatin der SPD. Der Vertreter der AfD hatte nach seiner Niederlage im ersten Wahlgang zur Wahl Höhmes aufgerufen. Höhme ließ sich wählen und folgte nach seinem Sieg am Wahlabend einer Einladung der AfD zur Wahlparty. Dies brachte ihm nach der Wahl den Vorwurf ein, sich

Vorstellung des Videopodcast zur NS-Geschichte in Radeberg
mit Bürgermeister Frank Höhme (links), 24.02.2023

nicht von der rechten Partei zu distanzieren. Doch inzwischen scheint der Streit beigelegt zu sein.

All dies, die Mitgliedschaften und Zugehörigkeiten, war bei der Vorstellung kein Thema. Die kleine Runde sprach nur über den Podcast und seine Verbreitungsmöglichkeiten. Wir diskutierten engagiert darüber, wie man die Radeberger Bürgerinnen mehr für die Geschichte der Stadt begeistern könne. In Radeberg leben viele, die wegen der Bauplätze sowie der guten Anbindung nach Dresden in die kleine Stadt gezogen sind. Dies war einer der Gründe, warum unsere Projektgruppe so klein geblieben war. Wie konnte es gelingen, die jungen Familien stärker mit der Stadt, ihren Vereinen und Organisationen und mit ihrer Geschichte zu verbinden? Das Interessante war, dass das Gespräch aus vielen unterschiedlichen Perspektiven bereichert wurde: junge, linke Eltern, mehrere Seniorinnen und Senioren aus dem konservativen Spektrum, die Lokalhistorikerin und ihr Ehemann, dann unser Einzelprojektleiter – ein Feuerwehrmann und städtischer Angestellter – und der Bürgermeister. Interessant zu beobachten war, dass in dem Gespräch von einigen jüngeren und älteren Teilneh-

mern der Runde auch Aussagen gemacht und Formulierungen gewählt wurden, die debattierwürdig waren. Ich erinnere mich noch
daran, dass einige vom Leid der Zwangsarbeiter sprachen und
andere den Tod von Familienmitgliedern an der Front und bei
den Bombardierungen betonten. Je nach politischer Haltung und
biografischem Erfahrungsraum fielen die Gewichtungen unterschiedlich aus. Doch die Gesprächsteilnehmer ließen die Unterschiede gelten. Niemand dachte vom anderen, dass er etwas bewusst verfälschen, weglassen oder verharmlosen wollte.

Frank Höhme rief am Ende des Abends bei der Radeberger
Tafel an. Denn wir hatten wie so oft viel zu viel Essen bestellt. Die
Vertreter der Tafel erschienen und schickten sich an, die Speise-
behälter aus Edelstahl aus dem Raum zu tragen. Als ich fragte, ob
sie denn die Behälter bald auch wieder zurückbringen würden,
trat Höhme auf mich zu und sagte mir, dass er dafür die Verantwortung übernehmen würde. Als die Tafel-Vertreter auftauchten,
winkten sie dem Bürgermeister zu. Man kannte sich gut. Alle,
die ich danach sprach, waren von dem Engagement und dieser
pragmatischen Art, den Armen in Radeberg zu helfen, angetan.
Zu diesem Zeitpunkt wussten die auswärtigen Gäste aber wahrscheinlich noch nicht, dass er im linksliberalen Milieu wegen seiner Nähe zur AfD beäugt und sogar abgelehnt wird.

Und wir? Ohne es zu wissen haben wir, linksliberale Vertreter
in der Runde, einen Dialog mit Rechten oder Rechtsoffenen geführt. Wir haben die Brandmauer beschädigt. Wir haben den
Dammbruch beschleunigt und sind mehrere Millimeter oder sogar einen Fußbreit nach rechts gerückt. Wir waren nicht laut und
wir wissen gar nicht, ob wir mehr waren als sie. Denn danach haben wir gar nicht gefragt.

Unseren Radeberger Podcast «Hier passierte es» haben übrigens
mehrere tausend Menschen heruntergeladen, nachdem die Säch-
sische Zeitung über das Projekt berichtet hatte. Die Pressesprecher-
in des Rathauses hatte sich für die Veröffentlichung eingesetzt,
nachdem ihr Vorgesetzter Frank Höhme sie darum gebeten hatte.
Der AfD-nahe Bürgermeister setzt sich für die Veröffentlichung

von Beiträgen zu Machtübernahme, Zwangsarbeit, der jüdischen Gemeinde und Euthanasieopfern aus dem eigenen Ort ein. Hätte er den Spalt zu mir keinen Fußbreit geöffnet, würden deutlich weniger Radeberger die NS-Geschichte ihrer Heimatstadt kennen.

Die Ereignisse von Radeberg führten mir zwei verschiedene Modelle des Dialogs vor Augen. Modell Nummer eins besteht darin, mit Andersdenkenden ohne direkten Kontakt zu kommunizieren. Der Streit wird von Anfang an öffentlich ausgetragen. Es gibt keine informelle Ebene. Das Ziel des Konflikts ist nicht, eine Einigung mit den Kontrahenten zu erzielen. Es geht darum, der Öffentlichkeit zu zeigen, wie falsch der Gegner oder die Gegnerin inhaltlich liegt und wie eklatant er oder sie gegen Werte des Zusammenlebens verstößt. Der behandelte Gegenstand tritt zugunsten der persönlichen Auseinandersetzung in den Hintergrund.

Modell zwei besteht darin, mit Andersdenkenden in einen direkten Austausch zu treten. Der Dialog findet in einem geschlossenen Raum statt. Die Dialogpartner sind also körperlich anwesend. Frage und Antwort folgen direkt aufeinander und sind nicht zeitlich verschoben. Ziel ist es, Ideen auszutauschen und ein Problem oder eine Aufgabenstellung aus unterschiedlichen Perspektiven zu beleuchten. Persönliche Auseinandersetzungen sind die Ausnahme. Im Fall eines direkten Konflikts übernehmen die anderen Anwesenden schnell die Rolle von Moderatoren.

Ich muss nicht statistisch belegen, dass in meiner Blase das Modell eins vorherrscht. Und hoffentlich muss ich auch nicht näher erläutern, warum mich die Haltung meines linksliberalen Milieus oft frustriert. Im Januar 2024 durfte ich bei einer Demonstration in meinem neuen Heimatort Luckenwalde sprechen. Wie in vielen anderen Orten hatte sich ein Bündnis aus lokalen Initiativen und linksliberalen Parteien gebildet, um gegen die AfD zu demonstrieren. Während ich mir überlegte, was ich sagen sollte, sah ich mir die Berichterstattung zu den großen Demonstrationen in Berlin an. Die Parolen gegen alle Menschen, die Flüchtlingspolitik kritisch betrachteten, störten mich gewaltig. Dazu war ich nicht bereit. Viele Berliner Eltern gingen gegen Rechte auf die Straße, kämpfen aber gleichzeitig dafür, dass ihr Kind auf keinen Fall auf eine Schule mit einem hohen Migrantenanteil gehen muss. Nicht wenige engagieren dafür Rechtsanwältinnen und Rechtsanwälte. Ich kann mich noch gut an die Erleichterung erinnern, als wir erfahren haben, dass unser Sohn auf einer Schule mit einer übersichtlichen Zahl an Kindern von Migrant*innen angenommen wurde.

Wir dürfen auf keinen Fall die Plumpheit derjenigen, gegen die wir demonstrieren, durch eigene Plumpheit ersetzen. Wir dürfen unsere eigenen Widersprüchlichkeiten und unsere eigenen blinden Flecken nicht ausblenden, wenn wir gegen Rechtsextreme demonstrieren. Wir dürfen nicht nur lauter sein, damit die Lautstärke unsere Zweifel übertönt. Ich will laut schreien, aber für Dialog. Das war mein Ziel für meine Rede. Außerdem wollte ich mich auf das konzentrieren, was wir selbst tun können und nicht zum tausendsten Mal vor Gefahren warnen.

Ich war einer der letzten Redner und stand vor der Bühne, als die anderen sprachen. Je mehr Zeit verging, desto ängstlicher wurde ich. Denn die Veranstaltung erinnerte mich immer mehr an einen Stadionbesuch. Die Zuschauer stehen auf der Tribüne und warten auf besondere Momente. Die Mannschaft soll nicht nur schön spielen und möglichst hoch gewinnen. Die Spieler müssen dafür sorgen, dass ihre Fans pfeifen, jubeln oder aufschreien können. Die Mannschaft hat Szenen zu liefern, auf die ihre Anhänger reagieren können. So kam es mir auch auf dem Luckenwalder Marktplatz vor. Während differenziertere Aussagen und nachdenkliche Passagen kaum Reaktionen hervorriefen, jubelten die Demonstrantinnen und Demonstranten den immergleichen Parolen wieder und wieder zu.

Ich habe auf bestimmte Aussagen meiner Rede auch Applaus erhalten. Aber ich habe mit meinen lauten Aufrufen für Dialog auch Befremden ausgelöst. In den Tagen nach der Demonstration habe ich mich in der Stadt beobachtet gefühlt. Wenn Menschen an mir vorbeiliefen und wegsahen, empfand ich Misstrauen. Ich fuhr eine Zeitlang nicht oft in die Stadt, obwohl ich wusste: Es waren gerade einmal 600 Menschen bei der Kundgebung. Kaum jemand kannte auch nach der Demonstration mein Gesicht und meinen Namen. Es wurde mir deutlich, dass es mir schwerfiel, die Erwartungen nicht zu erfüllen, die ich spürte. Keine Parolen gegen Rechte herauszuschreien, nicht mit Nazi-Vergleichen zu punkten. Es ist nicht leicht, bei mir zu bleiben und nur Dinge zu sagen, hinter denen ich stehe.

Einige Wochen nach der Demonstration saß ich beim Asiaten und aß zu Mittag. Ich schreibe nicht, ob es beim Asiaten im Marktkauf oder beim Asiaten im Kaufland war. Denn ich möchte keinen weiteren Konflikt heraufbeschwören. Eine jüngere Frau sprach mich auf meine Rede an und sagte mir, sie habe sich meinen Aufruf zum Zuhören zu Herzen genommen. Als ein Handwerker bei ihr zuhause sich kritisch gegenüber Geflüchteten geäußert hatte, da hatte sie sich Zeit genommen und ihn nach seinen Beweggründen gefragt. Was die Frau sagte, tat mir gut. Ich spürte, dass es richtig gewesen war, zum Brückenbauen aufzurufen und nicht die Gräben weiter zu vertiefen. Es hatte sich gelohnt, für meine Überzeugungen zu sprechen und nicht für lauten Applaus. Natürlich ließ ich noch am selben Tag zuhause beiläufig einfließen, dass mich eine attraktive junge Frau angesprochen hatte und verschwieg erst einmal, was sie gesagt hatte. Ein paar Augenblicke lang ergab alles einen Sinn.

Wenn ich lese, wie verhärtet und geschlossen das Weltbild vieler Anhänger und Akteure rechter Parteien sein soll, dann regt sich in mir oft wieder ein schlechtes Gewissen, weil meine Beobachtungen diesem Bild nicht entsprechen wollen. In Gesprächen erlebe ich tatsächlich viel Frust über die Migrationspolitik, über die Missachtung vieler Politiker für die arbeitende Bevölkerung, über die Unfähigkeit der Bundes- und Landesregierungen, gute politische Entscheidungen zum Wohle unseres Landes zu treffen. Was ich so gut wie nie erlebe ist ein geschlossenes Weltbild, eine Verweigerung von Komplexität, eine prinzipielle Abwehr von Gegenargumenten.

Wenn ich aus der Vogelperspektive auf unser Land schaue, sehe

ich Bewegung, wo viele Unbeweglichkeit sehen. Millionen von
Menschen haben bis vor wenigen Jahren andere Parteien gewählt
und stimmen erst seit kurzer Zeit für die AfD. Die Partei zog erst
2014 und damit vor zehn Jahren zum ersten Mal in einen Landtag
ein. Es findet eine Wählerwanderung statt. Als Reaktion auf die
Abwanderung aus unserem Territorium bauen wir eine Mauer
zu dem Land auf, in das sie gewandert sind, obwohl sich diese
Menschen dort noch gar nicht fest angesiedelt haben. Unsere
Grenzanlage soll uns schützen. Aber sie verhindert auch den Weg
zurück zu uns. Die Linksliberalen sind es oft, die nicht mehr an
die Rückkehr in unsere Welt glauben. Ich bin oft im Grenzgebiet
unterwegs und kann nur sagen: Wenn mehr Menschen helfen,
dann schaffen wir Tausende und Abertausende zurück über die
Grenze und damit zurück in unser Land.

ST. GEORGEN UND DER RECHTSRUCK

In unserem Einzelprojekt in St. Georgen hatten wir es mit einer Besonderheit zu tun: In dem Städtchen im Schwarzwald war zwischen 1933 und 1938 eine Schule der SS untergebracht. Die SS gründete diese Ausbildungsstätte, um den Soldaten der SS-Verfügungstruppe den Übergang in das zivile Leben zu erleichtern. Der Besuch der Schule war freiwillig. Interessierte mussten sich für die Lehrgänge in St. Georgen bewerben und für die Zeit der Kurse von ihrer Einheit freigestellt werden. Wurde ihr Antrag bestätigt, lebten sie drei Monate lang in St. Georgen.

Die überwiegende Mehrheit der Absolventen fand nach Abschluss der Kurse eine Stelle in einer Behörde, die der SS unterstand. Einige arbeiteten bei der Polizei, bei der Kriminalpolizei und der Grenzpolizei, andere beim SS-eigenen Geheimdienst namens «Sicherheitsdienst des Reichsführers SS», in SS-Hauptämtern und SS-Dienststellen. Alle diese Behörden waren an der Deportation und Ermordung der jüdischen Bevölkerung beteiligt.

Bei der Recherche über diese Einrichtung halfen alle mit. Ein Teilnehmer suchte das Stadtarchiv auf und fragte dort nach Material. Ich kümmerte mich mit zwei Kollegen darum, Schriftgut im Bundesarchiv ausfindig zu machen. Dabei stießen wir auf den Nachlass eines Mannes namens Wolfgang Vopersal. 1975 veröffentlichte Vopersal einen Aufruf in der Zeitschrift «Der Freiwillige». Er rief die Leser der Zeitschrift dazu auf, ihm Informationen jeglicher Art zur SS-Schule in St. Georgen zukommen zu lassen, da er einen Artikel dazu plante.

Dazu muss man wissen: Die Zeitschrift «Der Freiwillige» war das zentrale Organ der «Hilfsgemeinschaft auf Gegenseitigkeit der ehemaligen Angehörigen der Waffen-SS e. V.», kurz: HIAG. Die regionalen HIAG-Gruppen schlossen sich 1959 zum «Bundesverband der Soldaten der ehemaligen Waffen-SS e. V.» zusammen. Von den etwa 250 000 ehemaligen Waffen-SS-Angehörigen, die in der Bundesrepublik lebten, waren nach Angaben des Historikers Karsten Wilke etwa 70 000 im HIAG organisiert. Wolfgang Vopersal war der Archivar der HIAG.

Die Zuschriften waren zahlreich. Manche ehemalige Schüler der SS-Ausbildungsstätte schickten handschriftliche Briefe, in denen sie nur ihre Lehrgänge aufzählten, andere schickten seitenlange Erinnerungen an ihre Zeit in St. Georgen. Keiner der Briefe an den HIAG-Archivar lässt auch nur einen Hauch von Reue erkennen oder ein Mindestmaß an Reflexion. Doch vielleicht hat Vopersal die kritischen Beiträge auch aussortiert, weil sie nicht zu seiner «Studie» passten, wie er sein geplantes Werk nannte.

Die HIAG, so lernte ich bei Karsten Wilke, unterhielt in den 1960er-Jahren Kontakte zu Abgeordneten aller Parteien im Bundestag. Erst ab Mitte der 1980er-Jahre beendeten einige Mandatsträger ihre Tätigkeiten für die HIAG. Die SPD fällte einen Unvereinbarkeitsbeschluss. 1992 löste sich der Dachverband auf. Geblieben sind einige lokale Gruppen und die Kriegsgräberstiftung «Wenn alle Brüder schweigen».

Dank des HIAG-Nachlasses im Bundesarchiv waren wir über die internen Abläufe in der SS-Schule bestens informiert. Nur einen Bruchteil davon konnten wir in der Ausstellung vorstellen, die wir im März 2023 im St. Georgener Rathaus unter dem Titel «Verdrängt, verdeckt, vergessen. St. Georgen im Nationalsozialismus» zeigten.

Der HIAG wurde bis 1992 vom Verfassungsschutz beobachtet, aber nicht verboten. Nach der Auflösung des Dachverbands wurde die Beobachtung eingestellt, obwohl die Zeitschrift «Der Freiwillige» weiterhin erschien.

Blickt man aus der Vogelperspektive auf die Entwicklung des Waffen-SS-Lobbyverbands, ist eine abfallende Kurve zu beobachten. Nach der Hochzeit des (wohlgemerkt) gemeinnützigen Vereins in der Zeit von 1960 bis etwa 1980 nahm die Bedeutung ab. Einerseits verstarben immer mehr Mitglieder. Andererseits wuchs das Bewusstsein für das Unrecht der Wehrmacht und der Waffen-SS in der Bevölkerung. Die US-amerikanische Fernsehserie «Holocaust» mit Meryl Streep konfrontierte die deutsche Öffentlichkeit anhand einer jüdischen Familiengeschichte mit dem Massenmord. Wenn man die Waffen-SS in das Spektrum des rechten Extremismus einordnen möchte, dann verlor diese Bewegung bis zur deutschen Einheit eine wichtige Stütze.

In allen Projektorten lagen bei den Workshops Soldatenbriefe, Landserheftchen, Fotos in Uniformen, Schulbücher und Magazine aus der NS-Zeit oder den Nachkriegsjahren auf den Tischen. Sie stammten von den Eltern oder Großeltern unserer Teilnehmer*innen. Die meisten von ihnen waren längst tot, die Kinder und Enkel bewahrten diese Sachen auf, hatten aber keine Verwendung mehr dafür und fragten oft genug, ob wir die Dokumente nicht an uns nehmen könnten.

Bei einer Fahrt vom Bahnhof in die ostwestfälische Stadt Oerlinghausen erklärte mir der Einzelprojektleiter unserer dortigen Gruppe, dass eine Straße wegen ihrer gebogenen Form früher als «Judennase» bezeichnet wurde. Er erklärte mir sichtlich beschämt, dass dieser Name von einigen heute immer noch benutzt wird.

Von Antisemitismus im alltäglichen Sprachgebrauch habe ich im Verlauf der vergangenen Jahre oft gehört. Die Berichte darüber, wer antisemitische Formulierungen verwendete, ähnelten sich. Es waren die alten Leute in den Dörfern und Kleinstädten, die immer noch so daherredeten und denen häufig gar nicht bewusst war, was sie da sagten: Omas und Opas, Großtanten und Uronkel also, die den Berichten zufolge judenfeindliche Aussagen machten, den Krieg und den Holocaust verharmlosten. Und viele in den Projektorten meinten, dass die Träger von Antisemitismus und Relativismus diejenigen seien, die den Krieg noch miterlebt und die Rasseideologie in der Schule gelernt hatten. Die Jüngeren berichteten darüber mit Kopfschütteln oder mit mehr oder weniger profunden Erklärungsversuchen.

In meiner eigenen Familie gab es ähnliche Reaktionen, als ich die NSDAP-Mitgliedschaften der Generation meiner Urgroßeltern vorstellte. Während einige der Alten erklärten, was die Betreffenden auch an Gutem getan hätten – und dass ich dies nicht aus den Augen verlieren dürfe –, erntete ich von den Jüngeren kaum Interesse oder ein gelangweiltes Schulterzucken: Natürlich gab es in unserer Familie auch Nazis. Was hast du erwartet, Clemens? Aber keiner von ihnen relativierte die Taten der NSDAP-Anhänger.

Mir haben auch die Studienergebnisse zum Thema Verdrängung und Aufarbeitung immer eingeleuchtet. Während die Zeitzeugen das von ihnen Erlebte und Mitverantwortete relativieren oder in alten Denkmustern verharren, befeuern die Nachgeborenen die Aufarbeitung und grenzen sich damit von ihren Eltern ab. Je weiter weg die Erfahrung, desto unbefangener die Aufarbeitung.

Diese Entwicklung beobachtete ich ebenso hinsichtlich der DDR-Geschichte, wobei die Verbrechen der SED nicht annähernd das Ausmaß derjenigen der NS-Führung hatten. Was sich aber ähnelte, waren die Berichte darüber, wer noch ideologisches Gedankengut in sich trägt. In den Gesprächen in unseren vier Einzelprojekten in den östlichen Bundesländern war des Öfteren die Rede von Alten, die immer noch die DDR verteidigen würden, immer noch kein Einsehen in ihre eigenen Untaten aufbrächten und immer noch nicht in die alte Bundesrepublik gereist seien. Die Rolle des unverbesserlichen Ideologen, so meine Erfahrung in mehreren Orten, spielten übrigens gar nicht selten ehemalige Bürgermeister und andere Amtsträger.

Wenn ich nur auf diese Gespräche mit den Menschen in unseren Projekten hörte, dann wäre meine Diagnose eindeutig: Rechtes Gedankengut ist eindeutig im Niedergang. Es stirbt mit denjenigen aus, die in ihrer Kindheit und Jugend ideologisch geprägt wurden. Gegen dieses extremistische Gedankengut heute besonders vorzugehen, kam meinen Gesprächspartnern gar nicht in den Sinn. Die Sprüche der Alten machten auf die Jüngeren keinen

Eindruck mehr. Die meisten, mit denen ich sprach, erklärten mir auf die eine oder andere Art, dass die Menschen im Dorf oder in der Kleinstadt keinesfalls auf die Alten hörten. Eher empfänden sie Mitleid. Aber die dummen Sprüche hinterließen keinen Eindruck.

In St. Georgen erzählte mir eine etwa 80-jährige Projektteilnehmerin, dass sie mit einem Italiener verheiratet gewesen sei. Als junge Frau ging sie mit ihrem zukünftigen Mann zu dessen Mutter und fragte sie, ob die beiden heiraten dürften. Die italienische Familie ihres Mannes hatte sehr unter der deutschen Besatzung gelitten. Die Mutter gab ihr Einverständnis, fügte aber mit Blick auf ihren Sohn hinzu: «Hätte ich gewusst, dass du mal eine Deutsche heiratest, dann hätte ich dir direkt nach der Geburt den Hals umgedreht!» Die ältere Dame erzählte mir die Geschichte, und wir mussten beide lachen. Die Antipathie gegenüber den Deutschen, die der Geschichte einmal zugrunde lag, war längst verschwunden.

Dies ist die Erfahrung, die ich in den Projekten gemacht habe. Doch diesem Befund kann ich nicht trauen. Denn in den Debattenräumen, an denen ich teilnehme, höre ich etwas anderes: Rechte Ideologie sei im Aufwind, rechtes Gedankengut sei wieder salonfähig geworden, rechte Begriffe würden unseren alltäglichen Wortschatz erobern.

Selbstverständlich kenne ich Menschen, die direkt von Rechtsextremismus betroffen waren. Einige von ihnen sind ein paar Männer in meinem Alter, die nach der Wende in linksautonomen Gruppen aktiv waren. Die meisten stammen aus der DDR. Die meisten liefen in Lederjacken und mit Punk-Frisuren durch ihre Dörfer, tranken Dosenbier, rauchten Zigaretten, hörten laut linke Bands und traten hier und da einmal ein Fahrrad um. Wenn ich mit diesen Freunden und Bekannten auf differenzierte Art und Weise über die AfD sprechen möchte, winken sie ab. Alles, was rechts ist, weckt die Erinnerung an die Schmerzen, die sie in den Jahren nach der Wende erlitten haben. Ich konnte mir als Westdeutscher das Ausmaß an Gewalt nicht vorstellen, von dem sie mir erzählt haben. Ihre Berichte über rechte Jugendliche in ihrem Dorf sind für mich noch immer schwer auszuhalten. Sie erzählen von Angriffen mit Baseballschlägern aus purer Langeweile. Sie haben vollkommen ungebremste Gewalt erlebt: Schläge, Tritte und Hiebe auf den Kopf, auf den Brustkorb, auf den Bauch.

Ich habe bei den Projekten auch jüngere Menschen kennengelernt, die sich in linken Gruppen engagieren. Die einen tun dies in einer Partei, die anderen in Vereinen, wieder andere in losen Gruppen von Gleichgesinnten. Auch von ihnen habe ich gehört, wie oft sie Ziel von Pöbeleien und Drohungen, von Schlägen und Einschüchterungen geworden sind. Viele von ihnen müssen ihre Adresse geheim halten und geben ihre Telefonnummern nur zögerlich preis. Für sie ist das Leiden unter Rechten eine körperliche Erfahrung, die sie bis an ihr Lebensende in sich tragen. Diese Bekannten von mir wollen nicht differenzieren. Das müssen andere tun.

Bei den Projektvorstellungen sprachen viele Bürgermeister und Einzelprojektleiter von der Gefahr, die von rechts drohe. Auffällig war dabei, dass in allen vierzehn Einzelprojekten kaum ein Redner von Problemen mit Rechtsextremen im eigenen Ort sprach. Übergriffe in der eigenen Gemeinde wurden in den Reden entweder ignoriert, oder es gab in den vierzehn meist kleinen Orten kaum Beleidigungen oder Gewalttaten von Rechten. Die Ortsoberhäupter wiesen immer wieder eindringlich auf die Gefahr hin, dass eine bestimmte Partei auf Landes- oder Bundesebene an die Macht gelangen könnte. Dort müsse man die Rechtsradikalen stoppen, ihren Vormarsch aufhalten und den Einzug in die Regierungen verhindern. Auch die Bürgermeister sahen in meiner Beobachtung oft über ihren eigenen Ort hinweg – anstatt konkrete Maßnahmen vor Ort anzusprechen.

Umgekehrt verhält es sich mit der Migration. In allen Projekten standen Teilnehmer und Teilnehmerinnen direkt mit der Einwanderung von Geflüchteten in Berührung. Sehr viele waren in der Flüchtlingsarbeit engagiert. Viele berichteten von Willkommensklassen in den Schulen ihrer Kinder. Die Feuerwehrleute erzählten von Einsätzen in Flüchtlingsunterkünften. Die Migration von Afghanen, Syrern, Libanesen, Ukrainern und Eritreern ist in fast allen Orten ein zentrales Thema der Einwohnerschaft. Teilnehmer und Teilnehmerinnen, zu denen ich eine persönliche Beziehung aufgebaut hatte, sprachen manchmal auch von Problemen. Aber sie taten dies mit großer Vorsicht und erst, nachdem sie sich vergewissert hatten, dass ich ihnen keine Vorwürfe machen oder sie für ihre Kritik an den Zuständen in die rechte Ecke stecken würde.

Die Lage der Migrantinnen und Migranten und die Veränderung der Dorfgemeinschaft durch Migration ist eine sehr konkrete Erfahrung im Alltagsleben vieler Menschen. Wenn ich auch die Dorfbewohner nur selten von Gefahren durch Migration habe sprechen hören, so wurde mir doch oft klar gemacht: Die Kapazitäten für die Aufnahme von Geflüchteten reichen nicht mehr aus. Es sind zu schnell zu viele gekommen. Die Ressourcen sind restlos aufgebraucht. Eine pauschale Ablehnung der Geflüchteten wegen ihrer Herkunft oder Religion dagegen ist mir in keinem Ort begegnet.

Ich habe oft und lange über Migration mit unterschiedlichen Menschen gesprochen. Bei keinem anderen Thema jedoch ist die Zugehörigkeit der Gesprächspartner zu bestimmten Filterblasen so auffällig und bestimmend wie beim Migrationsthema. Mein Freund Navab ist geprägt von der Erfahrung, in deutschen Firmen keinen Fuß auf den Boden zu bekommen. Er hat bei Besprechungen vieles nicht verstanden und hatte früher oder später das Gefühl, dass die Kollegen ihn aussondern würden. Er ist einer der fleißigsten Menschen, die ich kenne. Aber er konnte seinen Fleiß häufig nicht zeigen, weil er die Aufgaben nicht genau verstanden hatte oder gar nicht richtig einbezogen werden sollte. Durch ihn habe ich erfahren, warum so viele Menschen aus orientalischen Ländern sich selbständig machen und einen Imbiss oder einen Frisörsalon, einen Handyladen oder einen kleinen Lebensmittelladen betreiben wollen statt sich auf offene Stellen zu bewerben.

Eine alleinstehende Freundin aus Neukölln dagegen hat sich

schweren Herzens dazu entschieden, ihre Wohnung aufzugeben und in eine Gegend mit weniger arabischen Migranten zu ziehen. Sie kann die dauernden Belästigungen vor ihrer Haustür nicht länger ertragen.

Wenn ich mit meinen sozialdemokratischen und grünen Freunden spreche, nehmen sie die Geschichte von Navab durch ein Brennglas wahr – und Erfahrungen wie die meiner Neuköllner Freundin wie durch eine Nebelwand. Linke Freundinnen und Freunde reagieren auf Gewalt durch Flüchtlinge, indem sie die Angriffe statistisch einordnen. Gemessen an der großen Zahl der Geflüchteten sei die Gewalt, die von Migranten ausgehe, nicht besorgniserregend. Sie bezweifeln, dass viele Menschen in Deutschland sich tatsächlich Sorgen machen müssten, angegriffen zu werden, und sind der Überzeugung, dass die Gewalttaten von Geflüchteten häufig politisch instrumentalisiert würden. Wenn ich sie aber auf Gewalt an Migranten anspreche, ändern sich ihre Kategorien. Angriffe auf Geflüchtete würden jeden von uns angehen. Wir alle seien gefordert und müssten uns nach unseren Möglichkeiten einbringen, damit die Menschen, die in Deutschland Schutz suchten, sich sicher fühlen könnten. Sie empfinden es als empörend, wie wenig der Staat sich für diese Personen einsetze. Die Politik dürfe nicht weiter wegschauen. Es fällt uns bei diesem Thema offenbar besonders schwer, zu akzeptieren, dass Menschen ganz unterschiedliche Erfahrungen machen. Wir sind uns nicht einmal bewusst, wie selbstverständlich wir unsere Bewertungskriterien wechseln, wenn uns die Erfahrungen unseres Gegenübers nicht passen.

In meiner Beobachtung lassen sich die Menschen in Deutschland in punkto Migration nicht in Anhänger von Rechtsextremen und Wähler von demokratischen Parteien unterteilen. Die Trennlinie verläuft eher zwischen einer engagierten Minderheit, die von der Politik eine Angleichung der Debatte an ihren Erfahrungsraum verlangt, und einer stark politisierten Mehrheit mit geringem Erfahrungsschatz, die ihren Ausschnitt der Wirklichkeit mit großem Eifer verteidigen möchte.

Wie sehr ich selbst in meinen eigenen Vorstellungen gefangen bin, musste ich bei meinem ersten Bildungsprojekt feststellen. 2014 und 2015 besuchte ich mit Studierenden einer Berliner und einer Gießener Hochschule Ladenbesitzer mit türkischen, kurdischen und arabischen Wurzeln. Die Debatte über Migrantinnen und Migranten in Deutschland war in diesen Jahren stark geprägt von den NSU-Morden. Die drei Neonazis Uwe Mundlos, Uwe Böhnhardt und Beate Zschäpe hatten in den Jahren 2000 bis 2007 acht türkischstämmige Menschen, einen Griechen und eine deutsche Polizeibeamtin ermordet. 2013 hatte der Gerichtsprozess begonnen. Die Studierenden und ich wollten Vertreter des Milieus vorstellen, die dem Trio zum Opfer gefallen waren: Ladenbesitzer mit Migrationshintergrund. Wir besuchten in Berlin und Gießen etwa ein Dutzend von ihnen, nahmen Interviews auf und stellten die Personen in einem Podcast vor. Wer sich in einem der Läden Zigaretten holte, erfuhr an der Ladentheke von unserem Projekt und konnte sich auf dem Nachhauseweg die Ansichten des Ladenbesitzers anhören, bei dem er gerade eingekauft hatte. Wir nannten das Projekt «Vertraute Fremde».

Als wir uns die Aufnahmen anhörten, fiel uns auf, dass die Ladenbesitzerinnen und -besitzer sich gar nicht in erster Linie vor Attacken von Rechtsextremen fürchteten. Die türkischen Protagonisten berichteten über Konflikte mit Kurden, die kurdischen Personen über ihre Unterdrückung durch Türken. Viele der Geschäftsinhaber legten großen Wert darauf zu betonen, dass die Deutschen keine Probleme bereiten würden. Ich hatte beim Anhören mehrmals das Gefühl, sie würden uns gerne unsere Sorgen nehmen, dass wir Deutsche bei ihnen unbeliebt wären. Andere Gruppen trieben ihnen Angst ein, aber wir doch nicht. Ohne es zu merken hatten wir die Rollen getauscht.

Alle Ladenbesitzer haben wir gefragt, ob sie sich konkret bedroht fühlten und ob sie schon Bedrohungen erlebt hätten. Die einzige weibliche Inhaberin, die wir befragten, sagte daraufhin mit energischer Stimme: Sie sei nur ganz selten einmal belästigt worden, aber sollte sie einmal attackiert werden, dann würde sie dem Angreifer mit ihrem Baseballschläger einen überziehen. Ich habe in dem Projekt auch etwas über die Lebenswelt von türkischen Ladenbesitzern erfahren, vor allem aber wurden mir meine eigenen Vereinfachungen bewusst. Meine Vorstellung, wonach alle Ladenbesitzer sich als potenzielle Opfer von deutschen Neonazis wahrnehmen würden, war nicht haltbar.

Zehn Jahre später wollte ich einen ehemaligen Guantánamo-Häftling nach Deutschland holen. Ich kenne ihn seit einem gemeinsamen Projekt vor drei Jahren. Ich wollte ihn einladen, weil ich den Eindruck hatte, dass wir den Voraussetzungen für derzeitige Migrationsbewegungen nicht mehr hinreichend Beachtung schenken. Wir wissen oft nicht mehr, warum sich so viele Menschen aus arabischen Ländern nach Deutschland aufmachen. In der Debatte um Obergrenzen und Bezahlkarten haben wir meiner Ansicht nach die außenpolitischen Entwicklungen der vergangenen zwanzig Jahre aus dem Blick verloren.

Ich wollte mit der Einladung nicht für mehr Migration werben, sondern für mehr Reflexion über ihre Gründe. Der ehemalige Guantánamo-Häftling konnte uns dabei helfen, wieder einmal über die Kriege nach dem 11. September nachzudenken. Dieses Ereignis setzte eine Kette von Prozessen in Bewegung, mit denen wir es heute noch zu tun haben. Die Flüchtlingswelle ist ohne die Kriege im Irak, in Libyen und in Afghanistan nicht richtig zu begreifen.

Mein Bekannter konnte uns helfen, diese Zusammenhänge zu verstehen. Also lud ich ihn ein. Er sollte sich in einer Kleinstadt in Oberhessen mit Schülerinnen und Schülern über seine Erfahrungen unterhalten, in einer Gießener Moschee mit Muslimen sprechen und in Luckenwalde mit ganz normalen Luckenwaldern. Ich bereitete ihn darauf vor, dass er mit Sicherheit kritische Stimmen hören würde. Ich erklärte ihm, dass in Deutschland eine größere Gruppe von Menschen das Gefühl hätte, die muslimische Welt würde in unser Land eindringen und es zum Schlechteren verändern. Ich sagte ihm, dass ich ganz bewusst Veranstaltungen organisiert hätte, bei denen auch Kritiker der Migration aus muslimi-

schen Ländern sich zu Wort melden würden. Er antwortete, dass
er keine Angst vor Kritik habe und vor Angriffen mit Worten
schon gar nicht. Mein Bekannter unterstützte das Konzept, wonach es sinnvoller ist, sich auch mit Widersachern zu treffen als
ausschließlich mit Gleichgesinnten.

Einige Tage vor seiner Anreise im März 2024 stieg meine Auf-
regung. Ich war nervös, weil ich wie so oft nicht abschätzen
konnte, wer die Veranstaltungen besuchen und wie kritisch die
Stimmung sein würde. Aber ich war auch erleichtert, dass wir alle
Aufgaben bislang gemeistert hatten. Seine Flüge waren gebucht
und sein Visum genehmigt. Ich musste nur noch das Bett in unserem Gästezimmer neu beziehen, die Vorhänge aus Verdunklungs-
stoff anbringen und einkaufen. Ob er wohl lieber Müsli oder Stullen zum Frühstück mochte? Das hatten wir nicht besprochen.

Dann sah ich mir noch einmal seine Posts auf seinen Social
Media-Kanälen an. Ich wollte nachsehen, wie er sich zum Gaza-
krieg positionierte, weil ich ahnte, dass er danach gefragt werden
würde. Und dann fand ich einige Äußerungen, die ich hochpro-
blematisch fand. In einem Beitrag verurteilte er die Israelis an sich,
in einem anderen teilte er Symbole des bewaffneten islamischen
Terrorismus. Ich war verunsichert. Nun meldete sich ein Journalist, der meinen Bekannten während seines Aufenthalts intervie-
wen wollte, und teilte mir die großen Bedenken seiner Redaktion
mit. Auch dort hatten sie seine Statements gelesen. Mehrere der
beteiligten Lehrerinnen und Lehrer in unserem Team sagten, sie
müssten ihre Schulleiter informieren. Denn die Beiträge würden
hier als antisemitisch eingestuft. Zwei Tage hindurch telefonierte
ich von morgens bis abends. Am Ende mussten wir ihn ausladen.
Alle Veranstaltungen wurden abgesagt.

Wir konnten keine Person einladen, die Israel verurteilte und
Gewaltsymbole teilte. Ich stand vollkommen hinter der Entscheidung. Doch ich sah auch, was ich angerichtet hatte: Eine größere
Gruppe sehr engagierter Menschen hatte ich in eine äußerst miss-
liche Lage gebracht. Vor allem aber hatte ich meinen Bekannten
zutiefst verletzt. Er begriff nicht, was er falsch gemacht haben

sollte, und war sogar bereit, die problematischen Beiträge zu löschen. Er selbst empfand seine Äußerungen überhaupt nicht als hetzerisch und betonte immer wieder, dass er gegen jede Form der Gewalt protestieren würde. Er verstand die Welt nicht mehr. Er hatte sich auf eine Auseinandersetzung mit Menschen in Deutschland gefreut und musste nun in seiner kleinen Wohnung bleiben.

Diese Erfahrung hat mir schmerzlich vor Augen geführt, wie brüchig derzeit der Boden ist, auf dem wir Debatten austragen. Mein Bekannter hatte 14 Jahre lang in Guantánamo verbracht. Er war nie zur Schule gegangen, hatte sich nie im Alltag mit anderen Standpunkten und Lebensweisen auseinandersetzen dürfen. Er hatte in seiner Jugendzeit nie die Möglichkeiten, seine Auffassungen mit der Wirklichkeit abzugleichen. All das hatte das Leben ihm verwehrt. Er musste Werte vertreten, die er selbst nie lernen konnte. Trotzdem musste er die Regeln unseres Zusammenlebens in Deutschland zu jeder Zeit beachten und verteidigen. Weil er dies nicht tat, wurde er ausgeschlossen.

Ich hätte mich gerne gegen meinen Bekannten gestellt. Aber ich hätte es gerne in seinem Beisein getan. Ich hätte seine Israel-Verurteilung am liebsten mit Schülerinnen und Schülern zusammen ergründet und ihm eine andere Perspektive auf die Geschehnisse ermöglicht. Ich hätte das alles gerne mit ihm zusammen getan. Stattdessen ist die Auseinandersetzung ausgefallen.

Wenn ich mir die Verteidiger unseres Debattenraums als Menschen vorstelle, dann sehe ich nervös auf- und ablaufende Personen vor mir. Sie stehen vor ihren Häusern und versuchen, die Straße zu blockieren. Es sind nur wenige, die da stehen. Alle tragen Schilder, auf die sie ihre wichtigsten Prinzipien geschrieben haben: Toleranz, Mitmenschlichkeit, Respekt. Ihre Hände halten die Schilder hoch und halten sich an ihnen fest. Eine andere Gruppe nähert sich und schreit lautstarke Parolen. Die Verteidiger des Debattenraums müssen verhindern, dass ihre Widersacher ihre Blockade durchbrechen. Sie dürfen auf keinen Fall durchkommen. Sie müssen die Angreifer abwehren, aber dabei immer die Schilder hochhalten.

Geschichten wie diese kann man nur erfinden, wenn man zu viel Zeit in einer christlichen Jugendgruppe verbracht hat. Obwohl ich vor Jahren aus der Kirche ausgetreten bin, erinnere ich mich noch gut an die Gespräche über Jesus und seine Botschaft. Auf den Bildern, die unsere Gruppenleiter austeilten, stand oft ein ruhiger Jesus neben jemandem, der schrie oder wütend war oder sich verstecken wollte. Diese Ruhe war Programm. Sie stand für Barmherzigkeit und den Glauben daran, dass Menschen umkehren können. Sie stand für die Bereitschaft, auch die schlimmsten Sünder nicht verloren zu geben. Wenn ich mir die Debatten so ansehe, dann denke ich noch manchmal an diese Jesus-Bilder in meiner Jugendzeit. Die kurze Zeit, in der ich wie Jesus oder zumindest katholischer Priester werden wollte, liegt 30 Jahre zurück. Aber ich frage mich inzwischen oft, ob ich nicht mal eines von diesen kitschigen Jesus-Bildern in einen Demokratie-Workshop mitnehmen soll.

MEIN INNERES
ROTTENDORFER KIND

Meine Bekannten und Freunde legen großen Wert darauf, zwischen den Hauptakteuren der AfD und ihren Wählern zu unterscheiden. Selbstverständlich seien nicht alle Wähler Faschisten wie Björn Höcke. Mit einfachen AfD-Sympathisanten könne und müsse man sogar reden. Es sei wichtig, dass die Gesprächskanäle offenbleiben. Und dazu sind wir, meine Freunde und ich, auch alle bereit. Besser gesagt: Wir erklären uns dazu bereit. Denn wenn ich genauer hinsehe, dann kommen mir Zweifel.

In den Jahresrückblicken, die wir uns in den Tagen vor Silvester gezeigt oder zugeschickt haben, in den Weihnachtsbriefen und in den «Was war dieses Jahr besonders?»-Runden gibt es, zumindest in meinem erweiterten Bekanntenkreis, solche Dialoge nicht. Es gab kein Streitgespräch mit einem AfD-Sympathisanten in der Gartenkolonie, keinen Dialog mit einem arabischen «Pro-Palestine-Demonstranten», kein Foto vom eigenen Kind auf einem Trekker bei den Bauernprotesten und kein Bild vom Schützenfest oder Feuerwehrtag aus dem Dorf, aus dem wir kommen und in das wir regelmäßig fahren, um unsere Eltern zu sehen. Wir erklären uns zu Dialogen bereit, aber wir führen diese Dialoge nicht.

Das hat einen Grund, der meiner Ansicht nach sehr tief liegt: in unserer Kindheit. Wenn ich mit Freundinnen und Freunden über Besuche bei unseren Eltern spreche, fällt ein Satz immer: «Nach ein paar Tagen zuhause muss ich wieder weg.» Dieser Aussage stimmen wir immer alle zu. Wir wissen zwar alle aus unseren Paartherapie-Sitzungen, dass man nicht «alle» und «immer» sagen soll. Aber in diesem Fall sind die Zusätze richtig. Denn wir bleiben tatsächlich nie lange. So sehr sich die Kindheitserfahrungen von meinen Freundinnen und Freunden unterscheiden, so ähnlich denken wir über den Ort unserer Kindheit. Alle nicken wissend, wenn jemand nach den Weihnachtsferien diese Beklemmungen beschreibt, die er im Heimatort gespürt hat. Ausnahmslos jeder von uns teilt dieses mulmige Gefühl. Einige meiner Freunde beschreiben diesen Zustand als Enge. Sie sagen, sie seien erleichtert, sobald sie wieder in den eigenen vier Wänden wären. Viele berichten, sie müssten spätestens nach einer Woche wieder aufbrechen. Sie beschreiben das Wegfahren als einen starken inneren Drang. Sie müssen einfach weg. So wie sie nach dem Abi sofort weit wegmussten. Für 40- bis 50-jährige Erwachsene sind diese Aussagen auffällig unsouverän.

Neben diesem Gefühl der Enge teilen meine Bekannten auch, wie sie über die Menschen sprechen, die heute noch im Heimatort leben. Wenn meine Freundin aus dem Sauerland erzählt, dass beim letzten Besuch zuhause gerade Schützenfest gewesen sei, dann immer in einem deutlich distanzierenden Tonfall. Oft ist da diese Ironie in der Stimme: Ich habe damit nichts zu tun, das Schützenfest ist nicht meine Welt. Wenn einer von uns den Dialekt seiner Heimat spricht, dann, um den Bürgermeister, den Nachbarn oder den Metzger zu imitieren, die da jetzt noch leben.

In vielen Gesprächen in meinem Freundes- und Bekanntenkreis gibt es Erzählungen über Familienmitglieder, mit denen man keinen Kontakt mehr haben kann oder will. Manchmal möchte man mit einem Onkel oder einer Cousine nichts mehr zu tun haben, gar nicht selten sogar mit einem Elternteil oder den Geschwistern.

Wir erzählen uns diese Trennungen oft als Emanzipationserfahrungen. Wir haben es endlich geschafft, uns von den Vorwürfen unseres Bruders, der noch zuhause wohnt, nicht mehr beeindrucken zu lassen. Es ist uns mithilfe einer guten Therapeutin und mit Unterstützung unserer Freunde gelungen, dem Drängen unserer verwitweten Mutter zu widerstehen, die immer mehr von uns verlangt als wir geben können und die nicht sieht, was wir alles für sie leisten. Wir haben es geschafft, uns aus dem Erbschaftsstreit

Rottendorf

zurückzuziehen und sprechen jetzt nicht mehr mit unseren Geschwistern direkt, sondern haben alles einem Anwalt übergeben.

Die überwiegende Zahl der Menschen, von denen wir uns gelöst haben, wohnen entweder noch an den Orten, aus denen wir stammen. Oder wir haben die meiste Zeit mit ihnen in unserem Dorf gelebt, bevor wir weggezogen sind. Auf diese Weise verbinden sich die schmerzlichen Erfahrungen, die mit den Beziehungen zu diesen Personen zusammenhängen, unweigerlich mit unserem Heimatort.

Deshalb empfinden wir Unsicherheit, wenn wir nach Hause fahren. Es geht zurück zu den Beklemmungen aus unserer Kindheit. Wir spüren wieder die alten Verletzungen: die Degradierung des Fußballtrainers, den Streit mit den Geschwistern, die Ausgrenzung durch Klassenkameraden. Wir hatten als Kinder das Gefühl, kontrolliert zu werden und nichts gegen unser Schicksal tun zu können. Wir waren ausgeliefert und konnten nicht recht mitbestimmen, was mit uns geschah. Mein Eindruck ist: Bei vielen von uns äußert sich dieses Gefühl als Beklemmung im Heimatort und als Drang, schnell wieder wegzufahren. Als würden wir die Emanzipation von den verletzenden Beziehungen nach jedem Weihnachtsbesuch erneut vollziehen müssen. Als wäre sie eben nicht abgeschlossen, weil die Erfahrung der Verletztheit bei den Aufenthalten in unseren Kindheitsgemeinden immersiv ist. Das ganze Dorf umgibt uns und hüllt uns ein in die Gefühlswelt von damals. Wir müssen den Ort verlassen, wir können nicht in unserem Elternhaus frei und emanzipiert sein. Die beklemmenden Gefühle, die zuhause aufkommen, sind einfach zu stark. Erst die Fahrt zum Bahnhof lässt uns wieder aufatmen.

Mir ist unsere eigene Flucht aus unseren Heimatorten erst durch unsere Projekte richtig deutlich geworden. Denn in allen 14 Kommunen unserer Einzelprojekte sind unglaublich viele Menschen engagiert, die sich auf den ersten Blick kaum von uns linken Großstädtern unterscheiden: Sie sind gebildet wie wir. Sie haben Familien wie wir. Sie trennen sich oder bleiben zusammen wie wir. Sie sind progressiv oder konservativ wie wir. Sie haben schon lange kein Zeitungsabo mehr wie wir. Sie streiten sich mit ihren Geschwistern und Eltern wie wir. Nur in einer entscheidenden Angelegenheit haben sie einen anderen Umgang entwickelt als wir: Sie trennen oder lösen sich seltener von ihren Eltern und Geschwistern, von ihren Cousins und Cousinen, von ihren Onkeln und Tanten. Sie haben Möglichkeiten gefunden, die Beziehungen aufrechtzuerhalten. Sie ignorieren oder therapieren Vorwürfe, sie streiten sich regelmäßig, sie haben sich im Ort ihre Inseln der Zugehörigkeit geschaffen. Welchen Weg sie auch immer gefunden haben, die problematischen Beziehungen in ihrer engsten Familie zu bewältigen, eine Gemeinsamkeit scheint es zu geben: Sie helfen ihren Eltern und Geschwistern in praktischen Dingen, wie schwierig das Verhältnis auch ist. In allen Einzelprojekten waren die Personen, auf welche diese Beschreibung zutrifft, die wichtigsten Stützen.

Der Graph des Helfens bleibt konstant, während der Graph der Verbundenheit aufwärts und abwärts führt. In meiner Großstädter-Blase ist, schon allein wegen der räumlichen Entfernung, der Graph des Helfens auf einem viel niedrigeren Grundniveau angesiedelt. Und die Hilfsbereitschaft orientiert sich stärker am

Zustand der Beziehung. Wenn wir uns mit unserem Vater gut verstehen, unterstützen wir ihn intensiver als wenn unser Verhältnis angespannt ist.

Wir verbringen maximal dreißig Tage im Jahr zuhause und entscheiden über die Aufenthaltsdauer jedes Jahr aufs Neue. Die Zuhausegebliebenen haben schon sehr früh die Entscheidung getroffen, die nächsten dreißig Jahre in unserem Heimatort zu verbringen.

Ich habe den Eindruck, dass sich unsere Flucht aus dem Dorf mit unserer Sicht auf das Land verwebt – und diese wiederum mit unseren Kindheitserfahrungen. Wenn Bekannte und Freunde eine Therapie beendet haben, dann steht am Ende nicht selten die Entscheidung, nicht mehr so oft wie früher nach Hause zu fahren. Besser auf sich zu achten. Der Ort an sich bildet dabei eine Leerstelle, obwohl unsere Emanzipation von Daheim eine enorme Wirkung auf unsere ganze Gesellschaft ausübt. Es wäre daher wichtig, wenn wir bei der Selbstreflexion nicht nur Beziehungen, sondern auch Orte mitreflektieren würden. Könnte es uns nicht gelingen, Beziehungen zu Menschen aus unserem Heimatort zu lösen, ohne die Beziehung zum Ort aufzulösen?

Ich glaube, dass wir linksliberale Großstädter politisch oft das unterstützen, was möglichst weit entfernt ist von den Erfahrungen unserer Kindheit und Jugend auf dem Land. Wir mussten als Kinder zu jedem Fußballtraining erscheinen, also sollen unsere Kinder frei entscheiden, ob sie Lust auf ihr Hobby haben oder nicht. Alles musste in unserer Kindheit ordentlich und aufgeräumt sein: der Dorfplatz, die Bushaltestelle, die Straße und unser Zimmer. Daher müssen wir heute Hauswände mit Graffitis auf unseren Profilbildern veröffentlichen. Als Kinder sangen wir, ohne nachzudenken, aus voller Kehle die Nationalhymne auf dem Schützenfest. Daher müssen wir die Hymne heute ganz besonders kritisch reflektieren – und alle, die sie singen. Wenn wir ehrlich zu uns wären, würden wir vielleicht feststellen: Wir wollen ganz und gar nicht mit Menschen sprechen, die für all das immer noch eintreten: für Sicherheit und Sauberkeit, für Ordnung und Nationalstolz.

Mir kommt es so vor, als würden wir unsere tatsächliche Dialogbereitschaft immer noch in einer Art Flucht vor unserer eigenen Kindheit entwickeln. Wir überlegen nicht frei und unabhängig, mit wem wir sprechen und mit wem nicht. Entscheidend scheint zu sein, dass diejenigen, mit denen wir reden, uns nicht an unsere belastenden Kindheitserfahrungen erinnern.

Die von uns behauptete Dialogbereitschaft kommt mir vor wie die Wiederholung eines sozial erwünschten Verhaltens. Wir werden ständig mit dem Wert des Miteinanderredens konfrontiert. Also bescheinigen wir uns gegenseitig, wie sehr wir den Austausch unterstützen und wie wichtig der Dialog für den gesellschaftlichen Zusammenhalt sei. Uns die Enge unseres Dialograums einzugestehen, würde uns in ein Dilemma führen, auf das wir gut und gerne verzichten können. Aber so erlebe ich es immer und immer wieder:

Aus dem Erfahrungsraum unserer Kindheit, in den wir hineingezwungen wurden, sind wir in den Debattenraum unserer Wahl geflüchtet.

DIE FEUERWEHR IM FLÜCHTLINGSHEIM

Zu Beginn unseres Pilotprojekts «Feuerwehren in der NS-Zeit» organisierten wir eine öffentliche Lesung mit Frank Richter im Deutschen Feuerwehr-Museum Fulda. Seit 2017 sitzt der Theologe in der SPD-Fraktion des sächsischen Landtags, ohne der Partei anzugehören. Einer breiteren Öffentlichkeit wurde er bekannt, weil er als Leiter der Landeszentrale für politische Bildung in Dresden auch AfD-Vertreter zur Diskussion einlud. Im linksliberalen Lager wurde er für diesen Ansatz stark kritisiert. Frank Richter sprach ohne Manuskript zu uns. Er trat auf wie ein Prediger, nur stand er nicht auf der Kanzel, sondern auf demselben Fliesenboden wie wir.

Er schuf eine Atmosphäre, die ich bei öffentlichen Vorträgen selten spüre: Die Zuhörer*innen sprachen in ihren Wortmeldungen offen und ehrlich über Erfahrungen aus dem eigenen Leben. Dies lag sicher auch am Leiter des Museums, Rolf Schamberger, einer Institution in der Feuerwehrlandschaft. Die meisten Besucher*innen kannten ihn seit Jahrzehnten. Es lag aber auch am Auftreten von Frank Richter. Er schuf einen Raum, in dem wir offen über unsere Erfahrungen und Schwierigkeiten im Umgang mit Rechten und der AfD reden konnten. Er stand vor uns und hörte zu.

Ein erfahrener Feuerwehrkommandant aus dem Fränkischen berichtete von einem Dilemma in seiner Feuerwache. Nach Ankunft und Aufnahme der Flüchtlinge in den Unterkünften in den Jahren 2015 und 2016 erhöhte sich die Zahl der nächtlichen Alarme drastisch. Die Feuerwehr rückte aus und erlebte meistens dasselbe Bild: Jemand hatte in der Küche der Unterkunft die Herdplatte nicht ausgeschaltet. Das Essen im Topf verkohlte, es entwickelte sich Rauch, der Rauchmelder wurde ausgelöst und die Feuerwehr über ein computerbasiertes System alarmiert. So geschah es immer und immer wieder. Die Feuerwehrleute wussten bald, dass ihre Einsätze unsinnig waren. Doch das Gesetz schrieb es vor, dass sie ausrückten.

Der Feuerwehrmann berichtete über die Frustration, die diese nutzlosen Einsätze in der Truppe auslösten. Es war eine Freiwillige Feuerwehr, in deren vom Gesetzgeber zugewiesenen Gebiet die Flüchtlingsunterkunft lag. Selbstverständlich wünschte sich der Kommandant, die Einsätze und damit die Belastung für seine Kameraden zu reduzieren. Also trug er seine Bitte im Stadtrat vor. Die Partei, die den Antrag des Feuerwehrkommandanten am schnellsten und am lautesten unterstützte, war die AfD. Die anderen Parteien verstanden die Schwierigkeit, hatten aber verschiedene Bedenken. Die einen fragten völlig zu Recht, wer denn die Leistungen eines Sicherheitsunternehmens bezahlen solle, das die Küchen nachts überwacht, um die Einsätze zu verhindern. Andere machten sich Sorgen um die Reputation der Geflüchteten. Zusätzliche Sicherheitskräfte in eine Flüchtlingsunterkunft zu entsenden könnte ein falsches Signal an die eigene Wählerschaft senden. Denn die linksliberalen Parteien wollten ja die Integrationsbereitschaft und die Dankbarkeit der Migrantinnen und Migranten demonstrieren. Wie würde sich das Bild in der Öffentlichkeit verändern, wenn sich herausstellte, dass die Geflüchteten nicht einmal die Herdplatte ausschalteten? Der Feuerwehrmann beschrieb das Dilemma, das die uneingeschränkte Unterstützung der AfD für seine Sache bei ihm auslöste: Einerseits wollte er sich mit keiner Partei gemeinmachen, mit der AfD am allerwenigsten. Andererseits aber brauchte er politische Unterstützung für sein Anliegen. Denn in jedem Fall würde die Bewachung der Küchen Geld kosten, das die Kommune aufbringen müsste.

In meinem Bekanntenkreis höre ich oft Sätze wie: Die Menschen wählen die AfD nur aus Protest gegen die Regierung. Die AfD bietet keine Lösungen, sondern kanalisiert den Frust der

Menschen. Die AfD ist zur Sachpolitik nicht in der Lage, sie können nur pöbeln und hetzen. Diese Aussagen entstehen meiner Überzeugung nach aber nicht aus Beobachtungen der Kommunalpolitik in unserem Heimatort. Sie fassen keine Erfahrungen zusammen, die wir in unseren Vereinen machen. Diese Sätze dienen uns als entlastende Annahmen: Wir wollen uns gegenseitig begründen, warum die AfD nicht wählbar ist. Wir wollen uns unserer eigenen Zugehörigkeit versichern.

Würden wir uns mit dem Wirken der AfD auf kommunaler Ebene tatsächlich auseinandersetzen und die Strategien verstehen, kämen wir zu einem ganz anderen Ergebnis. Die AfD verfolgt in meiner Wahrnehmung nämlich eine klare Strategie. Es scheint eine parteiweite Übereinkunft zu geben, auf kommunaler Ebene alle Anträge zu unterstützen, die aus der Blaulichtfamilie kommen. Hierzu zählen Feuerwehr und Technisches Hilfswerk ebenso wie die Sanitätsdienste Arbeiter-Samariter-Bund, Deutsches Rotes Kreuz und die Johanniter Unfallhilfe. Die AfD stellt sich außerdem sehr oft auf die Seite von traditionellen Vereinen wie Fußball- und Schützenvereinen, Obst- und Gartenbauvereinen, Schrebergarten- und Gartenkolonien. Die AfD beteiligt sich also am Schutz von genau den Organisationen, in denen sich viele Menschen deutscher Herkunft tummeln und die oft im Rathaus für finanzielle Hilfen oder Unterstützung anderer Art kämpfen. Es sind gleichzeitig die Organisationen, in denen sich engagierte Menschen zusammenfinden, die sich durch ein hohes Maß an Hilfsbereitschaft auszeichnen. Genau diese Personen adressiert die AfD, indem sie deren Institutionen bei jeder sich bietenden Gelegenheit zur Seite springt. Wenn das keine Strategie ist!

Wenn bei unseren Ausstellungen Politiker ans Rednerpult treten, sprechen sie meistens den Gegner an, ohne ihn beim Namen zu nennen. Wenn man sich anschaue, heißt es dann, welche Parteien im Parlament gerade Erfolge feiern, dann müsse man sich große Sorgen machen. In manchen Regionen würden Politiker den Ton angeben, die sich gegen unsere Werte eines demokratischen Rechtsstaats stellen, sagen sie. Daher seien Projekte wie unsere so wichtig, weil sie zeigen würden, wie wichtig Werte wie Toleranz, Mitmenschlichkeit und Solidarität seien. Oft appellierten die Mandatsträger in ihren Grußworten an uns alle, gegen Rassismus, Fremdenfeindlichkeit, gegen Hass und Hetze aufzubegehren.

Während Björn Höcke immer wieder das heutige Japan als Vorbild für die Einwanderungspolitik ins Feld führt, appellieren lokale Demokratie-Bündnisse an Mitmenschlichkeit. Während AfD-Abgeordnete eine Migrationspolitik wie in Polen und einen Umgang mit straffälligen Migranten wie in Ungarn fordern, träumen wir von einem Deutschland mit mehr Toleranz gegenüber Menschen anderer Herkunft. In den Vereinshäusern, in denen ich meine Arbeit vorstelle, hängen oft Plakate an der Wand, die für ein buntes Miteinander, für Vielfalt, für Weltoffenheit und gegen Fremdenfeindlichkeit werben. Ich verstehe alle diese Initiativen und möchte den Machern ausdrücklich für ihre Arbeit danken. Denn sie trauen sich aus dem Schneckenhaus der Resignation und versuchen, eine eigene Stimme im gesellschaftlichen Dialog zu finden. Selbstverständlich sind Werte wie Mitmenschlichkeit für unser Zusammenleben entscheidend.

Das Problem ist nur, dass Werte den Wählerinnen und Wählern keine konkreten Vorbilder an die Hand geben. Was bedeutet denn der Wert der Mitmenschlichkeit für die Frage, wie viele Schüler nichtdeutscher Herkunft in der Klasse meines Sohnes unterrichtet werden? Welche Folgen hat der Wert der Solidarität für die Entwicklung von Gewaltdelikten in meiner Stadt? Welche Konsequenz hat der Wert der Weltoffenheit für die Frage, wer in meinem Dorf hilfsbedürftig ist und wem ich am dringendsten Unterstützung zukommen lasse? Welche Menschen nehmen wir in unser Land auf und welche nicht? Wer erhält eine Arbeitserlaubnis und wer die Staatsbürgerschaft? Welche Leistungen bezahlt der Staat und für wie lange?

Häufig wird auch von Europa oder der europäischen Idee gesprochen. Aber die europäischen Positionen zur Migrationspolitik sind so vielfältig wie undurchschaubar. Europa ist in den Reden der Politiker eher ein Appell als ein konkretes Vorbild. Wir appellieren an den europäischen Geist, an die Werte der Europäischen Union, an den europäischen Staatenbund als Friedensgarant, aber wir zeichnen kein konkretes Bild.

Die Nennung von Japan und Ungarn als Vorbilder tut dies aber sehr wohl. Denn jeder Mensch kann im Handumdrehen im Internet nachsehen, wie die Einwanderungspolitik in diesen Staaten gestaltet ist. Wer Migrationspolitik und Ungarn in die Suchmaske eingibt, kennt innerhalb von fünf Minuten die wichtigsten Regeln. Versuchen wir dasselbe einmal mit den Begriffen Migrationspolitik und Mitmenschlichkeit. Sofort wird klar: Werte beantworten die Fragen der Menschen nach den konkreten Konsequenzen der Einwanderungspolitik auf ihr Leben nicht.

Die meisten Deutschen möchten einfach ganz konkret wissen, was sie erwartet. Diese Konkretheit ist ein Schlüssel für Zustimmung oder Ablehnung. Wenn ich Menschen in Kleinstädten und Dörfern gefragt habe, ob sie sich gerne an einem Aufarbeitungsprojekt beteiligen wollten, blieb die Reaktion oft verhalten. Nach einer gewissen Zeit habe ich gelernt, dass ich viel genauer formulieren musste, welche Art von Mitarbeit ich denn erwartete. Ich musste in einfachen Sätzen sagen können, welche Aufgaben zu erledigen waren. Indem ich das tat, verwandelte ich den großen Wert der Aufarbeitung in kleine Arbeitsschritte. Viele Menschen konnten sich erst einmal nicht vorstellen, die NS-Geschichte des eigenen Ortes zu bearbeiten. Aber sie konnten sich vorstellen, an einem bestimmten Tag zu einer bestimmten Uhrzeit im Bürgerhaus zu erscheinen und Ausstellungstafeln mit einem Akkuschrauber an das Holzgestell zu schrauben. Erst durch diese Umformulierungen von Zielen in Aufgaben habe ich das Projekt erfahrbar gemacht.

Ich werde von Freunden und Bekannten regelmäßig zu Demonstrationen eingeladen. In jüngster Zeit erhielt ich Aufrufe unter dem Titel «Nie wieder ist jetzt». Die Veranstalter eines Berliner Bündnisses luden zur Demonstration am 10. Dezember mit den Worten: «Alle Bürgerinnen und Bürger sind aufgerufen, mitten in Berlin Gesicht zu zeigen für ein friedliches und respektvolles Miteinander und sich Antisemitismus, Hass, Rassismus und Fremdenfeindlichkeit entgegenzustellen.» Ich weiß, welche Assoziationen diese Begriffe im linksliberalen Milieu wecken und wie vollkommen unterschiedlich die Worte im konservativen Lager ankommen. Für die einen wirkt die Sprache des Aufrufs wie eine Einladung bei Freunden. Ich kenne aber auch viele Menschen, bei denen Begriffe wie «Gesicht zeigen» Misstrauen auslöst. Ihnen fehlt ein Plan für die konkrete Ausgestaltung der Migrationspolitik in ihrem Dorf, an ihrem Arbeitsplatz, in der Schule ihrer Kinder. Meiner festen Überzeugung nach würde sich die Stimmung im Land verändern, wenn jede Kommune alle konkreten Aufgaben, die es zur Integration der Geflüchteten zu leisten gibt, offen und einfach beschreiben und allen Bewohner*innen des Dorfes zugänglich machen würde. Dann würden die Bürger*innen erfahren, wie aufwändig und vielschichtig die Einbindung der Migrant*innen ist. Aber die Aufgabenliste würde das große Problem in viele kleine aufteilen und wäre damit konkret erfahrbar. Der Appell an Mitmenschlichkeit und Toleranz ist dazu nicht in der Lage.

Da eine Reflexion von Werten und konkreten Maßnahmen auf zwei kommunikativen Ebenen stattfindet, ist es unmöglich, eine Einigung zu erzielen. Es ist, als würde man in einem alten Radio einen AM-Sender suchen, wenn die FM-Taste gedrückt ist. Sowohl FM als auch AM übertragen Radiosender, aber ihre Sendungen nutzen unterschiedliche Signale. Mit dem falschen Signal lässt sich der richtige Sender nicht finden.

Ich habe über das Zusammenspiel von ethischen Werten und konkreten Handlungen in den vergangenen Jahren viel von der Feuerwehr gelernt. Die Feuerwehr muss als Organisation Werte vertreten, diese aber alle in durchführbare Anweisungen umwandeln. Seit einigen Jahren ist die Feuerwehr mit zunehmender Respektlosigkeit gegenüber Einsatzkräften konfrontiert. Nach Aussage von Feuerwehrleuten sind es nicht selten migrantische Jugendliche, die Löschfahrzeuge und ihre Besatzungen behindern. Die Feuerwehrleute sind aber auch schon von betrunkenen jungen Männern deutscher Herkunft belästigt worden.

Die Feuerwehr Marburg hat als Reaktion darauf eine Kampagne ins Leben gerufen, die mich sehr überrascht hat. Wir haben mit der dortigen Feuerwehr eine Ausstellung im Rathaus konzipiert. Der stellvertretende Leiter der Feuerwehr Marburg, Andreas Brauer, zugleich unser Einzelprojektleiter, rief 2020 die Kampagne «Marburg zeigt Respekt» ins Leben. Wie viele Kampagnen dieser Art wurde der Slogan auf Aufkleber gedruckt, die an die Fahrzeuge der Feuerwehr und anderer städtischer Behörden geklebt wurden. Das Besondere an der Kampagne waren die Worte, die Brauer, der später unser Marburger Einzelprojekt leitete, an die Bevölkerung richtete: «Gefühlt beinahe täglich wird in den Medien von Gewalt gegen Einsatzkräfte berichtet.» Er merkte jedoch, dass diese Beschreibung zu kurz gedacht war. Nicht nur Feuerwehr, Polizei und Rettungsdienste verdienen einen wertschätzenden Umgang, sondern jeder Mensch. Der Feuerwehrmann gab also auch ein Versprechen ab, das die Einsatzkräfte selbst zu mehr Respekt gegenüber den Bürgerinnen und Bürgern verpflichten sollte. Konkret wies er seine Kameradinnen und Kameraden an, mehr mit der Bevölkerung zu sprechen und besser zu erklären, warum eine Straße gesperrt und weshalb eine Kreuzung blockiert werden müsste.

Die Feuerwehr etablierte damit etwas, das bisher nicht zu ihren Stärken zählte: ein Gesprächsformat, das nicht in erster Linie zur Gewinnung von Informationen dient. Denn bisher reden Feuerwehrleute mit Zivilpersonen vor allem, um Kenntnisse über den Einsatzort zu gewinnen. Dies ist wichtig, um die geeigneten Gegenmaßnahmen zu treffen. Diese Dialoge bestehen im Regelfall darin, dass der Einsatzleiter fragt und der Zivilist antwortet. Die neue Dialogform zielt aber gerade nicht auf Informationsgewinnung, sondern auf gegenseitige Kenntnis. Ich weiß, dass diese Arten der Gesprächsführung Unsicherheit bei nicht wenigen Feuerwehrleuten auslösen. Umso beachtlicher ist es, dass die Feuerwehr Marburg dennoch eine neue Art der Kommunikation einführen möchte.

Noch erstaunlicher ist, dass der Feuerwehr Landesverband Nordrhein-Westfalen der Einsatzbesprechung einen neuen inhaltlichen Punkt hinzugefügt hat. Nach der Rückschau auf den Einsatz haben Feuerwehrleute die Möglichkeit, über belastende Situationen zu sprechen. Dies existierte bislang nicht. Zu diesen möglichen Belastungen gehören auch Konfliktsituationen mit Zivilisten. Den Feuerwehrleuten soll auf diese Weise sehr früh nach dem Einsatz die Möglichkeit gegeben werden, Wut oder Resignation zu äußern. Dies soll nicht nach jedem Einsatz stattfinden, aber nach belastenden Situationen immer.

Ausgerechnet die Feuerwehr hat damit etwas verstanden, was in vielen Organisationen wie Schulen und Kindertagesstätten, Hochschulen und Betreuungseinrichtungen noch nicht umgesetzt wird: Erstens hat die Feuerwehr einen methodischen Ansatz gefunden und verlässt sich nicht einfach darauf, dass ihre Leute die aufreibenden Erlebnisse abends am Biertresen verarbeiten. Zweitens hat sie Dialogverfahren gefunden, in denen der Austausch über Werte und konkrete Maßnahmen zusammengedacht werden.

Wenn wir eine belastende Situation erleben, sind wir oft nur damit beschäftigt, das Ereignis in unseren Debattenraum zu tragen. Sei es eine transphobe Pöbelei in unserer Nachbarschaft, eine Messerattacke in unserer Stadt, eine Vergewaltigung in einem Park oder eine rechtsradikale Demonstration. Wir sprechen darüber oft nicht mit unseren Nachbarn, sondern kommunizieren mit vollkommen fremden Menschen auf unseren Social Media-Kanälen. In unseren Städten sollte es aber strukturierte Gesprächsangebote geben, und zwar für alle, die sich betroffen fühlen und die von einer Tat bewegt sind. Die Dialoge sollten einfach gestaltet, gut moderiert und leicht erreichbar sein. Wir könnten wie die Feuerwehrleute in einem großen Saal im Kreis sitzen und uns austauschen. Damit würden wir verhindern, dass Frust, Wut und die Feindschaft gegenüber bestimmten Gruppen von Menschen in uns wächst. Vor allem würden wir feststellen, dass ein Zusammenleben weder nur mit Werten noch nur mit konkreten

Maßnahmen gestaltet werden kann. Bestenfalls sehen wir diese beiden Pole bald gar nicht mehr als Widersprüche an, sondern als die beiden wichtigsten Bausteine für ein verändertes Zusammenleben.

DER KAMPF UM DEN WÜRZBURGER BARBAROSSAPLATZ

In meiner Heimatstadt Würzburg hat am 25.06.2021 ein Somalier drei Frauen getötet und fünf weitere Personen verletzt. Wenige Tage später veröffentlichte der Würzburger Oberbürgermeister einen Offenen Brief an die Bürgerinnen und Bürger der Stadt. Der Brief war vorsichtig und umsichtig formuliert und begann mit einer Würdigung der Opfer und einem Dank an die mutigen Menschen, die sich dem Täter in den Weg stellten.

Denn tatsächlich waren es Zivilpersonen gewesen, die den Mann daran gehindert hatten, weitere Menschen mit dem Messer anzugreifen. Unter denjenigen, die den Täter mit Stühlen und Rucksäcken attackierten, war auch ein iranisch-kurdischer Asylbewerber. Im weiteren Verlauf des Offenen Briefes richtete der Oberbürgermeister einen Appell an die Bewohner und Bewohnerinnen seiner Stadt:

> Die Verbrechen Einzelner sind aber niemals auf Bevölkerungsgruppen, Religionen, Staatsangehörigkeiten zurückzuführen. Auch wir Deutsche wurden nach dem Zweiten Weltkrieg nicht pauschal verurteilt. Genauso wenig gilt dies jetzt für Somalier oder generell Geflüchtete. Dieses Schubladendenken muss ein Ende haben. Und gleichzeitig wird es kein Ende haben. Dies ist meine moralische Forderung, mein Wunsch an die Gesellschaft, von der ich weiß, dass er nicht in Erfüllung gehen kann. Denn wie würden Sie sich heute als Ausländer in unserer Stadt fühlen?

Wie in vielen anderen Fällen rief auch das Würzburger Stadtoberhaupt die Menschen dazu auf, die Werte des Miteinanders nicht zu verlieren und weiterhin solidarisch mit den ausländischen Mitbürgerinnen und Mitbürgern in der Stadt umzugehen. Konkrete Maßnahmen gegen Amokläufe in der Stadt nannte Christian Schuchardt nicht. Für mich war offensichtlich, dass der Oberbürgermeister – und mit ihm viele andere Lokalpolitiker und Prominente – ein Ausfächern der Debatte in Richtung rechter Narrative verhindern wollte. Die Messerattacke des Somaliers sollte nicht auf das Konto derer einzahlen, die Migranten als potenzielle Gefahrenherde betrachteten. Diese Diskussion sollte verhindert werden.

Doch dieser Versuch misslang. Am 03.07.2021 kam Björn Höcke mit etwa 100 Anhängern zum Tatort und legte einen Blumenstrauß ab. Parallel dazu bildeten etwa 600 Personen eine Menschenkette, die sich bis auf wenige Meter der AfD-Versammlung näherte. In den kommenden Monaten wechselten sich Kundgebungen, Verlautbarungen und Demonstrationen des rechtsextremen Lagers mit Veranstaltungen eines breiten Bündnisses für Demokratie ab.

Ein Jahr nach der Tat lud die Domschule Würzburg die Bürgerinnen und Bürger zu einem Gespräch. Wieder hielt Schuchardt eine Rede, und schon bald kam er auf die Instrumentalisierung der Tat zu sprechen. Rechtsextreme würden die Messerattacke nutzen, um die Gesellschaft weiter zu spalten und Flüchtlinge unter Generalverdacht zu stellen. Dann stellte er die rhetorische Frage: «Aber was ist die Alternative? Alle diese Menschen elend im Mittelmeer ertrinken zu lassen? Und sind es nicht die Zuwanderer, die uns auch zu unserem heutigen Wohlstand verholfen haben?»

Nach diesen Sätzen regte sich Unmut in Teilen der Zuhörerschaft. Die Angespanntheit stieg noch weiter an, als eine Theologin der Würzburger Universität an das Rednerpult trat und einen Vortrag über Vulnerabilität hielt, also über Verletzlichkeit. Sie sagte: «Weil man sich verletzbar fühlt und angreifbar, verletzt man selbst.» Damit meinte sie allerdings nicht die Tat des Somaliers, denn sie präzisierte: «Das sehen wir auch in Bezug auf Rechtsradikale.» Nach diesen Sätzen fielen der Professorin zwei Zuhörerinnen ins Wort. «Hier wird alles schöngeredet! Hier geht es nicht um die Opfer!», sagte eine der Frauen, und die andere fügte hinzu: «Ich stand in der Nähe, als er zugestochen hat!» Die Frauen verließen daraufhin den Saal.

Bei der anschließenden Podiumsdiskussion thematisierten die Diskutanten den Abgang der beiden Würzburgerinnen. Einem Artikel in der Main-Post zufolge führten viele Stimmen die Reaktion der Frauen darauf zurück, dass sie die Tat noch nicht richtig verarbeitet hätten. Ein weiterer Zuhörer aber meinte: «Die haben sich nicht gesehen gefühlt in ihrer Verletztheit», und eine weitere Diskutantin mahnt: «Wir müssen allen gleichermaßen zuhören.»

Der Verlauf der Veranstaltung hat mir vor Augen geführt, was passiert, wenn die Reaktionen der Bevölkerung zu stark kontrolliert werden sollen und die Angst vor der Ausbreitung falscher Narrative größer ist als die Souveränität, mit unliebsamen Reaktionen umzugehen. Es gab nach der Messerattacke kein Gesprächsformat, in dem die Bürgerinnen und Bürger ihre Wut, ihre Ängste und Sorgen zum Ausdruck bringen und die Politik mit ihrer Kritik und ihren Wünschen konfrontieren konnten. Die Menschen konnten sich den Kundgebungen des einen oder den Demonstrationszügen des anderen Lagers anschließen. Aber es gab keine moderierte Auseinandersetzung. Diejenigen, die sich Sorgen um die Ausbreitung von Gewalttaten machten, und diejenigen, die sich Sorgen um die Ausbreitung des Rechtsradikalismus machten, trafen zu keiner Gelegenheit aufeinander. Dies ist deswegen besonders auffällig, weil genau solche Bürgerdialoge einige Jahre vorher sehr wohl stattfanden. Als die Stadt 2015 neue Unterkünfte für Asylbewerber*innen plante, lud sie Bürger*innen ein. Die Behörden gaben damit auch den kritischen Stimmen einen Raum. Als die neue Gemeinschaftsunterkunft im Stadtteil Zellerau eröffnet wurde, konnten die Anwohner die Räumlichkeiten besuchen. Ein partizipatives Format hat es nach der Messerattacke nicht gegeben. Wahrscheinlich war die Angst vor der Vereinnahmung durch rechtsextreme Stimmen so groß, dass auch vernünftige Kritiker kein Gehör finden konnten. Dieses Verhaltensmuster habe ich in den vergangenen Jahren oft beobachtet: Weil man die Radikalen ausschließen möchte, nimmt man auch den Gemäßigten den Raum.

Die Kundgebungen und Demonstrationen sind dennoch wichtig. Ich empfinde großen Respekt für Menschen, die sich für ein demokratisches Miteinander einsetzen und in demokratischen Netzwerken engagieren. Aber meiner Ansicht nach brauchen diese Veranstaltungen eine Ergänzung. Demonstrationszüge schaffen ein Gefühl von Gemeinsamkeit, eine Verbundenheit der Gleichgesinnten, sie machen den Einzelnen in der Gruppe stark. Aber viele Menschen wollen sich nicht nur einreihen und mitziehen. Sie wollen sich auch äußern dürfen, sie wollen ihre Geschichten erzählen, ihre Erfahrungen teilen, ihre Ideen einbringen. Gefolgschaft darf nicht die einzige Form von Beteiligung sein.

Wenn ich höre, man dürfe rechten Narrativen keinen Raum geben, dann stimme ich dem zwar zu. Nur kontrolliert heutzutage niemand mehr den ganzen Raum. Eine Gruppe kann nur den eigenen Raum verschließen, muss dann aber dabei zusehen, wie sich die Andersdenkenden in anderen Räumen zusammentun. Würzburg ist dafür das beste Beispiel.

Ähnlich aufgeheizt wie in meiner Heimatstadt habe ich die Atmosphäre bei der Podiumsdiskussion mit Masha Gessen in den Räumen der Heinrich-Böll-Stiftung am 18. Dezember 2023 wahrgenommen. Gessen hatte zuvor den Heinrich-Böll-Preis verliehen bekommen. Die Stiftung war der Preisverleihung ferngeblieben, um gegen den Ghetto-Vergleich der Autorin in einem kurz zuvor erschienenen Essay in der Zeitschrift *The New Yorker* zu protestieren. Die Preisverleihung fand in einem sehr kleinen Rahmen statt. Drei Tage später kam es zur Aussprache zwischen den beiden Leitern der Böll-Stiftung und der jüdischen Intellektuellen. Die Gesprächsleitung hatte die jüdische Wissenschaftlerin und Geschäftsführerin der Stiftung Deutsch-Israelisches Zukunftsforum, Tamara Or, inne. Die Diskussion mit dem Publikum war auf eine halbe Stunde beschränkt. Das enge Zeitkorsett hatte zur

Folge, dass die Moderatorin schon die ersten etwas ausführliche-ren Statements mit dem Hinweis unterbrach, man möge sich bitte auf eine Frage an die Diskutanten beschränken. Die Emotionen im Saal sind auch auf dem YouTube-Video deutlich zu spüren. Viele Wortbeiträge kritisierten die Abwesenheit der Stiftung bei der Preisverleihung und warfen den beiden Vorständen der Stif-tung vor, eine wichtige Debatte zu beschädigen. Doch Kritik war nicht erwünscht. Immer und immer wieder unterband Tamara Or die Beiträge und forderte die Sprecher und Sprecherinnen dazu auf, eine Frage zu stellen. Schließlich sei die Zeit sehr be-grenzt. Diese Regelung, nur und ausschließlich Fragen zuzulas-sen, empfand ich als Versuch, kritische Narrative aus der Veran-staltung fernzuhalten. Vielleicht war die Strategie aber tatsächlich dem Zeitdruck oder der Fairness allen gegenüber geschuldet: Wenn Fragen gestellt werden, können mehr Menschen zu Wort kommen, als wenn Zuhörer und Zuhörerinnen ihre Meinungen kundtun.

Die Frage, wie wir mit unliebsamen Narrativen umgehen, be-gleitete unser Projekt zur Aufarbeitung der NS-Zeit von Anfang an. Die Kooperationspartner und Geldgeber wollten wissen: Wie verhindert ihr, dass die Geschichten, die ihr erzählt, von Rechten gekapert werden? Wie stellt ihr sicher, dass kein Geschichtsrevi-sionismus betrieben und die Verbrechen des Nationalsozialismus nicht verherrlicht werden? Ich weiß nicht, wie oft ich in den Mo-naten der Antragstellung gefragt wurde, wie ich die Rechten im Zaum halten würde.

Meine Antworten waren so selbstbewusst und klar, wie es sich für einen Antragsteller gehört. Ich wäre mir sicher, dass die Mehr-heiten in allen Gruppen an einer faktenorientierten Darstellung interessiert seien und die möglichen abweichenden Haltungen überstimmen würden. Doch in Wirklichkeit hatte ich keine Ant-wort auf die Frage.

Ich begann die Projekte mit dem Vertrauen, dass die Teilneh-mer aufeinander hören und die historischen Forschungen zu den besprochenen Themen akzeptieren würden. Woher dieses Vertrauen kam, kann ich nicht genau erklären. Sicherlich hat es sich auch in meiner Kindheit in Rottendorf gebildet. Ich habe unsere Nachbarn und Bekannten, die Trainer im Sportverein und die Eltern meiner Freunde als Menschen erlebt, die sich stark an bestimmten Vorgehensweisen orientieren und Expertenmeinungen durchaus vertrauen. Wenn der Trainer während des Spiels seinen Verteidiger zur Manndeckung aufgefordert hat, dann haben das auch die Lehrereltern akzeptiert. Außerdem musste ich dieses Vertrauen einfach aufbringen. Wenn Projektteilnehmer unsere Verfahren nicht akzeptieren würden, hätten wir die Arbeit einstellen müssen.

Außerdem hatten wir in jeder Kommune einen oder zwei Einzelprojektleiter eingesetzt, die auch dafür sorgen sollten, dass keine rechten Sprücheklopfer unser Projekt vereinnahmen würden. Unsere Einzelprojektleiter waren in den meisten Fällen Vorstände von lokalen Organisationen wie Feuerwehr, Heimatverein, Turngemeinde und Partnerschaftsverein. Ich wusste, dass Vereine im Normalfall gruppenorientierte Menschen anziehen und destruktive Geister in der Regel abstoßen. Auch dieses gefühlte Wissen nahm ich aus der Kindheit und aus der katholischen Jugendgruppe mit. Wer sich in Gruppen engagierte, musste mit Regeln und Vorschriften klarkommen. Die Pöbler vom Fußballplatz standen beim Pfarrfest nicht hinter der Kuchentheke.

Trotzdem empfand ich Angst und Unsicherheit, denn wir luden alle Menschen in der Gemeinde ein, nicht nur die Vereinsmitglieder. Niemand wusste also genau, wer kommen würde. Jedes Mal war ich nervös, wenn ich zum ersten Workshop in die kleinen Orte fuhr: nach Schwedt/Oder und Oerlinghausen, nach Dietramszell und Egling an der Paar, nach Neuenbürg und St. Georgen. Nach Mannheim und Marburg, nach Gießen und München fuhr ich ruhiger als nach Radeberg und Heynitz.

Tatsächlich kamen in mehreren Orten Themen auf den Tisch, die das Potential hatten, eine verharmlosende Sicht auf die NS-Geschichte im Ort zu präsentieren. In Schwedt brachte unser Einzelprojektleiter das Buch eines Lokalhistorikers mit, das den

Beschuss eines Schullandheims anhand von Zeitzeugenaussagen und historischen Quellen dokumentiert. In dem Gutshaus Grabow hielten sich im Rahmen der Kinderlandverschickung mehrere Mädchenklassen aus Berlin auf. Außerdem waren dort Zwangsarbeiter und Zwangsarbeiterinnen beschäftigt. Bei dem Bombenangriff verloren innerhalb von wenigen Augenblicken 25 Menschen ihr Leben.

Wir erzählten diese Geschichte anhand eines Videos, das nur aus Typografie bestand. Wir blendeten also einzelne Sätze der Zeugenaussagen ein und spielten diese in unterschiedlichen Geschwindigkeiten und mit verschiedenen Schriftgrößen ab. Die Ausstellung thematisierte auch den damaligen Kreisfeuerwehrführer, der seit 1937 NSDAP-Mitglied war. Es ging ebenfalls um die Einsätze der Feuerwehr Schwedt bei den Bombardierungen in Berlin. Wir verglichen den Ablauf der Einsätze in der NS-Zeit mit heutigen Abläufen mittels zwei nebeneinanderlaufender Videofilme und stellten die Chronologie der Schwedter Feuerwehr dar. Über das Konzept gab es keine Diskussionen. Hätte ich die Ausstellungsplanung in einem progressiven historischen Seminar vorgestellt, wäre mir vielleicht vorgeworfen worden, zu stark Opfer-Narrative zu bedienen. Die Kritik hätte ich mir und sicher auch die ganze Gruppe sich angehört und ruhig beantwortet: Über die Feuerwehr in Schwedt in der NS-Zeit gibt es nun einmal sehr begrenztes Quellenmaterial. Da wir die Feuerwehr und nicht die ganze Stadt Schwedt im Nationalsozialismus vorstellen wollten, fanden wir es angemessen, die Themen zu wählen, für die uns das beste Material zur Verfügung stand.

Anders sah die Sache in Oerlinghausen aus. Von allen Einzelprojekten spielten mögliche rechte Vereinnahmungen in diesem kleinen Städtchen bei Bielefeld die größte Rolle. Unser Einzelprojektleiter führte mich bei meinem ersten Besuch auf den Tönsberg, an dessen Hängen die Stadt liegt. Wir liefen am jüdischen Friedhof vorbei zu einem Denkmal. Es steht auf dem Bergrücken und erinnert mit seinen hohen Säulen und der Bronzefigur eines liegenden Soldaten an NS-Architektur, wurde aber 1930 für die

Kriegerehrenmal von 1930 auf dem Tönsberg in Oerlinghausen

Gefallenen des Ersten Weltkriegs errichtet. Die Inschrift auf dem
Fries lautet:

> Wanderer hemme den Schritt
> Schirmend der Heimat heiligen Boden
> Starben die Tapferen unbesiegt
> Beuge Dich vor des Opfers Größe

Dieses Mahnmal, erklärte mir unser Einzelprojektleiter, sei für die
Stadt ein schweres Erbe. Denn es werde nicht nur von Touristin-
nen und Touristen besucht, die über den Hermannsweg wandern,
sondern auch von Neonazis. Das Ehrenmal, so erklärte er mir, sei
eine Pilgerstätte von Rechtsextremen.

Als wir die Themen für die NS-Ausstellung in der großen
Runde besprachen, einigten wir uns schnell darauf, dass wir auch
auf die Geschichte des Mahnmals eingehen müssten. Doch schon
bei der Benennung des Bauwerks wurde die Diskussion hitzig.
Unser Einzelprojektleiter und ich merkten dies erst einmal daran,
dass einige der Teilnehmer und Teilnehmerinnen nicht mehr ab-
warteten, bis sie an der Reihe waren, sondern die Sprecher unter-

brachen. Wir mussten die Zwischenrufe stoppen und zur Einhaltung der Ordnung aufrufen. Dies war zum ersten und einzigen Mal in diesem Einzelprojekt nötig.

Nach einigen abfälligen Bemerkungen stellte sich heraus, in welchen Konflikt wir geraten waren. Einige Bürgerinnen und Bürger kämpften seit Jahren dafür, dem Ehrenmal seine Sogwirkung für Rechte zu nehmen. Die Gruppe besteht aus linksliberalen Akademikerinnen und Akademikern, die den Grünen nahestehen oder sogar Mitglieder der Grünen sind. Ein Vertreter dieser Gruppe erzählte mir, er habe beim Gemeinderat den Antrag gestellt, die Inschrift zu entfernen. Sie sprachen sich auch dafür aus, das Gebilde auf dem Tönsberg nicht mehr als Ehrenmal zu bezeichnen.

Auf der anderen Seite stand eine Gruppe von Teilnehmerinnen und Teilnehmern, die das Ehrenmal in seiner Form erhalten wollten. Sie schlugen vor, eine Erklärtafel neben dem Ehrenmal anzubringen, auf der die Geschichte des Mahnmals analysiert wird. Auch andere Formen der Kontextualisierung waren für sie vorstellbar, aber das Bauwerk sollte auf keinen Fall angerührt werden.

Nach einer hitzigen Stunde konnten wir uns auf einen Vorschlag einigen. Wir beschlossen, die Geschichte des Ehrenmals auf einer Stele darzustellen und eine weitere Stele mit einer freien Fläche daneben zu platzieren. Auf diese Stele sollten die Besucherinnen und Besucher schreiben, welchen Umgang sie sich für das Bauwerk auf dem Tönsberg vorstellten. Auf diese Weise sammelten wir etwa einhundert Beiträge. Die handgeschriebenen Zettel scannten wir ein, um den Konflikt und die Lösungsansätze zu dokumentieren. Sie sind damit Teil der städtischen Überlieferung. Außerdem legte unser Einzelprojektleiter die Vorschläge dem Gemeinderat vor, damit sie bei möglichen Planungen zur Umgestaltung des Ehrenmals genutzt werden können. Auch eine Schülergruppe hat inzwischen einen Entwurf für die Ausgestaltung des Ehrenmals ausgearbeitet.

Konzeptionell betrachtet haben wir das Auftreten unterschiedlicher Narrative mit dem Ansatz der Multiperspektivität beantwortet. Statt eine Version der Geschichte auf der Ausstellungsstele aufzuführen, wählten wir eine unterteilte Darstellung: Zunächst erklärten wir die Entstehungsgeschichte des Bauwerks, damit die Besucher auf Grundlage der wichtigsten historischen Fakten ein eigenes Urteil fällen konnten. Dafür gab es Platz auf der zweiten Stele. Zur Überleitung zwischen den beiden Teilen machten wir die Benennung des Bauwerks – ebenfalls auf der Stele – zum Thema: Ehrenmal? Mahnmal? Denkmal? Mit der Frage, wie das Gebilde denn nun heißen solle, wollten wir den Einstieg in die Reflexion erleichtern.

Besonders beeindruckt hat mich in diesen Wochen das Verhalten unseres Einzelprojektleiters. Er wohnt direkt unterhalb des Ehrenmals und wünscht sich eine umfassende Umgestaltung, ohne jedoch die Bausubstanz zu verändern. Er hat genaue Vorstellungen davon, wie das Bauwerk neu bespielt werden sollte und spricht mit Begeisterung über seine Ideen.

Trotzdem hat er sich in dem Konflikt ausschließlich auf seine Rolle als Leiter der Ortsgruppe und als Moderator beschränkt. Er arbeitet in einem Laden, in den viele unserer Teilnehmerinnen und Teilnehmer kommen, und wurde dort viel mit den unterschiedlichen Ansichten zum Thema konfrontiert. Es gelang ihm in den Gesprächen, keine Partei zu ergreifen, sondern für das Verfahren zu werben, für das sich die Gruppe in der Sitzung mehrheitlich entschieden hatte. Ich habe mich oft gefragt, wie er diese Fähigkeit entwickelt hat, Abstand von seiner eigenen Haltung aufzubauen und eine übergeordnete Rolle einzunehmen. Er hat keinen pädagogischen Hintergrund, er hat nie einen Kurs in diesem Bereich besucht. Meine Vermutung ist, dass er dies bei der Feuerwehr gelernt hat. Er ist nämlich auch seit vielen Jahren Feuerwehrmann in einem Oerlinghauser Ortsteil. Feuerwehrleute sind in der Regel erfahren darin, Verfahren einzuhalten und eigene Haltungen unterzuordnen, bis der Einsatz vorbei ist. Außerdem engagiert er sich seit vielen Jahren zusammen mit seiner Frau in einem soziokulturellen Zentrum.

In allen Einzelprojekten war die Frage nach dem Umgang mit den Erfahrungen der Wehrmachtssoldaten im Vergleich zu den

Opfern aus dem eigenen Ort Thema einer Auseinandersetzung. Überall kam es zu einer Diskussion über die richtige Gewichtung der Themen. Die beiden Pole dieser Diskussion könnte man als Fokussierung auf Opfer und Täter auf der einen Seite sowie als Fokussierung auf die Akteure vor Ort auf der anderen Seite beschreiben. Eine Gruppe wollte bei der Auswahl der Themen das Schicksal der Opfer in den Vordergrund stellen: Zwangsarbeiter und Zwangsarbeiterinnen, Jüdinnen und Juden, Euthanasieopfer und Zwangssterilisierte, Homosexuelle, politisch Verfolgte, Widerstandskämpferinnen und Widerstandskämpfer. Auch die Täter sollten benannt werden, allerdings meist weniger ausführlich: NSDAP- und SA-Mitglieder, Deutsche Christen oder Wehrmachtsoffiziere. Vertreterinnen und Vertreter dieser Auffassung waren überwiegend linksliberal und stammten entweder aus dem Ort oder waren Zugezogene.

Die andere Gruppe wollte alle Menschen vorstellen, die sich in der Zeit des Nationalsozialismus in ihrem Dorf aufhielten. Dies umschließt alle genannten Gruppen von Opfern und Verfolgten, aber zusätzlich die Einwohnerinnen und Einwohner des Ortes. Sie wollten auch das Schicksal der Wehrmachtssoldaten berücksichtigen und vom Leid der Zivilbevölkerung während der Bombardierungen erzählen. Die Vertreterinnen und Vertreter dieser Gruppe waren linksliberal oder konservativ und stammten fast ausnahmslos aus den Orten.

Während ich aus der Gruppe der Ortszentrierten keine Vorbehalte gegenüber der Gruppe der Opferzentrierten hörte, waren manche der Opferzentrierten den Ortszentrierten gegenüber kritisch eingestellt. In dieser ortsfokussierten Gruppe waren mehr Menschen, die dauerhaft mit alten Familienmitgliedern zusammenlebten oder sich regelmäßig um sie kümmerten. Bei der Aufarbeitung des Nationalsozialismus war es für sie auch wichtig, dass die Eltern oder Großeltern nicht angeklagt wurden. Der Gesundheitszustand der älteren Familienmitglieder war eine wichtige Größe. Die auf Opfer und Täter Fokussierten hatten sich dagegen häufiger in dem Ort ein eigenes Leben aufgebaut und pflegten weniger enge Kontakte zu ihren alten Eltern oder Großeltern. Der Schutz der Gesundheit ihrer Angehörigen war für sie deutlich weniger bedeutend als für die andere Gruppe.

In den meisten Einzelprojekten gingen die unterschiedlichen Gruppen in der großen Gruppe aller Teilnehmerinnen und Teilnehmer auf. Dies lag an unserem partizipativen Verfahren. Nach der Vorstellung aller möglichen Themen mussten sich die Teilnehmerinnen und Teilnehmer für fünf oder sechs Themenbereiche entscheiden. In manchen Einzelprojekten führten wir eine Wahl durch, in anderen stimmten wir per Handzeichen ab, in wieder anderen schlugen die Einzelprojektleiter eine Auswahl vor, und die Gruppe diskutierte die Vorschläge, bis es zu einem Entschluss kam.

In zwei Einzelprojekten, nämlich in Egling an der Paar und in Neuenbürg im Kraichgau, geschah etwas, das mich überraschte. Die Teilnehmer brachten zur Präsentation eine Tafel mit den Namen der Gefallenen des Zweiten Weltkriegs mit. In Neuenbürg zeigten wir in einer vollen Turnhalle den einstündigen Dokumentarfilm, den die Gruppe über die NS-Zeit im Dorf gedreht hatte. Er trägt den Namen des Projekts, «Das *Dritte Reich* und wir», und ist auf YouTube zu sehen. Die Gruppe stellte dabei die Gefallenentafel auf Staffeleiständer und positionierte sie unterhalb der Leinwand neben andere Tafeln, auf denen Dokumente von der Recherche gezeigt wurden. Das Gefallenengedenken stand für die beiden Einzelprojekte also außerhalb der Themen, die wir besprachen. Die Erinnerung an die toten Soldaten aus dem Dorf war für die Gruppe Teil der lokalen Erinnerungskultur und war kein Bereich der Gedenkkultur, den man in unserem Projekt einfach hätte abwählen können.

In wenigen Einzelprojekten führte der Unterschied zwischen Ortsfokussierung und Opferausrichtung zu dauerhaften Spannungen. In einem Ort rief mich die stärkste Stimme der Opferpartei nach dem Gruppenentscheid an, um mich zu überzeugen, das Ergebnis der Runde zu überdenken. Sie fürchtete, dass die Ausstellung rechte Narrative bedienen könnte. Die Teilnehmerinnen

**Sterbebilder der gefallenen Soldaten des Zweiten Weltkriegs
in Egling und Umgebung, 11.03.2023**

und Teilnehmer hatten entschieden, neben den Opfergruppen auch drei weitere Akteure der Ortsgeschichte vorzustellen: Frontsoldaten, Angehörige des Reichsarbeitsdiensts und Einwohner im Bombenkrieg. Die Dame hatte das Gefühl, dass diese Themen eine zu starke Gewichtung bekämen – und das Schicksal der Euthanasieopfer, der Mitglieder der jüdischen Gemeinde und anderer Verfolgter nicht genug gewürdigt werden würde.

Der Versuch eines klärenden Gesprächs in dem Ort vor dem nächsten Workshop brachte nur eine kurzzeitige Entspannung. Das Ergebnis war, dass sich die Dame aus dem Projekt zurückzog.

Ich selbst positionierte mich eindeutig, indem ich mich für die Einhaltung des Verfahrens aussprach. Dies tat ich nicht, um den Vertreter der Ortszentrierten zu stützen, sondern weil ich damit die Vorgehensweise meines eigenen Projekts verteidigte. Nur durch die Konstellation von uns Dreien folgte daraus, dass ich mit dem Ortszentrierten eine Mehrheit gegen die Opfer- und Täterzentrierte bildete. Dies machte das Einlenken für sie umso schwieriger.

Wenn ich mich an die Fragen unserer Geldgeber in der Anfangszeit erinnere, dann würde ich die Antwort heute so formulie-

ren: Wir haben die Narrative nicht kontrolliert, sondern das Auftreten unterschiedlicher Sichtweisen auf Geschichte so gut es ging
in unsere Methodik eingebaut, um dadurch eine strukturierte und
zielorientierte Debatte über die unterschiedlichen Narrative zu ermöglichen. Eine Gefahr für die Einzelprojekte trat weniger durch
das Aufkommen bestimmter Narrative als durch den Versuch auf,
die Verfahrensweisen in unseren Projekten zu umgehen.

Im Laufe der Zeit haben wir versucht, die unterschiedlichen
Sichtweisen in das Ausstellungskonzept einzuarbeiten. In Pfungstadt haben wir die Stelen auf Rollen gestellt, so dass die Ausstel-
lungsgäste selbst versuchen konnten, wie es sich anfühlt, wenn
man bestimmte Themen in den Hintergrund schiebt und andere
nach vorne zieht. In München haben wir Bildschirme in den Stelen montiert, auf denen je eine Figur zu sehen ist, die diese Stele
gerade anschaut und dazu Stellung nimmt. Auf den drei Stelen ist
jeweils eine Person zu sehen, die für einen bestimmten Zugang
zur Geschichte steht: ein jüdischer Kantor, ein Feuerwehrmann
und ein junger Intellektueller. Während der Kantor einen Klage-
gesang anstimmt, beschimpfen sich der Feuerwehrmann und der
Intellektuelle gegenseitig.

Dieser letzte Ansatz geht in eine Richtung, die ich mir in der
Auseinandersetzung mit Rechten im Allgemeinen oder mit der
AfD im Besonderen mehr wünsche: Wir fliehen nicht und grenzen uns aus der Ferne ab. Wir stellen uns einander in den Weg.
Wir schauen uns in die Augen und wir streiten miteinander. Wir
halten es aus, dass unsere Position angegriffen wird. Wir versuchen, den anderen zu überzeugen. Wir entscheiden uns für die direkte Auseinandersetzung. Wir streiten, statt zu kommentieren.
Wir gehen den Schritt vom Protest zum Konflikt.

Wichtig erscheint mir auch, dass unliebsame Narrative in Debattenräumen eine viel bedrohlichere Wirkung entfalten als in
den Erfahrungsräumen der Kleinstädte und Dörfer. In der politischen und medialen Kommunikation verbreitet sich ein Begriff
wie Remigration wie ein Lauffeuer. Die Ausbreitung dieser Aus-
drücke kann also nicht verhindert, sondern nur im Nachhinein

bekämpft werden. Daher rührt meiner Ansicht nach die Angst, dass in den Aufarbeitungsprojekten etwas Ähnliches passiert und wir als Projektgruppe die Kontrolle über die Interpretation der Geschichte verlieren könnten.

Ganz anders verhält es sich in Erfahrungsräumen. Während sich die Opponenten im Debattenraum zumeist persönlich nicht kennen, nicht an einem gemeinsamen Projekt arbeiten und sich nicht einigen müssen, trifft all dies auf unsere Teilnehmer und Teilnehmerinnen zu. Sie verfügen alle über eine ausgeprägte Aushandlungserfahrung, die sie mehrmals im Jahr praktizieren und verfeinern. Zu Beginn unserer Einzelprojekte in den Dörfern hatten sich die Beteiligten schon oftmals mit denselben Menschen auf bestimmte Ziele und Vorgehensweisen geeinigt: auf die Organisation der Kirchweih, auf den Ausbau des Kindergartens, auf die Renovierung des Dorfplatzes oder auf die Ausweisung von Bauland. Diese eingeübte Konfliktlösungspraxis führt dazu, dass das Interesse an einer Aushandlung deutlich größer ist als das Bedürfnis, die eigenen Sichtweisen oder eigene Deutungen durchzusetzen. Meinen eigenen Erlebnissen zufolge ist das Dominanzstreben im Debattenraum weitaus stärker ausgeprägt als im Erfahrungsraum.

DER KÜNSTLER UND DIE DIETRAMSZELLER

Als die Feuerwehr Dietramszell sich bei unserem Projekt anmeldete, wurde eine alte und schmerzhafte Erinnerung in mir wach. In Dietramszell hatte ich 15 Jahre vorher eine der schlimmsten Nächte meines Lebens verbracht. Einer meiner ältesten Freunde aus Würzburg hatte sich in eine Dietramszellerin verliebt. Als die beiden zu Besuch bei ihren Eltern waren, rief mich mein Freund an und fragte, ob ich nicht spontan zu ihnen kommen wollte. Am Abend sei ein Konzert, und außerdem hätten wir uns so lange nicht gesehen. Ich war gerade bei meinen Eltern in Rottendorf zu Besuch. Also setzte ich mich in den Zug und fuhr nach München und dann weiter mit der S-Bahn in den Süden. Nach einem fröhlichen Abend führte mein Freund mich ins Gästezimmer im Haus seiner künftigen Schwiegereltern. Er wünschte mir eine gute Nacht und schloss die Tür hinter sich zu. Als ich im Bett lag, hörte ich ein dauerndes Klicken. Ich machte das Licht an und sah, dass in allen Ecken des Zimmers, in einem Schrank und an den Wänden Uhren standen und hingen. Der Schwiegervater meines Freundes sammelte Uhren. Das unaufhörliche Ticken in unterschiedlichen Takten weckte in mir innerhalb von Sekunden das Verlangen, das Haus zu verlassen. Doch das hätte meinen Freund schlecht dastehen lassen. Also setzte ich mich ans Werk und löste bei allen Uhren mit Batteriebetrieb die Batterie heraus und sammelte die Uhren mit Aufzug in einer Ecke, um sie mit Kissen und Decken zu bedecken. Es half nicht. Es wurde zwar etwas ruhiger im Raum, aber ich konnte trotzdem nicht einschlafen, weil ich mich für meine fehlende Souveränität schämte. Erst am nächsten Morgen wurde ich erlöst: Mein Freund gab mir das Gefühl, eine wirklich schwierige Situation gemeistert zu haben, während er sich das Lachen verkniff und die Batterien in die Uhren zurücksteckte, bevor der Schwiegervater es mitbekam.

Ich hatte also eine Rechnung offen mit Dietramszell und war froh, dass sich dazu jetzt die Gelegenheit ergab. Doch etwas war anders als in allen anderen Einzelprojekten. Unser Einzelprojektleiter legte von Anfang an großen Wert darauf, dass wir uns für unser Vorhaben erst einmal die Genehmigung des Bürgermeisters einholten. Er erklärte mir, dass in dem Ort große Vorbehalte gegen eine Beschäftigung mit der NS-Zeit herrschen würden. Daher sei es umso wichtiger, die Zustimmung des Ortsoberhaupts einzuholen.

Die Vorstellung bereitete mir Sorgen. Denn aus gutem Grund machten wir bei unserem Projekt immer einen Bogen um das Rathaus. Wir luden alle Bewohner, alle Vereine und alle Organisationen des Ortes ein – außer die Parteien und den Bürgermeister. Denn wir wollten bei den Bürgerinnen und Bürgern nicht den Eindruck erwecken, die Aufarbeitung der NS-Zeit sei von oben bestimmt worden. Genau aus diesem Grund waren einige ähnliche Projekte vor unserem gescheitert. Wenn Bürgermeister und Kulturdezernenten auswärtige Historiker oder Soziologen im Rahmen von Demokratieförderprogrammen in ihren Ort holten, dann führte das nicht selten zu Abwehrreaktionen in den Teilen der Bevölkerung, die man erreichen wollte. Wenn der Bürgermeister auswärtige Akademiker engagierte, die den Einheimischen irgendetwas beibringen wollten, dann ging das oft schief. Die Entscheidung zur Beschäftigung mit der NS-Zeit sollte gerade nicht von einem Amt gefällt werden, sondern von den Bürgerinnen und Bürgern. Die Aufgabe der Bürgermeister bestand darin, die Projekte zu unterstützen und bei der Präsentation ein paar Worte zu sagen.

Unser Einzelprojektleiter erklärte mir, warum dieser Weg in Dietramszell nicht vorstellbar wäre. Die alte Dietramszeller Bevölkerung wolle keine Aufarbeitung mehr, erklärte er mir. Sie hatten erst kürzlich so schlechte Erfahrungen gemacht. Es müssten erst noch zehn Jahre vergehen, bis man die Alteingesessenen wieder für das Thema gewinnen könne.

Ich stimmte dem Treffen zu. Der Bürgermeister Josef Hauser von den Freien Wählern empfing unseren Einzelprojektleiter, einen renommierten Lokalhistoriker, und mich im Rathaus von Dietramszell. Da es sich dabei um ein vertrauliches Gespräch handelte, möchte ich keine Aussagen oder Eindrücke daraus wiedergeben. Entscheidend ist, warum der Bürgermeister von uns erwartete, dass wir unser Projekt zuerst bei ihm vorstellen sollten, anstelle einfach direkt zu beginnen. Ich wusste nicht, was vor zehn Jahren in Dietramszell geschehen war. Auch niemand in meiner Aufarbeitungs- und Bildungs-Blase kannte den Ort und seine Geschichte. Dabei könnten wir alle von diesem Ort viel lernen.

Im Dezember 2013 brachte die damalige Bürgermeisterin von Dietramszell, Leni Gröbmaier, einen Antrag in den Gemeinderat ein. Ziel des Antrags war eine Distanzierung des Gemeinderats von den Ehrenbürgerschaften aller NS-Politiker des Dritten Reiches. Kurz vorher hatte eine Archivarin ein Protokoll gefunden, aus dem hervorging, dass die Gemeinde Dietramszell Adolf Hitler eine Ehrenbürgerschaft verliehen hatte. Die Bürgermeisterin wollte, dass die Gemeinde diesen Schritt revidierte. Beim Votum des Gremiums stimmten acht Räte für den Antrag, acht dagegen. Damit war der Antrag abgelehnt.

Die Entscheidung fand schnell den Weg in die Öffentlichkeit. Nicht nur die großen deutschen Zeitungen, Radiostationen und Fernsehanstalten griffen das Thema auf. Auch der US-amerikanische *Late-Night*-Moderator Jay Leno sprach in seiner Sendung über Dietramszell. Wenige Tage nach der Abstimmung erzählte er seinem Millionenpublikum, dass eine kleine Gemeinde in Bayern sich entschieden habe, Adolf Hitler die Ehrenbürgerschaft nicht abzuerkennen. Er verstehe das, gab Leno vor. Schließlich käme die Abstimmung auch reichlich früh. Noch lägen nicht alle Fakten auf dem Tisch. Schließlich seien erst 60 Jahre vergangen. Leno hatte die Lacher auf seiner Seite, Dietramszell konnte den Schaden nur noch begrenzen.

Was Leno und mit ihm viele Medien nicht verstanden oder nicht korrekt recherchiert hatten, war, dass eine Gemeinde eine Ehrenbürgerschaft gar nicht aberkennen kann. Es existiert kein Verwaltungsakt, der dies zulässt. Laut der Bayerischen Gemeindeordnung erlischt eine Ehrenbürgerschaft mit dem Tod. Adolf Hitler ist also, seit die Bayerische Gemeindeordnung nach Gründung der Bundesrepublik 1949 in Kraft getreten ist, kein Ehrenbürger mehr in Dietramszell. Der Antrag konnte nur eine Distanzierung erwirken, die aber keinerlei rechtliche Bedeutung hat. Der US-amerikanische Moderator konnte und durfte diesen Unterschied zu Gunsten eines guten Witzes ignorieren. Schwierig wird es aber, wenn deutsche Zeitungen in ihren Berichten schreiben, der Gemeinderat habe die Ehrenbürgerschaft Adolf Hitlers nicht aberkannt. Denn das ist nicht richtig.

Der sachliche Fehler allein wäre kein großes Problem gewesen, wenn sich der Graben der Befürworter und der Gegner des Antrags nicht noch vergrößert hätte. Doch durch die unrichtige Darstellung geschah genau dies. In den Medien stellte es sich so dar, als hätten die Gegner des Antrags einen Verwaltungsakt, der ihnen zur Verfügung stand, bewusst nicht eingesetzt. Doch so war es eben nicht. Noch bedauerlicher ist es aber, dass eine Debatte über den Sinn und Zweck von Distanzierungen gar nicht geführt werden konnte. Diese Diskussion wäre aber wahrscheinlich sogar fruchtbar und konstruktiv verlaufen.

«Die Ehrenbürgerschaft erlischt doch mit dem Tod, das ist doch alles schon lange vorbei», hatte sich nach der ersten Sitzung einer der Gemeinderäte zitieren lassen. Wer sich so zitieren ließ, war genau der Josef Hauser, der uns am Tisch im Rathaus gegenübersaß. Er löste 2020 die langjährige Bürgermeisterin Leni Gröbmaier als Ortsoberhaupt ab. Gröbmaier war nicht mehr zur Wahl angetreten.

Das Medienecho nach der Abstimmung war überwältigend – und zwar überwältigend negativ. Die internationale Presse zeichnete das Bild eines bayerischen Dorfes, das die Schrecken des Nationalsozialismus immer noch nicht an sich heranlassen wollte. Selbstverständlich recherchierten die Medienvertreter vorher nicht, wie viele Gemeinden in Deutschland Hitler die Ehrenbürgerschaft angetragen hatten. Meine Vermutung ist, dass von der Mehrheit der Kommunen, die dem damaligen Reichskanzler die Ehrenbürgerschaft verliehen hatten, keine Distanzierungserklärung abgegeben wurde. Eine solche Einordnung hätte die starke Botschaft der Artikel und Pressemeldungen zu sehr geschwächt.

Angesichts des Schadens, den die Entscheidung und die darauffolgende Berichterstattung über die Gemeinde im Landkreis Bad Tölz-Wolfratshausen gebracht hatten, sah sich die Bürgermeisterin zum Handeln gezwungen. Sie plante eine neue Abstimmung, doch diesmal musste das Ergebnis anders ausfallen. Um den Gemeinderäten die Tragweite ihrer Entscheidung zu verdeutlichen, lud Gröbmaier zwei prominente Dietramszeller zu der Sitzung ein: die Autorin Amelie Fried und ihren Ehemann, den Drehbuchautor Peter Probst.

Laut Zeitungsberichten sprach zunächst die Antragstellerin zu den Gemeinderäten. Gröbmaier bereute die Situation und sagte, sie sei sicher, dass keiner derjenigen Gemeinderäte, die gegen ihren Antrag gestimmt habe, braunes Gedankengut in sich trage. Die Auswirkungen der Ratsentscheidung aber hätten alle unterschätzt.

Vor der Abstimmung meldete sich eine Vertreterin der Gruppe der Opponenten zu Wort. Die CSU-Gemeinderätin verlas eine Erklärung der acht Räte, die gegen Gröbmaiers Antrag gestimmt hatten. Darin distanzierte sich die Gruppe von jedwedem rechten und nationalsozialistischem Gedankengut und erklärte die Motive hinter der Ablehnung. Sie bedauerte in ihrer Rede die Wirkung, die ihre Entscheidung entfaltet hatte und drückte ihre Hoffnung aus, dass die zweite Abstimmung zur Geschlossenheit der Gemeinde beitragen würde. Die Dame war die einzige aus der Gruppe der Antragsgegner, die sich in der Sitzung öffentlich zu ihrem Votum bekannte. Die übrigen sieben gaben sich auch nach Aufforderung nicht zu erkennen.

Daraufhin bat die Bürgermeisterin die Gemeinderäte und die anderen Anwesenden, den beiden geladenen Gästen bei ihrem

Referat zuzuhören. Amelie Fried und Peter Probst würden sich seit zwanzig Jahren gegen rechte Gewalt engagieren und nun gerne ein paar Gedanken an die Versammlung richten. Hierauf regte sich Protest bei einem der Räte. Ob man sich die Rede denn nicht sparen und direkt zur Abstimmung kommen könne, mahnte der Herr an. Peter Probst reagierte auf den Einwurf, indem er den Mann und die Übrigen daran erinnerte, wie wichtig es sei, sich gegensätzliche Meinungen anzuhören.

Dann begann seine Frau zu sprechen. Amelie Fried legte ihre Familiengeschichte offen und berichtete vom Schicksal ihrer jüdischen Vorfahren. Ihr Großonkel Max Fried und seine Ehefrau Lilly waren 1943 in Auschwitz ermordet worden. Amelie Fried zeigte sich enttäuscht über die Entscheidung der acht, gegen den Antrag der Bürgermeisterin gestimmt zu haben, und rief die Mitglieder des Gremiums dazu auf, bei der Abstimmung für den Antrag zu stimmen.

Genau dies taten diese. Alle anwesenden Räte stimmten für die Distanzierung von Adolf Hitler und aller weiteren NS-Politiker in Dietramszell. Die Sache war damit erledigt, die Scharte ausgewetzt. Aber Schmach und Wut blieben. Wer hatte Dietramszell vor aller Welt bloßgestellt? War es nicht die Bürgermeisterin mit ihrem unsäglichen Antrag? Oder waren es die sturen und geschichtsvergessenen acht Gemeinderäte? Der Preis für die Distanzierung von Adolf Hitler war die Distanzierung innerhalb des Gemeinderats.

Mitten in der Phase der Verarbeitung von Schmach und Wut, mit der viele Gemeinderäte und Dietramszeller Bürgerinnen und Bürger zu kämpfen hatten, platzte die nächste Bombe. Ein halbes Jahr nach der zweiten Abstimmung erschienen drei Münchner Aktionskünstler und montierten die Büste von Paul von Hindenburg von der Klostermauer ab. Dort stand der bronzene Kopf seit 1939. Der ehemalige Reichspräsident verbrachte in der Spätphase der Weimarer Republik und zu Beginn des Nationalsozialismus die Sommermonate in Dietramszell, da es sich in der Gegend gut jagen ließ. Er wohnte im Schloss, das der Familie von

Schilcher gehörte. Dem Familienoberhaupt war er freundschaftlich verbunden.

Die drei Künstler zogen sich Warnwesten an und verkleideten sich somit als Bauhof-Beschäftigte. In dieser Montur schraubten sie die Büste ab und wurden dabei von niemandem gestört. Die Passanten dachten, dass alles schon seine Richtigkeit haben müsse. Auch die Schüler und Lehrer der Montessorischule, die im Kloster der Salesianerinnen untergebracht ist, schöpften keinen Verdacht. Das Bild von drei Bauhofmitarbeitern, die im Ort etwas reparieren, löste bei den Dietramszellern wahrscheinlich dasselbe Gefühl aus wie das Bild von Bauhofmitarbeitern in jedem deutschen Dorf: Man sieht kurz hin, hält es für selbstverständlich und schaut wieder weg.

Die drei verkleideten Künstler stammten aus München. Sie montierten die Büste ab und legten sie der Familie von Schilcher vor die Haustür, die inzwischen auf einem Gutshof etwas außerhalb des Ortes lebt. Sie legten der Büste ein münzgroßes Hakenkreuz bei und stellten eine Tafel daneben, auf der zu lesen war:

Kein Platz für Nazi-Steigbügelhalter!
Dieser von dem NaziBildhauer [sic] Thorak gestaltete Bronze-Kopf des Militaristen, Antidemokraten und Steigbügelhalters der Nazi-Bande, Hindenburg, wurde 1939 am Kloster in Dietramszell angebracht. (1932 wählten dort 55% die NSDAP)
1945 wurde dieses Nazi-Bildwerk vor den Amerikanern versteckt, dann wieder von alten Nazis aufgestellt, 2014 endgültig dort entfernt und den Hindenburg-Verehrern S unters Kreuz gelegt.
Wolfram P. Kastner   Friedrich Niepmann   Martin Stiefel

Die Tafel brachte das Künstlertrio auch am nun leeren Sockel an der Klostermauer an und klebte zusätzlich einen runden Aufkleber auf die Steinmauer, der ein rot durchgestrichenes Hindenburg-Porträt zeigte: «Kein Platz dem Hindenburg!» stand auf dem roten Balken.

Die Aktion der Künstler geschah ein halbes Jahr, nachdem sich

Kunstaktion «Kein
Platz für Nazi-
Steigbügelhalter!» in
Dietramszell, 2014

ein runder Tisch zusammengetan hatte, um den Umgang mit der
Büste zu besprechen. Der Gruppe gehörte die Bürgermeisterin,
Peter Probst und zwei Gemeindearchivare an. Es war also ein kleiner runder Tisch, aber immerhin fanden die Überlegungen in
einem Gremium statt. Die Runde beschloss, eine Infotafel neben
die Büste zu hängen. Dies gefiel dem Schulleiter, war der Oberin
des Salesianerinnen-Klosters zu wenig und dem Oberhaupt der
Familie von Schilcher zu viel. Zwar hatten die drei genannten Betroffenen keine Stimme am runden Tisch, aber die Gemeinde
Dietramszell debattierte immerhin über den richtigen Umgang
mit dem Hindenburg-Erbe. Die Aktion der Künstler unterbrach
die Arbeit des Gremiums jäh und führte zu einer jahrelangen Auseinandersetzung innerhalb des Ortes.

Eine der ersten sichtbaren Reaktionen auf die Aktion war der
Auftritt der Dietramszeller Trachtengruppe «Edelweiß» bei einer
Bettelhochzeit. Während einer Rede stellten die Trachtler einen
Galgen auf einen Misthaufen, von der eine Puppe baumelte. Auf
dem Schild daneben stand: «Aktionskünstler, obacht gem!!!»

Szene vom Faschingszug in Dietramszell, 2015

Wolfram Kastner erstattete Anzeige, obwohl sich die Trachtengruppe für das entschuldigt hatte, was sie für einen derben Spaß
hielt. Die Staatsanwaltschaft ermittelte, ließ die Anklage nach
einem halben Jahr jedoch fallen. Bürgermeisterin Gröbmaier bezeichnete das Galgenstück zwar als verzichtbar, äußerte aber auch
Unmut gegenüber dem Münchener Künstler.

Mehr als fünf Jahre nach der Wegnahme der Büste fanden
sich die Dietramszeller zu einem wissenschaftlichen Symposium
zusammen. Naheliegenderweise hatten sie einen renommierten
Historiker eingeladen, um über Hindenburg zu sprechen. Der
Hindenburg-Biograf Wolfram Pyta hielt am 30. November 2019
vor 150 Zuhörern und Zuhörerinnen im Festsaal eines Gasthauses
einen Vortrag. Auch einer der Aktionskünstler erschien. Wolfram
Kastner saß im Publikum, trat jedoch im Lauf der vierstündigen
Veranstaltung nicht groß in Erscheinung.

Erst 2022 wurde für die Büste eine Lösung gefunden. Das
Kunstobjekt wurde ins Haus der Bayerischen Geschichte gebracht
und soll dort in Ausstellungen gezeigt werden. Die Gemeinde

selbst richtete einen Geschichtslehrpfad ein, an dessen Gestaltung
sich alle Bürgerinnen und Bürger beteiligen konnten. Seit Dezember 2023 sind Besucher nun in der Lage, auf dreizehn Tafeln auf
einer Wiese unterhalb des Rathauses etwas über die Geschichte
des Ortes zu erfahren. Drei Tafeln beschäftigen sich mit Hindenburg. Das Holz für die Stelen spendete die Familie von Schilcher.
Den Aufbau übernahmen die dieses Mal echten und unverkleideten Mitarbeiter des Bauhofs.

In keinem Projekt hatten wir so große Mühe, Teilnehmer und
Teilnehmerinnen zu finden. Selbst nach vielen Gesprächen in der
Feuerwehr, in der Gemeinde und mit dem Bürgermeister sowie
nach einem Aufruf in der Zeitung war kaum Interesse zu spüren.
Wir hätten das Projekt mit einzelnen ausgesuchten Personen zu
Ende bringen können. Wir hätten sicher einen Geschichtslehrer
und eine Künstlerin, eine Stiftungsmitarbeiterin und ein altes
SPD-Mitglied gewinnen können. Aber dann wäre das Konzept
und das Ergebnis ohne die Beteiligung der Alteingesessenen zustande gekommen. Ohne die vielen im Ort, die immer noch von
den Aktionskünstlern und von der Sache mit der Ehrenbürgerschaft entsetzt sind. Aber ohne sie hätte eine wichtige Gruppe gefehlt, die vielleicht sogar die Mehrheitsmeinung der Dietramszeller abbildet.

Die Phase der Auseinandersetzung begann mit der Antragstellung der Bürgermeisterin im Dezember 2013. Sie endete zehn Jahre
später mit der Eröffnung des Geschichtspfads. In diesen Zeitraum
fielen die beiden Anträge zur Ehrenbürgerschaft, die Entfernung
der Hindenburg-Büste und ihre Übergabe an das Haus der Bayerischen Geschichte, das Hindenburg-Symposium und die Arbeit
der Geschichtswerkstatt, die zur Aufstellung der dreizehn Stelen
geführt hat. Ich verstehe alle Dietramszeller gut, die wenig Lust
auf ein weiteres Geschichtsprojekt mit NS-Bezug hatten.

Doch mein Eindruck ist, dass in Dietramszell die Stimmung
trotz der Einigungen und trotz der Ergebnisse immer noch nicht
gut ist. Ich habe in keinem Ort nach einem Projekt so ein Maß
an Erschöpfung oder Müdigkeit erlebt wie dort. In vielen ande-

ren Gemeinden hatten die Bewohnerinnen und Bewohner auch
schon vor Beginn unseres Programms Geschichtsprojekte durchgeführt. Sie hatten Stolpersteine verlegt und Erklärtafeln angebracht, Chroniken geschrieben und Dorfführungen konzipiert. In
allen Gemeinden förderten solche Aktivitäten grundsätzlich den
Zusammenhalt in der Gemeinde. Natürlich habe ich auch von
Streitigkeiten gehört. Manche haben im Zwist den Heimatverein
verlassen, andere haben sich aus Frust zurückgezogen, wieder andere haben sich zu neuen Gruppen zusammengeschlossen. All das
gab es. Aber ganz unterm Strich waren die Bürgerinnen und Bürger zufrieden mit dem Erreichten. Nicht so in Dietramszell.

Dabei hatten einige Orte eine ebenso belastete Geschichte wie
Dietramszell. In St. Georgen fand in der NS-Zeit ein regelrechter
Kirchenkampf im Kleinen statt. Die Spuren der Auseinandersetzung zwischen dem Pfarrer der Deutschen Christen und dem
Vikar der Bekennenden Kirche reichten bis in die Gegenwart hinein. In Egling an der Paar gibt es einen Platz außerhalb des Dorfes, auf dem eine Steintafel stand, die an die Erschießung zweier
KZ-Insassen auf einem Todesmarsch erinnerte. Diese Tafel war
irgendwann verschwunden, und der Platz wurde einem Verein
überlassen. In Dömitz ließ der Bürgermeister den Platz vor dem
Rathaus 1933 in Adolf-Hitler-Platz umbenennen. In Heynitz ver-
schwanden nach 1990 auf ungeklärte Weise Dokumente über die
NS-Zeit aus dem provisorischen Archiv im Schloss. In Neuenbürg
im Kraichgau wurden die Bewohner 1945 von der französischen
Militärverwaltung aus ihren Häusern geworfen, weil sie das Dorf
für kranke, gerade befreite KZ-Häftlinge nutzen wollten. Erst
nach Monaten konnten sie zurückkehren. Das kleine Dorf war
verwüstet, das Hab und Gut der Bewohner verbrannt. Diese Epi-
sode wurde und wird noch heute von manchen als Vertreibung
bezeichnet. Die temporäre Übernahme des Dorfes führte nach
Kriegsende und bis in die Gegenwart zu einer Überbetonung der
Opfergeschichte. Die Vertreibung hatte bis vor kurzem alles über-
strahlt, was bis 1945 in dem kleinen Ort im Kraichgau vorgefal-
len war. Als sich der Heimatverein entschied, auch die anderen

Aspekte des Nationalsozialismus im Ort anzuschauen, war Misstrauen vorprogrammiert.

Doch es kam anders – sowohl in St. Georgen als auch in Egling, in Dömitz und auch in Neuenbürg. Denn in allen Orten liefen die Verantwortlichen unserer Projekte durch das Dorf und klingelten an die Türen derjenigen, die zu der fraglichen Zeit irgendetwas zu sagen hatten. Sie sammelten alle historischen Unterlagen, die sie bekommen konnten. Sie luden alle, ausnahmslos alle, zu den Workshops ein und hörten sich an, was ihre Mitbürgerinnen und Mitbürger zu sagen hatten. Es gab keine Beschränkung. Alle durften und sollten kommen.

In allen Orten kamen unsere Einzelprojektleiterinnen und Einzelprojektleiter auch mit Menschen in Berührung, die das Projekt ablehnten. Aber diese Menschen konnten ihren Unmut offen äußern. Vor allem aber sahen sie nach Ende des Projekts, dass die Aufarbeitung der NS-Zeit das Ansehen ihres Heimatortes nicht beschädigt und keine alten Wunden aufgerissen hatte, deren Heilung unsere Projekte verhinderten. Sie erfuhren, dass die Ausstellungen gut besucht und die Eröffnungen lebhaft waren. Sie lasen in der Zeitung und hörten im Radio wohlwollende Berichte über die Arbeit und verstanden auf diese Weise, dass die Beschäftigung mit der NS-Zeit keinen Schaden anrichtete, sondern positive Folgen hatte.

Die Arbeit der Gruppe wurde so als Engagement für den Ort erfahrbar. In Dietramszell aber erlebten die Bürgerinnen und Bürger, wie ihr Heimatort wegen eines ungenügend moderierten Antrags im Gemeinderat in aller Welt bloßgestellt wurde. Ein halbes Jahr danach erlebten sie, wie ein Wildfremder ins Geschehen eingriff und ihre Hindenburg-Büste entwendete, obwohl sich im Ort gerade eine Projektgruppe mit dem Verbleib der Bronzeplastik auseinandersetzte. Anders als bei jenen Projekten existierte in Dietramszell kein Raum für Partizipation. Denn dieser Raum war von den Hauptverantwortlichen nicht geschaffen und von dem Künstlertrio umgangen worden. Es gab keine Sitzungen, in der ausnahmslos alle Bürgerinnen und Bürger ihre Meinung sagen konnten. Es gab keinen Moderator, der die Debatte strukturierte und offenbar zu wenige moderierende Stimmen in der Debatte.

Die unterschiedlichen Ansichten und Pläne der Bürgermeisterin und der Achter-Gruppe, von Amelie Fried und Peter Probst, vom Aktionskünstler-Trio und der Oberin des Klosters, vom Vertreter der Schilcher-Familie und der Trachtengruppe: Hätten sich alle diese Personen und noch viele andere mehr darauf geeinigt, sich im Dezember 2013 im Gasthaus zu treffen und sich erst einmal gegenseitig zuzuhören, wäre der Überdruss heute vielleicht nicht so stark. Hätten sich all die Akteure auf eine Debattenmethode und einen Fahrplan für die Umsetzung der Ergebnisse entschieden, würden die Genannten vielleicht heute enger zusammenstehen als vorher.

In seinem Vortrag beim Symposium sagte einer der geladenen Historiker den treffenden Satz: «Dietramszell ist überall.» Thomas Schlemmer wollte den Bürgerinnen und Bürgern damit sagen, dass sich viele Orte in Deutschland schwertun mit dem Erbe aus der Zeit des Nationalsozialismus. Dietramszell ist aber auch insofern überall, als es vielen Gemeinden schwerfällt, Gesprächsräume zu schaffen, in denen erst einmal jede Stimme gehört wird. Wir haben große Angst davor, dass sich gegenseitige Haltungen ausbreiten und unsere eigene Einstellung übertönen könnten. Daher versuchen wir oft, widersprechende Meinungen gar nicht erst zu hören. Dietramszell kann uns allen zeigen, dass die Aushandlung und der Versuch der Einigung der bessere Weg ist.

WEGGEHEN ALS WERT

Der Leiter der Freiwilligen Feuerwehr Dömitz hat eine selbstkritische Ausstellung über die Zeit des Nationalsozialismus in seinem Ort auf die Beine gestellt. Die Tafeln standen allesamt in leerstehenden Ladenlokalen, deren Eigentümer er von seinem Vorhaben überzeugt hat. Er hat Feuerwehrkameraden von Jung bis Alt in das Projekt eingebunden. Die Jungs der Jugendfeuerwehr sind mit ihren Simsons in die Feuerwache gefahren und haben dort mit der Hilfe eines lokalen DJ ein Hörstück eingesprochen. Marion Balser aus Oberhessen hat mit ihrem Verein zusammen ein Projekt auf dem Kirchenplatz in Gießen mit uns durchgeführt, bei dem wir Nachfahren eines Gießener Holocaust-Überlebenden aus Israel mit der Gießener Bevölkerung zusammengebracht haben. Es war nicht ihr erstes Projekt. Sie leitet den Partnerschaftsverein Gießen-Netanya seit mittlerweile 23 Jahren, die letzten Jahre vor allem aus Disziplin. Denn sie hat gesundheitliche Schwierigkeiten, pflegt ihren kranken Ex-Mann und versorgt ein behindertes Kind im Alter von 48 Jahren, das sie im Alter von 16 Jahren auf die Welt brachte. Marion Balser war während ihrer elf Jahre als Angestellte der Deutschen Post in der Gewerkschaft engagiert. Was ihr besonders gefällt, ist Zeit mit ihrem fünfjährigen Urenkel zu verbringen.

Unser Einzelprojektleiter in Schwedt, Patrick Richter, betreibt in dem Dorf Kunow an der polnischen Grenze ein Feuerwehrmuseum. Um die Kosten zu decken, fährt er mehrmals im Jahr mit einigen Mitgliedern des Museumsvereins zu lokalen Festen und verkauft Getränke aus einem Bierwagen. Niemand bekommt dafür Geld, alle Einnahmen kommen dem Museum zugute. Unsere Co-Einzelprojektleiterin in St. Georgen leitet mit ihrem Mann in ihrer Freizeit ein Kabarett-Theater im Ort. Der andere Einzelprojektleiter führt seit 30 Jahren den lokalen Turnverein.

Eröffnung der Schaufensterausstellung im Einzelprojekt
Dömitz, 08.12.2021

Ich habe zahlreiche Bürgerinnen und Bürger getroffen, die sich seit Jahrzehnten in ihrem Ort für eine Sache einsetzen: Sei es die Pflege eines behinderten Familienmitglieds, sei es die Arbeit auf dem elterlichen Hof, sei es die Leitung einer Feuerwache oder die Geschäftsführung einer lokalen Tafel. Ihnen allen sind zwei Dinge gemein: Erstens verbessern sie das Leben in ihren Dörfern, Kleinstädten und Stadtvierteln seit vielen Jahren. Zweitens verbindet sie, dass sie aufgrund ihres Lebenslaufs und ihres Engagements keinerlei Aussicht hätten, in einer unserer deutschen Elitestiftungen aufgenommen zu werden. Denn sie sind geblieben, wo sie herkommen.

Ich selbst dagegen hatte beste Chancen, ein Stipendium in einem Elite-Förderprogramm zu erlangen. Denn im Gegensatz zu den Genannten habe ich meinen Heimatort früh verlassen. Wir mussten studieren und in den Semesterferien Praktika machen, wenn wir eine Chance haben wollten. Das sagten uns alle. Alle Lehrer, alle Betreuungsdozenten, die Jugendgruppenleiter. Unsere

Besucher der Box bei der Präsentation auf dem
Kirchenplatz Gießen, 05.10.2023

Eltern haben uns dazu gedrängt, die älteren Semester haben es
uns vorgelebt.

Die Wochen vor Beginn unserer Praktika waren Krisenzeiten.
Für unsere Beziehungen waren die achtwöchigen Abwesenheiten
echte Zerreißproben. Der, der ging, erwartete Verständnis von
seinem Partner. Denn er ging ja nur, weil er musste. Der, der blieb,
wollte wissen: Bist du dir dessen bewusst, was dein Praktikum für
uns bedeutet?

Während der Praktika mussten wir uns in unseren WGs mit
einem Untermieter arrangieren, der seinerseits wegen eines Prak-
tikums in der Stadt war. Das klappte manchmal besser, manchmal schlechter. Im Normalfall waren wir froh, wenn nach acht
oder zehn Wochen das Praktikum unseres Mitbewohners vorbei
war. Die meisten Beziehungen hielten. Bei denen, die daran zer-
brachen, mussten wir die Verzweifelten trösten. Denn sie fragten
sich, ob sie jemals wieder richtig lieben könnten.

Für gute Praktika musste man weit weggehen. Das war unsere

feste Meinung. Wir waren davon überzeugt, dass es unsere Chancen auf eine gute Stelle erhöhte, wenn wir ein Praktikum am United States Holocaust Museum in Washington absolvieren würden statt in unserem lokalen Geschichtsverein. Wir waren beeindruckt von den Kommilitonen, die ungewöhnliche Stellen für ihre Praktika fanden. Eine Freundin von mir, angehende Medizinerin aus Essen, verbrachte die letzte Famulatur vor dem Examen auf Trinidad und Tobago. In Würzburg hatte ich Kontakt zu einer Gruppe von Studenten aus Franken, die immer von «Nici» sprachen, wenn sie Nicaragua meinten, weil sie mit dem Land so vertraut waren.

Es gab einen Grund dafür, warum es sich für uns besser anfühlte, ein Praktikum in London zu machen statt in Haselünne. Unsere Dozenten, gerade die jungen und progressiven, machten uns immer wieder klar: Sie müssen Ihren Horizont erweitern. Wir sollten andere Kulturen kennenlernen und die Vielfalt der Welt entdecken. Die Appelle erteilten uns nicht nur den Auftrag, unser Land zu verlassen, um Neues entdecken und Ungewöhnliches erfahren zu können. Sie bestätigten in uns auch die Überzeugung, dass wir unser Land und unsere Lebenswelt nun schon ausreichend kennen würden. Die Sehnsucht nach dem Neuen wurde von dem Bewusstsein begleitet, unsere eigene Welt verstanden zu haben.

Denn warum sollten sie uns sonst wegschicken? Wir waren ganz offensichtlich bereit für den nächsten Schritt.

Ich habe meine Praktika bei der Märkischen Allgemeinen Zeitung in Potsdam und bei der Financial Times Deutschland in Hamburg gemacht, beim Kultursender SWR 2 in Baden-Baden und beim SWR Fernsehen, ebenfalls in Baden-Baden. Weil ich in Deutschland geblieben war, hatte ich das Gefühl, ich müsse mich ganz besonders ins Zeug legen, um die Schwäche in meinem Lebenslauf auszugleichen.

Während ich mich um Praktika bemühte, arbeitete meine Klassenkameradin Heike weiter in der Tankstelle in Kitzingen, die ihr Vater gepachtet hatte. Susanne verbrachte den Großteil ihrer freien Wochenenden und viele Wochen in den Semesterferien in

Volkach. Ihre Eltern betrieben dort einen Baufachmarkt. Und Frank aus Prosselsheim half seinem Bruder, der den Hof vom Vater übernommen hatte.

Ich hatte lange Zeit zu ihnen allen nur wenig Kontakt. Nicht einmal meinen alten Freund Bene sah ich oft, mit dem ich meine halbe Jugend verbracht hatte – die Hälfte davon auf dem Sattel unserer Cannondale-Mountainbikes, die andere Hälfte im Blaumann und mit Scheibenreiniger in der Hand. Wir arbeiteten oft in den Ferien und am Wochenende als Tankwarte auf der Autobahnraststätte an der A 3, die seine Familie seit Generationen pachtete. Bene fing nach dem Abitur eine Kochlehre in einem Nobelhotel in Frankfurt an und brach sie wieder ab. Danach ließ er es eine Zeitlang ruhig angehen, um dann BWL zu studieren und die Rastanlage zu übernehmen.

Zu den Daheimgebliebenen hatte ich wenig Bezug, denn mein Ziel war das Weggehen. Der Lebenslauf von Susanne und Heike, von Frank und Bene ähnelt den Biografien der Menschen, die ich in den Projekten als die engagiertesten Bürger ihrer Gemeinde kennengelernt habe. Sie waren die Stützen unserer Einzelprojekte. Sie kannten sich sehr gut im Dorf aus und besaßen Erfahrung bei der Lösung von lokalen Problemen. Sie waren hochangesehen, was für unsere Arbeit von unschätzbarem Wert war: Die Menschen sprachen mit ihnen auch über lange verschwiegene Ereignisse aus der NS-Zeit.

Am meisten beeindruckt hat mich Oliver Klengel. Er lebt mit seiner Schwester und seiner Mutter auf einem Hof in einem winzigen Dorf bei Heynitz im Landkreis Meißen. Er ist Ende 20 und interessiert sich für Drohnen, 3D-Druck und Feuerwehrgeschichte. Wir haben ihn in unserem Einzelprojekt in Heynitz kennengelernt. Am Anfang war er zurückhaltend, doch nach wenigen Wochen nahm er die Recherchen in die Hand und erforschte alles, was er finden konnte. Er befragte die Alten im Dorf, durchwühlte Dachböden und recherchierte online. Er zeigte den Menschen im Dorf eine Höhle, in der sich am Ende des Krieges ein Wehrmachtssoldat versteckt hatte. Viele Heynitzer hatten von dieser Höhle nie etwas gehört. Oli trieb uns vor sich her mit seinem Tatendrang.

Nachdem das Einzelprojekt Heynitz abgeschlossen war, fragte ich ihn, ob er sich vorstellen könnte, auch für ein anderes Einzelprojekt zu recherchieren. Er sagte zu und erforschte bald vom heimischen Hof aus die Geschichte Radebergs im Nationalsozialismus. Danach half er im Einzelprojekt Gießen aus, obwohl er mit Gießen überhaupt nichts zu tun hatte. Oli half, weil seine Hilfe gebraucht wurde und wenn er Zeit hatte. Sein Engagement in der Heynitzer Feuerwehr ging aber immer vor. Wenn sein Kommandant Marcel Langenbacher ihn brauchte, setzte er sich auf sein Fahrrad und fuhr die zwei Kilometer vom Hof bis zur Feuerwache. Ich habe seit 2021 oft mit Oli kommuniziert. Selten war er weiter weg von zuhause. Mal war er in Dresden, mal in Meißen, ab und zu im Nachbardorf. Aber allermeistens war er in Heynitz.

Sein Radius war winzig, sein Blickwinkel unglaublich eng, sein Interesse für andere Kulturen wenig ausgeprägt: so würde die Jury wohl über seine Bewerbung urteilen, wenn er sich bei einer deutschen Stiftung bewerben würde. Ihm fehlt die Vielfalt im Lebenslauf. Sein Problem ist: Er stammt aus Heynitz und hat den Ort nie richtig verlassen.

Ablesen lässt sich der Wert des Weggehens in den Ausschreibungen der Stipendienprogramme und Begabtenförderungen der Stiftungen. Alle großen Parteien haben eine Stiftung im Rücken, die mit sehr viel Geld ausgestattet ist. Bei der CDU ist es die Konrad-Adenauer-Stiftung, bei der CSU die Hanns-Seidel-Stiftung, bei der SPD die Friedrich-Ebert-Stiftung, bei der Linken die Rosa-Luxemburg-Stiftung, bei den Grünen die Heinrich-Böll-Stiftung, bei der FDP die Friedrich-Naumann-Stiftung. Kreise der AfD haben 2017 die Desiderius-Erasmus-Stiftung gegründet.

Neben diesen politischen Stiftungen gibt es noch das Begabtenförderungsprogramm der katholischen Kirche, das Cusanuswerk, und das Förderprogramm der Evangelischen Kirche, das Evangelische Studienwerk Villigst. Über all diesen Stiftungen thront die Studienstiftung des deutschen Volkes. Wer es in eines der Förderprogramme geschafft hat, erhält Geld und Zugang zu einem weit verzweigten Netzwerk, das sich über alle Felder des gesellschaftlichen Tuns erstreckt. Alumni der Begabtenförderungen tummeln sich in hohen Positionen der Wissenschaft wie der Politik, in den Medien wie im Kulturbetrieb. Wer sich dieser Kontakte bedient, dem stehen viele Türen offen.

Sieht man sich die Präsentationen der Begabtenförderprogramme im Internet an, spürt man sehr schnell, warum man als Heynitzer Feuerwehrmann oder als Dettelbacher Rastanlagenpächter sich die Mühe einer Bewerbung sparen sollte.

Die Heinrich-Böll-Stiftung erwartet von den Interessenten, sie sollten «international orientiert sein». Auf der Homepage wird das Foto von einem bärtigen Mann vor einer Forschungsstation in der Antarktis gezeigt. Der Porträtierte promoviert in Umweltphysik und reist daher regelmäßig ans andere Ende der Welt. Einen Stipendiaten bei einem Projekt in seinem Heimatort sucht man auf der Seite vergebens. Weggehen als Wert: Da ist es wieder.

Die Internationalität wird nicht nur in den Förderkriterien betont. Besonders die politischen Stiftungen werben alle auch mit ihrer weltweiten Präsenz. Die Karte der Büros der Konrad-Adenauer-Stiftung ähnelt dem Streckennetz der Lufthansa. Aber auch die Rosa-Luxemburg-Stiftung unterhält Büros in Johannesburg, Mexico City und New York, die Heinrich-Böll-Stiftung in Dakar im Senegal und in Phnom Penh in Kambodscha. Die Bewerber werden darüber informiert, dass sie eine der Außenstellen für ein Praktikum besuchen und Vorträge der dortigen Büroleiter hören können, wenn sie nur einmal in das Programm aufgenommen sind.

Auf der Seite der Studienstiftung des deutschen Volkes steht unter den Förderkriterien der Satz, Bewerberinnen müssten über «breite außerfachliche Interessen sowie gesellschaftliches Engagement» verfügen. Breite Interessen haben aber Studierende nicht, die auf dem elterlichen Hof helfen, die als Jugendtrainer ihres Fußballklubs tätig sind und die das Familienunternehmen am Laufen halten. Ihr Interesse ist nicht breit, sondern sehr eng. Sie haben nur Zeit für diese einzige Sache und müssen auf alle anderen Tätigkeiten verzichten.

Wenn ich mir die Bedeutung der besonders Engagierten in unseren Projekten ansehe, fällt mir auf: Bei der Auswahl der Werte, die wir von den Begabtesten unseres Landes erwarten, fördern wir das Weggehen und ignorieren das Bleiben.

Unsere engagiertesten Projektmitarbeiter aus den Dörfern und Kleinstädten vermissen es wahrscheinlich nicht, Stipendiat in einer der genannten Stiftungen gewesen zu sein. Aber wir als Akteure des öffentlichen Diskurses sollten ihre Stimmen vermissen. Sie alle bringen eine Eigenschaft mit, die unsere Kommunen in meiner Beobachtung weitaus stärker prägen als breite Interessen und vielfältige Erfahrungen: Sie übernehmen zuhause Verantwortung. Sie halten durch. Sie bleiben.

Bleiben meint nicht Verharren. Bleiben meint dauerhaften Einsatz. Der Heimatverein in Neuenbürg zum Beispiel hat 1998 den Dorfplatz renoviert. Im Jahr darauf haben sie ihr Vereinsgebäude am Platz saniert und im Innern renoviert. In dieser Phase hatte der Verein aus dem Dorf über 100 Mitglieder. All das taten sie überwiegend in Eigenregie. Die Aktivitäten des Heimatvereins liefen parallel weiter. Der Heimatverein recherchiert Geschichten und publiziert einige davon im «Neiberger Hutzel Blättle», das der Verein herausgibt. Die Kalendergruppe im Verein sammelt jedes Jahr neue historische Fotos und Abbildungen aus der Geschichte des Dorfes und stellt sie zu einem neuen Jahreskalender zusammen. Dazu stellt der Verein mehrere Veranstaltungen im Jahr auf die Beine. Ende Januar lädt der Heimatverein die Mitglieder zum Schlachtfest auf den Dorfplatz. Es ist die erste Zusammenkunft der Neuenbürger im neuen Jahr. Der Leiter des Heimatvereins, Hartmut Hubbuch, lädt mich seit Beginn unserer Zusammenarbeit zum Schlachtfest ein. Er weiß natürlich, dass ich 600 Kilometer entfernt wohne. Aber das ist kein Grund, nicht zu erscheinen: «Clemens, wir haben dich fest eingeplant.»

In allen Orten, in denen wir mit unserem Projekt Station gemacht haben, gab es Organisationen wie den Heimatverein in

Neuenbürg. Diese Vereine werden getragen von Menschen, die ihre Ämter meistens mindestens ein Jahrzehnt lang innehaben. Manche sind seit mehr als 20 Jahren Vorsitzende, Kassenwarte, Feuerwehrkommandanten, Schriftführer, Jugendwarte, Trainer. Die meisten von denen, die ein solches Amt bekleiden, werden es erst aufgeben, wenn das Alter irgendwann seinen Tribut zollt.

Unsere Begabtesten sollten Praktika beim Heimatverein in Neuenbürg, bei der Feuerwehr in Dömitz und Schwedt, im Turnverein St. Georgen oder im Partnerschaftsverein Gießen-Netanya absolvieren. Dort würden sie lernen, wie es Menschen gelingt, sich dauerhaft für eine Sache einzusetzen. Sie sollten die Vereinsvorsitzenden acht Wochen lang begleiten und ihnen dabei zusehen, wie sie ihr Ehrenamt, ihren Beruf, ihren Einsatz für die pflegebedürftigen Eltern oder Ehepartner, die Zeit mit der Familie und die Arbeit im Haushalt bewältigen. Sie würden erfahren, wie es diesen Personen gelingt, immer und immer wieder Einigungen und Kompromisse zu erzielen. Sie würden mitbekommen, wie schwierig es oft ist, ihre Mitglieder zu motivieren, wenn langwierige und oft langweilige Arbeiten anfallen. Schlussendlich würden sie vielleicht lernen, dass Bleiben zwar oft schwieriger ist als Weggehen, aber dass Bleiben auch mehr verändert als Weggehen. Ganz sicher aber würden die begabten jungen Leute merken, dass sie es in den Vereinen selbst mit sehr begabten Menschen zu tun haben.

Bislang wird der dauerhafte Einsatz in der Heimat gewöhnlich in die Ehrenamt-Schublade gesteckt. Ich kenne all die Fotos von engagierten Menschen in der Lokalpresse, die zusammen mit dem Bürgermeister und dem Leiter der Sparkassen am Ort einen großen Scheck in den Händen halten. Die Stadtoberhäupter lassen sich bei diesen Gelegenheiten oft mit Aussagen zitieren, die ausdrücken sollen, wie wichtig das Ehrenamt für das Zusammenleben sei und wie dankbar sie den engagierten Menschen seien.

Mit der Wertschätzung für die vielen Engagierten in unseren Kommunen verhält es sich wie mit dem hochgehaltenen Scheck: Ein kleiner Beitrag wird sehr groß dargestellt, eine winzige Anerkennung maximal aufgebläht. Tatsächlich hören wir in unseren Debatten sehr selten auf die Stützen unserer Gesellschaft. Die sogenannten Ehrenämtler haben in der gesellschaftlichen Debatte gegen die international Erfahrenen mit den breiten Betätigungsfeldern keine Chance.

Dies gilt ebenso für diejenigen, die sich in ihren Berufen über alle Maßen für andere einsetzen. Mein alter Freund Konrad ist seit 15 Jahren Lehrer in einer Schule in Neukölln. Die besten seiner Schülerinnen und Schüler machen nach dem Ende ihrer Schullaufbahn in der 10. Klasse eine Ausbildung. Zu manchen seiner ehemaligen Schüler hält er immer noch Kontakt. Einen Schüler hat er besonders ins Herz geschlossen. Er ist Sohn einer alkoholkranken Mutter und eines abwesenden Vaters. Konrad hat ihm einige Praktika vermittelt, und anders als bei vielen seiner Klassenkameraden waren die Unternehmer mit ihm hochzufrieden. Der junge Mann arbeitete wie ein Besessener, wenn er wusste, was er zu tun hatte und die Aufgaben praktischer Natur waren. Er fegte ganze Höfe, setzte lange Reihen von Pflanzen ein und schleppte Baumaterial von A nach B. Wenn es nichts für ihn zu tun gab, suchte er sich eine neue Tätigkeit. Doch seine Motivation, eine Ausbildung durchzustehen, ließ schnell nach, wenn er mit seinen Freunden unterwegs war. Auf der Straße verdiente er schneller Geld als in der Lehre. Wenn es Probleme gab, schaltete er schnell in den Verteidigungsmodus. Dabei legte er dieselbe Ausdauer an den Tag wie beim Hoffegen. Seine Unfähigkeit, Wut auszuhalten und Konflikte auszutragen, brachte ihm eine Gefängnisstrafe ein. Denn er hatte einen Widersacher schwer verletzt.

Konrad erfuhr davon und überlegte umgehend, was er tun konnte. Er machte sich auf die Suche nach Personen, die selbst schon im Gefängnis gesessen hatten. Tatsächlich fand er in seinem erweiterten Bekanntenkreis einen Mann, der bereit war, mit seinem Ex-Schüler zu reden. Die drei trafen sich in einer Berliner Kneipe. Drei Stunden lang saßen sie zusammen. Der Ex-Kriminelle erklärte dem Jungen, wie es im Knast abläuft, was er tun, was er unter allen Umständen vermeiden müsste und wie er aus dem

Kreislauf von Straftat und Bestrafung ausbrechen könnte. Konrad sprach seinem Ex-Schüler Mut zu. Nach dem Treffen wusste dieser etwas besser, was ihn erwartete. Er hatte etwas weniger Angst als vorher. Mein Freund Konrad ging trotzdem mit dem Gefühl nach Hause, nicht viel getan zu haben. Sofort fasste er den Plan, einen Ansprechpartner im Gefängnis zu suchen. Die Betreuer seines Schützlings sollten wissen, wo die Ursachen für sein Verhalten lagen, was er besonders gut konnte und welche Hilfe er benötigte.

So wie Konrad noch nicht ein einziges Mal nach seinen Erfahrungen als Lehrer in Neukölln befragt oder einmal in einer Zeitung porträtiert wurde, wurden auch die meisten anderen noch nie interviewt oder von den Gemeinderäten in ihrem Ort, von Parteien und Bündnissen, von Stiftungen und Verbänden zu den Themen befragt, für die sie sich einsetzen. Sie werden auch nicht auf den Homepages von Stiftungen als Vorbilder präsentiert, als leuchtende Beispiele für den gesellschaftlichen Einsatz und als Orientierung für begabte junge Menschen, die überlegen müssen, welchen Weg sie einschlagen wollen. Dabei sind sie all das.

Menschen in Deutschland, die sich dauerhaft in ihrem Heimatort einsetzen, sollten wir als künftige Eliten unseres Landes ebenso fördern wie die, die in der großen weiten Welt nach neuen Perspektiven suchen. Wir sollten diejenigen, die den vielen anderen aus ihrem Jahrgang beim Weggehen zusehen, geradezu dazu aufrufen, sich bei den Begabtenprogrammen zu bewerben. Diese Programme sollten so gestaltet sein, dass die Stipendiat*innen sich weiterhin in ihrem Heimatort engagieren können. Die Stiftungen sollten mit ihren Stipendiaten einen Fußballverein, eine Feuerwehr oder eine Senioren-Begegnungsstätte besuchen und nicht immer nur den Bundestag, die EU-Kommission und die Redaktion der Süddeutschen.

Würde ich selbst ein Begabtenförderprogramm leiten, würde ich die Anforderungen ändern. Ich würde die Bewerbung öffnen für junge Menschen, die sich in ihrem Heimatort engagieren und gerade deswegen keine langen Auslandspraktika absolvieren oder fernab der Heimat studieren. Ich würde neben das Foto des Antarktis-Forschers ein Bild von einem Fußballtrainer auf einem Bolzplatz stellen. Den Bewerbern sollte klar sein: Die Erfahrungen aus Trinidad und Tobago sind ebenso viel wert wie die aus Hintertiefenbach.

STILLE IN DER
MEHRZWECKHALLE NEUENBÜRG

In den vergangenen Jahren ist die Zahl der WhatsApp-Gruppen auf meinem Handy rasant gestiegen. Denn auf dem Land wird über WhatsApp kommuniziert. In manchen Einzelprojekten haben wir mehrere WhatsApp-Gruppen parallel geführt. In St. Georgen im Schwarzwald eröffneten wir zunächst die Gruppe «Das Dritte Reich und wir – Die St. Georgener». Als wir uns an den Aufbau der Ausstellung machten, starteten wir eine weitere Gruppe, die wir «Aufbau St. Georgen» nannten. In Neuenbürg legten wir zu Beginn der Dreharbeiten die Gruppe «Filmdreh Neuenbürg» an. Doch bald kam noch die Gruppe «Interne Gruppe Film Neuenbürg» dazu. In jedem Einzelprojekt gründeten wir zunächst eine Gruppe, um früher oder später festzustellen, dass die meisten Nachrichten für die Mehrheit der Gruppenteilnehmer irrelevant waren. Also eröffneten wir eine weitere Gruppe nur für das Kernteam. Dies wiederum führte dazu, dass die ursprüngliche Gruppe kaum noch genutzt wurde. Die gesamte Kommunikation verlagerte sich in die interne Gruppe. In der Folge wussten die Projektteilnehmer, die in der ersten Gruppe angemeldet waren, nichts mehr über die Abläufe. Also begann das Kernteam, alle Inhalte aus der kleinen in der großen Gruppe zu teilen. Dies lief eine Weile lang gut. Doch irgendwann kam der Moment, in dem sich Gruppenmitglieder der großen Gruppe über die riesige Anzahl an Nachrichten beklagten oder überhaupt keine Beiträge mehr lasen, weil so viel geschrieben wurde. Also verteilten wir die Informationen wieder auf zwei Gruppen. In die erste Gruppe schrieben wir nur die allerwichtigsten Nachrichten, in der zweiten klärten wir Details. Dies wiederum führte dazu, dass die ursprüngliche

Gruppe kaum noch genutzt wurde. Die gesamte Kommunikation verlagerte sich in die interne Gruppe. In der Folge wussten die Projektteilnehmer, die in der ersten Gruppe angemeldet waren, nichts mehr über die Abläufe. Wer den Beweis erbringen möchte, dass Geschichte sich sehr wohl wiederholt, sollte eine WhatsApp-Gruppe gründen.

Die Kommunikation über eine Messenger-App auf dem Handy erwies sich dennoch als die beste aller möglichen Welten. Denn auf diese Weise standen wir untereinander dauerhaft im Kontakt. Fast alle hatten ihr Handy immer dabei. Junge Gruppenmitglieder lasen die Nachrichten und hörten die Sprachaufnahmen innerhalb von wenigen Stunden. Die Senioren warteten mit der Lektüre, bis sie Zeit und einen ruhigen Raum fanden. Meistens war dies das heimische Wohnzimmer. Bis abends um 20 Uhr waren alle auf demselben Stand.

Mit der Entscheidung für WhatsApp orientierten wir uns daran, wie die Menschen sich vor Beginn unseres Projekts miteinander austauschten. Auch den Familienflohmarkt, das Gemeindefrühstück im Pfarrsaal und den Grillwettbewerb der Freiwilligen Feuerwehren organisieren die Vereine per WhatsApp-Gruppe. Also richteten wir uns danach.

Die Kommunikation mit den Geldgebern und Behörden dagegen verlief weitestgehend schriftlich. Die Beratungen und Verhandlungen über das Projekt mit den Förderern und Kooperationspartnern fanden prinzipiell per E-Mail statt. Wenn ich um die Umwidmung bestimmter Positionen im Finanzierungsplan bat, schrieb ich eine E-Mail. Nach einigen Tagen bekam ich eine Antwort, die in der Regel sehr strukturiert war. Wenn sich meine Frage dadurch beantwortet hatte, war mit einer Anfrage und einer Antwort alles erledigt. Sollte sich aber aus der Antwort ein weiterer Gesprächsbedarf ergeben, dann musste ich erneut schreiben und in Bezug auf die Antwort eine Nachfrage formulieren. Auf diese Weise zogen sich Vorgänge oftmals in die Länge und bekamen allein dadurch eine größere Bedeutung, als sie es verdient hätten.

Die Reaktionen auf meine Anrufe waren in den beiden Netzwerken sehr unterschiedlich. Wenn ich bei unseren Vereinsvorsitzenden anrief, nahmen sie in den allermeisten Fällen den Hörer ab. Ob sie gerade im Büro oder im Wartezimmer saßen, im Supermarkt an der Kasse standen oder mit den Kindern auf dem Weg zur Kita waren. Sie nahmen meinen Anruf entgegen oder antworteten schnell per WhatsApp: «Ich stehe am Herd!» oder «Mein Mann ist gerade beim Arzt. Ich richte ihm aus, dass Du angerufen hast.» Arztbesuche waren bei unseren älteren Teilnehmer*innen die häufigste Entschuldigung. Ich frage mich bis heute, ob sie tatsächlich immer alle beim Doktor waren oder ob sie auf eine Ausrede zurückgegriffen haben, die wir schon als Schüler immer benutzt haben. Ich traue unseren erfahrenen Vereinsvorsitzenden so einiges zu.

Wenn ich dagegen spontan bei einer Stiftung oder einer Behörde anrief, ging in mehr als zwei Drittel aller Versuche niemand ans Telefon. Die Beschäftigten arbeiten inzwischen überwiegend von zuhause aus und sind daher unter der angegebenen Festnetznummer ohnehin schlecht zu erreichen. Doch auch unter der angegebenen Mobilnummer habe ich oftmals niemanden an die Strippe bekommen. Denn wahrscheinlich befanden sich die Mitarbeiter im Moment meines Anrufs genau in denselben Situationen wie unsere Vereinsvorsitzenden: am Schreibtisch, im Supermarkt, auf dem Weg zur Kita oder im Wartezimmer eines Arztes. Nur entschieden sie sich meistens, anders als die Vereinsmenschen, den Anruf nicht anzunehmen. Wenn ich doch mit unseren Ansprechpartnern am Telefon sprach und meine Frage formulierte, dann baten mich meine Gesprächspartner meistens darum, mein Anliegen doch kurz in einer E-Mail zu formulieren. Damit setzte ich mich erneut dem stockenden E-Mail-Verkehr aus.

Die Kommunikation in den Fördernetzwerken sucht die Schriftlichkeit, die Kommunikation vor Ort sucht Mündlichkeit. Dies hat sicher organisatorische Gründe. Beschäftigte in Behörden und Stiftungen erhalten zahlreiche Anfragen und können die Kommunikation besser steuern, wenn sie E-Mails erhalten, statt angerufen zu werden. Aber in meiner Beobachtung ist die Schriftlichkeit auch Teil des Selbstverständnisses des akademisch geschulten Personals. Die gewählte Ausdrucksweise und die Einhaltung der äußeren Form sind Werte, die in jeder E-Mail reproduziert werden. Dabei ist vielen wahrscheinlich insgeheim klar, dass man in einem fünf Minuten langen Telefonat viel schneller zum Ziel kommt als per schriftlichem Austausch. Schließlich bekommt man in einem Gespräch direkt eine Antwort, während man nach einer E-Mail oft tagelang warten muss.

Wenn ich einen unserer Vereinsvorsitzenden angerufen und eine Frage gestellt habe, bekam ich Sätze zur Antwort wie: «Das weiß ich nicht. Ich frage den Siegbert. Den sehe ich morgen beim Seniorensport.» Wenn ich mit unseren Förderern gesprochen habe, wurde ich gebeten, mein Anliegen per E-Mail zu schicken. Siegberts Antwort erhalte ich innerhalb von zwei Tagen, die Antwort auf meine E-Mail selten innerhalb von zwei Wochen. An einen Austausch per WhatsApp war nicht einmal zu denken.

Von allen unseren Einzelprojektleitern kannte ich nach kurzer Zeit die Lieblings-Emojis und konnte nach einiger Zeit geschlechtsspezifische Muster erkennen: Männer verschicken oft das «Daumen hoch»-Symbol und den Zwinker-Smiley, Frauen häufiger knallende Sektkorken, Sterne und Feuerwerke. Mit einem Mitarbeiter einer Stiftung habe ich nicht ein einziges Mal per Handy-Messenger gesprochen. Stiftungen kommunizieren schriftlich. Das gilt auch für diejenigen Geldgeber, die sich auf ihren Homepages besonders bürgernah geben und Initiativen gerade im ländlichen Raum stärken möchten.

Als ich nach der langen Corona-Pause mit unserem Dömitzer Einzelprojektleiter telefonieren musste, um die Wiederaufnahme des Projekts und die geplante Ausstellung zu besprechen, nahm ich mir extra einen ganzen Abend frei. Ich verließ die Wohnung, setzte mir meine Kopfhörer auf und rief Enrico Frenz an. Ein Spickzettel in der Jackentasche sollte mich an alle wichtigen Punkte erinnern. Zu meiner Überraschung hatte Enrico sich schon über alles Gedanken gemacht, einen Ort für die Ausstellung und einen Zeitplan bis zur Eröffnung ins Auge gefasst. Ich tat im Wesentlichen nichts weiter als ihm zuzustimmen. Nach mehreren Monaten Zwangspause benötigten wir gerade neun Minuten, um den weiteren Verlauf bis zur Präsentation zu besprechen. Es gab keinen Grund, das Gespräch in die Länge zu ziehen. Wir hatten alles besprochen, und Enrico war froh, dass er nach einem langen Arbeitstag den Feierabend mit seiner Familie verbringen konnte.

Nach dem Gespräch mit Enrico hatte ich wie nach vielen anderen Unterhaltungen mit unseren Einzelprojektleitern und anderen Teilnehmern das Gefühl, dass wir uns nähergekommen waren. Es war eine Verbundenheit zu spüren. Diese Art des Zusammengehörigkeitsgefühls kam dagegen in der E-Mail-Kommunikation mit Behörden und Stiftungen selten auf. Es blieb bei einer gewissen respektvollen Distanz. Ich hätte dem Mitarbeiter der Stiftungen niemals ein «Rauchender Kopf»-Emoji geschickt, obwohl mir gar nicht selten danach war.

Für die Menschen vor Ort ist der Griff zum Handy vollkommen selbstverständlich. Für uns war der Weg dorthin recht weit. Als wir in einem sehr kleinen Kreis im Jahr 2019 überlegten, wie wir den Anmeldeprozess gestalten sollten, stand eines völlig außer Frage: Jeder Mensch in Deutschland, der sich für das Projekt interessierte, sollte sich individuell anmelden können. Wir produzierten ein Video, in dem Entscheidungsträger aus der Wissenschaft, dem Sport, den Kirchen und Vertreter unserer bisherigen Projekte für eine Teilnahme warben. Auf der Homepage lasen die Interessenten den Satz: «Stellen Sie eine Gruppe von Teilnehmer*innen in Ihrer Gemeinde zusammen. Wir helfen Ihnen dabei.»

Diese Vorgehensweise orientierte sich an dem, was wir aus unserer Welt kannten. Für uns war es normal, dass jeder Einzelne sich individuell entschied, ob er bei einem Projekt mitmachen würde. Auf diese Weise meldeten wir uns bei Yogakursen ebenso wie bei Wochenend-Seminaren an, so kauften wir Eintrittskarten für Lesungen und so meldeten wir unsere Kinder beim Karate-Training an. Wir entschieden uns zur Teilnahme, also meldeten wir uns einzeln an. Unsere Beteiligung beruhte auf unserer individuellen Entscheidung.

Nachdem wir das Werbevideo über alle unsere Kanäle verschickt hatten, blieb es erst einmal ruhig. Wir bekamen wenige E-Mails und Anrufe von interessierten Personen. Dann begannen wir, Heimatvereine, Feuerwehren, Kirchengemeinden und Sportvereine zu kontaktieren. Immer wenn ich die Nummer eines Vereins gewählt und jemand den Hörer abgenommen hatte, verwies mein Gesprächspartner mich mit meinem Anliegen sofort an die zuständige Person. Der Begriff «Geschichte» reichte als Einordnung aus. Für die Geschichte des Vereins, bei dem ich anrief, war immer eine Person oder eine fest definierte Gruppe zuständig. Bei den Sportvereinen lag die Beschäftigung mit der Vergangenheit häufig in den Händen der Alters- und Ehrenabteilung. Bei den Heimatvereinen sind es die Vorsitzenden. Bei den Feuerwehren sind die Geschichtsbeauftragten häufig auch diejenigen, die sich um die Feuerwehr-Oldtimer im Bestand kümmern. Kein Zeugnis aus der Vergangenheit wird in einer Freiwilligen Feuerwehr häufiger in der Öffentlichkeit präsentiert als ein altes Löschfahrzeug.

Ich wurde mit einem kommunikativen Phänomen konfrontiert, das ich zwar aus beruflichen Kontexten kannte, aber in meinem Privatleben keine Rolle spielte: Zuständigkeit. Engagierte Menschen in Vereinen ordnen Ideen zunächst einmal nach Zuständigkeit. Dies gilt sowohl für Einfälle aus dem Verein selbst wie auch für Projektideen, die von außen an den Verein oder die Organisation herangetragen werden.

In den ersten Gesprächen, die ich mit Vereinsvertretern führte, stellte ich erst einmal unser Projekt vor. Ich betonte, welche Chancen das Einzelprojekt für den Ort bieten würde. Ich pries unser partizipatives Konzept an. Ich stellte in Aussicht, dass wir sicher auch für dieses Dorf Dokumente in Landesarchiven oder dem Bundesarchiv finden würden, die vielleicht noch gar nicht bekannt seien. Ich warb für das Projekt, indem ich versicherte, dass wir die Finanzierung mitbringen würden. Wir könnten eine kleine

Ausstellung, einen einfachen Dokumentarfilm oder einen Podcast produzieren. Der Verein müsse keine Eigenmittel einbringen. Ich sprach oft zehn Minuten lang, um dann den Satz zu hören: «Für Geschichte ist bei uns der Herr Schmidt zuständig.»

Bald war mir klar, dass unser Plan, wonach sich einzelne Personen bei unserem großen Projekt anmelden würden, nicht aufgehen würde. Denn unsere Vorstellungen missachteten die Regeln der Kommunikation in Vereinen.

Unser Projekt musste erst einmal zu der zuständigen Person innerhalb des Vereins gelangen. Dieser Person mussten wir das Projekt vorstellen. Vor allem aber hatten wir uns erst anzuhören, welche Formen von Geschichtsaufarbeitung in dem Verein oder in dem Dorf denn bereits geleistet worden waren. In manchen Orten hatte man sich entschieden, eine Dorfchronik zu schreiben, andere planten gerade eine Veröffentlichung zum kommenden Jubiläum. Wieder andere betrieben ein Museum. In St. Georgen hatte die Gemeinde kurze Zeit vorher einen aufwändigen Film gedreht. Der Spielfilm «Funkenflug» behandelte das St. Georgener Großfeuer von 1865. Der Brand hatte 22 Häuser erfasst und vollständig zerstört. Der Stand der Aufarbeitung und die Methoden der Darstellungen waren in allen Orten unterschiedlich.

Die für die Geschichte des Vereins zuständige Person übermittelte das Projekt daraufhin im Regelfall dem oder den Vereinsvorsitzenden. Alle Leiter von Heimatvereinen, Feuerwehren und Kirchengemeinden bekommen regelmäßig Einladungen zur Teilnahme an mannigfachen Projekten, sei es die Teilnahme am Weihnachtsbasar oder die Abordnung einer Delegation zur Jubiläumsfeier einer Feuerwehr aus dem Nachbarort, sei es die Mithilfe an einem Dorfkalender oder die Beteiligung an der Kirchweih. Vereinsvorsitzende sind sehr erfahren darin, die Folgen einer Teilnahme an diesem oder jenem Projekt zu bewerten. Sie haben dabei immer die Ressourcen ihrer Mitglieder und das sonstige Engagement des Vereins im Blick. Nur dann, wenn die Vorstandsmitglieder die Aktion für grundsätzlich sinnvoll halten und sich davon überzeugt haben, dass das neue Engagement die eigenen Mitglieder nicht überfordert, schlagen sie dem Verein die Teilnahme vor.

Im Verlauf der Gespräche mit den Vereinsleitern, die unser Projekt auf Herz und Nieren prüften, stellte ich fest, dass sich meine Rolle als Projektträger gerade sehr veränderte. Ich hatte erwartet, dass die Vereine sich dazu entscheiden würden, Teil des Projekts zu werden oder nicht. Doch im Verlaufe weniger Wochen stellte ich fest: Es lief andersherum. Die Vereinsmitglieder wurden nicht Teil unseres Projekts. Wir wurden mit unserem Projekt Teil ihres Vereins.

Bald hatte ich begriffen, dass wir uns in der Art der Kommunikation nach den Regeln der Vereine und Organisationen zu richten hatten, mit denen wir kooperierten. Denn sie wussten, wie sie Projekte erfolgreich durchführten. Für uns war es in allen vierzehn Orten die erste Zusammenarbeit mit den Vereinen. Die Vereine und ihre Vorsitzenden hatten aber bereits Dutzende Projekte erfolgreich abgeschlossen.

Die Art und Weise, wie die Vereinsvorsitzenden mit den Vereinsmitgliedern kommunizierten, würde der Geisteswissenschaftler in mir als hierarchischen Pragmatismus bezeichnen. Grundlegende Entscheidungen geschehen durch eine Abstimmung unter allen Mitgliedern, die Durchführung bestimmt der Vorstand. Die Vereinsmitglieder haben dafür oftmals gar keinen Begriff. Ob sie gerne an Projekten teilnehmen oder nicht, hängt von anderen Faktoren ab: Ob sie wertschätzend behandelt werden, ob sie ihre Aufgabe als sinnvoll empfinden, ob die Abläufe gut geregelt sind und ob sie den zeitlichen Aufwand gut einschätzen können. Der Wunsch, an allen Entscheidungen des Vorstands beteiligt zu werden, ist dagegen bei den Mitgliedern in der Regel nicht besonders stark ausgeprägt.

So wie der Begriff der Partizipation und ihrer bösen Stiefmutter, der Hierarchie, sind viele Begriffe aus den Debattenräumen in den Erfahrungsräumen vor Ort gar nicht bekannt oder haben keine größere Bedeutung. Schon der Begriff des Ehrenamts wird deutlich häufiger in den Medien und in der Politik verwendet als in den Vereinen vor Ort. Die Rottendorfer Frauen, die zu jedem Heimspiel des TSV 1869 Rottendorf eine Torte auf den Sportplatz getragen haben, nannten das, was sie da taten, nicht ehrenamtliches Engagement. Sie nannten es Frankfurter Kranz.

Die Vorsitzenden bestimmten häufig den Ablauf. Dies hatte ganz unterschiedliche Ausprägungen. Ich kann mich noch an die erste Sitzung unseres Projekts in der Feuerwache Dömitz erinnern. Die Tische waren zu einem Hufeisen aufgestellt worden. Um den Tisch herum saßen Kinder, Jugendliche mit Kapuzenpulli, Erwachsene in meinem Alter und ein Senior im Alter von etwa 80 Jahren. Die große Bandbreite war ungewöhnlich. Die Kinder waren in den kommenden eineinhalb Stunden wenig für die Inhalte zu begeistern. Auf meine Frage, ob sie den Namen Adolf Hitler schon einmal gehört hätten, antworteten sie mit Kopfschütteln. Sie blieben brav sitzen, als wir über die Dömitzer Feuerwehr im Nationalsozialismus, Zwangsarbeit im lokalen Rüstungsunternehmen und die Frage sprachen, warum sich die jüdische Gemeinde schon in den 1920er Jahren aufgelöst hatte. Sie blieben auffällig still. Das konnte nicht nur an Gummibärchen, den Chips und den Fanta-Flaschen liegen, die vor ihnen standen. Nach gut 90 Minuten ergriff Enrico Frenz das Wort und wandte sich an die jungen Kameraden. Er bedankte sich bei ihnen für ihre Teilnahme und schickte sie nach Hause. Schließlich sei morgen wieder Schule, da dürften sie nicht zu lange auf den Socken bleiben. Die Kinder packten ihre Sachen und rannten einigermaßen erleichtert aus der Feuerwache. Enrico Frenz teilte mir anschließend mit, dass er die Teilnahme an dem Projekt als Jahresprojekt eingebracht hatte. Unter seiner Regie wählten die Kameraden jedes Jahr ein Projekt, das sie neben den Einsätzen, den Ausbildungen und der Teilnahme am dörflichen Geschehen durchführen wollten. Das letzte Projekt vor unserem dauerte zwei Jahre: Die Freiwillige Feuerwehr hatte ein neues Löschfahrzeug bekommen. Dafür mussten seine Kameraden und er viel Vorbereitungsarbeit leisten und sich nach der Auslieferung mit dem Fahrzeug anfreunden. Da die Anschaffung des neuen Löschfahrzeugs fast ausschließlich mit Technik zu tun hatte, wollte Enrico Frenz nun ein Jahresprojekt vorschlagen, das ganz anders war als dieses. Also bewarb er sich bei unserem Programm und erhielt den Zuschlag. Wie bei allen anderen Jahresprojekten nahmen selbstverständlich alle Feuerwehrleute teil, von den Kindern bis zu den Mitgliedern der Alters- und Ehrenabteilung.

Unser Einzelprojektleiter Christopher Vila ging einen ganz anderen Weg. Er war selbst erst kurz vorher ins beschauliche Egling an der Paar gezogen und bekam dort schnell mit, dass dem lokalen Heimatverein die Mitglieder abhanden gingen. Er überlegte sich eine Strategie und stellte sie den Mitgliedern vor: Er würde den Vorsitz übernehmen, dann aber dafür sorgen, dass die Arbeit des Vereins sich professionalisieren würde. Die Mitglieder sprachen sich dafür aus und übergaben damit ihren Heimatverein einem jungen Zugereisten. Der machte ernst und holte beispielsweise eine Wanderausstellung aus Bad Arolsen in das kleine Dorf im Landkreis Landsberg: die Ausstellung mit dem Titel «Stolen Memory». Darin ging es um Gegenstände von NS-Verfolgten, die ihren Eigentümern nach der Deportation in ein Konzentrationslager abgenommen worden waren. Die Ausstellung in Form von Containern reist seit 2020 durch die Republik und versucht, die Nachfahren der Opfer ausfindig zu machen, um die Habseligkeiten der Familie zurückgeben zu können. Für Christopher Vila war die Mitwirkung an unserem Projekt also Teil seiner Strategie, den Heimatverein Egling zu modernisieren. Die Mitglieder hatten seinem Vorhaben bei seiner Wahl zugestimmt, also erklärten sie sich bereit, auch bei diesem Projekt mitzumachen.

Einen der überraschendsten Momente in der gesamten Laufzeit des Projekts erlebte ich kurz vor seinem Ende im Kraichgau. Am 25. November 2023 präsentierte der dortige Heimatverein den Dokumentarfilm, zu dem sich die Gruppe etwa ein halbes Jahr vorher entschlossen hatte. Viele der Vereinsmitglieder hatten sich bereit erklärt, sich selbst vor die Kamera zu stellen und Geschichten aus der eigenen Familie zu erzählen. Nun standen sie und alle anderen, die beim Film im Hintergrund geholfen hatten, in der

Mehrzweckhalle von Neuenbürg und bauten alles für den Abend auf. Da wurden Stühle aufgestellt und der Abstand zwischen den Stuhlreihen ausgemessen. Hinter den hochgeklappten Toren wurden Tische für die Speisen und Getränke aufgestellt, die zur Premiere am Abend angeboten werden sollten. Der Techniker stellte mit einer Gruppe von Helfern den Beamer auf und richtete die Lautsprecher aus. Ich selbst fuhr kurz zu einem Elektronikmarkt und holte ein Kabel, das uns fehlte. Als ich nach etwa eineinhalb Stunden in die Halle zurückkam, saßen die Mitglieder des Heimatvereins schweigend auf den Stühlen und sahen auf die Leinwand. Nachdem die Vorbereitungen abgeschlossen waren, spielte der Techniker auf Bitte der beiden Einzelprojektleiter den Film ab. Als ich zur Tür hereinkam, waren gerade die letzten Minuten zu sehen. Nach dem Abspann war es mucksmäuschenstill in der Halle. Die Vereinsmitglieder, von denen ich einige inzwischen ganz gut kannte, saßen in der ganzen Halle verteilt auf ihren Stühlen und bekamen kein Wort heraus. Ich war überrascht, weil ich damit gerechnet hatte, dass die Einzelprojektleiter den Mitgliedern den Film gezeigt hätten, bevor sie ihn am heutigen Abend der Öffentlichkeit vorstellen würden. Doch Hartmut Hubbuch, einer der beiden Einzelprojektleiter, sagte mir später, dass sie den Film niemandem gezeigt hätten. Die Abstimmungen hätten so schon lange genug gedauert. Er hatte in den vergangenen Wochen mehr als 40 Stunden mit dem Regisseur verbracht, um den Film zu schneiden. Immer wieder meldete das Kernteam, zu dem auch ich gehörte, Änderungen an. Also beschloss er, dass die anderen Protagonisten den Film erst am Tag der Premiere zu sehen bekämen. Keiner derjenigen, die im Film auftraten, kannte das Ergebnis.

Ich war nach dem Gespräch mit unserem Einzelprojektleiter immer noch überrascht. Vor allem aber war ich gerührt von dem Vertrauen, das die Mitglieder des Vereins den beiden Einzelprojektleitern entgegengebracht hatten. Sie konnten sich darauf verlassen, dass die beiden keinen der Protagonisten aus dem eigenen Dorf in ein schlechtes Licht setzen würden. Sie wussten, dass die beiden nur Szenen und Einstellungen auswählen würden, in denen sie positiv wirkten. Sie respektierten die Entscheidung der beiden Leiter, nicht noch weitere Stimmen beim Filmschnitt hören zu können. Sie ließen sich darauf ein, weil sie wussten, dass die beiden sich ihrer Verantwortung für die Wirkung der Protagonisten im Film bewusst waren. Wahrscheinlich hätten es sich einige anders gewünscht, aber sie ließen die beiden Hauptverantwortlichen entscheiden.

Zwischen den Mitgliedern und dem Vereinsvorstand habe ich oft eine stille Übereinkunft gespürt: Die Mitglieder akzeptieren, dass der Vorstand Projekte nach seinen Vorstellungen umsetzt. Wer an der Spitze steht, der bestimmt die Regeln. Der Vorstand hält den Verein am Laufen, bringt immer wieder neue Projekte mit ein und kümmert sich darum, dass die Ressourcen des Vereins möglichst sinnvoll eingesetzt werden. Während die Mitglieder sich phasenweise aus dem Vereinsleben zurückziehen können, bleibt der Vereinsvorstand auf seinem Posten. Gerade diese Dauerhaftigkeit nötigt den Mitgliedern Respekt ab und gibt dem Vorstand Spielraum für eigene Regeln.

Mir kam zugute, dass ich selbst im Dorf großgeworden war und diese Art der Kommunikation kannte. Ich hatte sie zwar noch nie in dem Maße reflektieren und verstehen müssen wie zu Beginn unserer Projekte. Aber ich konnte mit der Art, wie in den Vereinen miteinander kommuniziert wird und wie sie Probleme angehen, etwas anfangen. Ich wusste, dass die Vereinsvorsitzenden oftmals die Abläufe bestimmen und die Mitglieder meist gar kein Problem damit hatten, ihrem Vorstand zu folgen. Als Kind hatte ich vom Oberministranten einen Platz in der Wallfahrt zugewiesen und einen Lautsprecher in die Hand gedrückt bekommen, den ich zwölf Kilometer lang von Rottendorf nach Dettelbach trug. Als ich mich während des Studiums bei der Rottendorfer Fahrradfirma Prophete als Fahrer vorstellte, fragte mich der Lagerleiter, ob ich schon einmal einen 7,5-Tonner gefahren sei. Als ich die Frage mit einem klaren «Nein» beantwortete, sah er mich kurz an und teilte seinen Kollegen per Telefon mit, dass sie ab morgen einen weiteren Fahrer einplanen könnten. Am nächsten Morgen gegen vier Uhr saß ich auf dem 7,5-Tonner und hatte sechs Baumärkte in München zu beliefern.

Ähnliche Erfahrungen machen Kinder und Jugendliche auch heute noch, ob in der Feuerwehr, im Fußballtraining oder im elterlichen Betrieb. Mein Freund Jörg Lange ist Lehrer am Gymnasium St. Kaspar in Neuenherse bei Bad Driburg. Die Schule wurde von den Missionaren vom Kostbaren Blut gegründet und wird heute von einer Stiftung betrieben. Bei einem meiner Besuche in Bad Driburg drückte Jörg mir zum Abschied eine Box mit selbstgemachtem Apfelsaft in die Hand und sagte mir, die Herstellung des Apfelsafts sei eine Aktion der Schule gewesen. Sie hätten über den Zeitraum von vier Wochen auf den Streuobstwiesen des Dorfes 500 Kilo Äpfel gesammelt und diese dann zur Weiterverarbeitung in eine Mosterei gefahren. Auf meine Frage, wie sie die Schüler und Schülerinnen denn für die Aufgabe motivieren konnten, 500 Kilo Äpfel zu pflücken und aufzulesen, erklärte er mir: Die Schulleitung hat den Schülerinnen und Schülern nur ein Angebot gemacht. Wer Lust hatte, konnte mitmachen. Es war keine Pflichtveranstaltung. Dreißig Schülerinnen und Schüler seien auf der Streuobstwiese erschienen und hätten mitgemacht. Auch ein paar Lehrerinnen und Lehrer sammelten Äpfel vom Boden auf. Viele Schüler seien es gewohnt, zuhause zu helfen, und würden die Mitarbeit als etwas ganz Selbstverständliches empfinden. Als ich wissen wollte, wie der Kontakt der Schule zur Mosterei entstanden sei, erklärte er mir: Der Schulleiter und der Leiter der Mosterei würden sich von der Feuerwehr kennen. Außerdem sei der Chef des kleinen Betriebs ein ehemaliger Schüler.

Nachdem er mir die Geschichte erzählt hatte, verstand ich, dass für Millionen von Menschen genau solche Erfahrungen die Voraussetzungen dafür geschaffen haben, dass sie sich heute noch in Vereinen engagieren. Sie erfuhren es als selbstverständlich, sich für eine Sache zu engagieren, die von den Verantwortlichen beschlossen wurde, und erlebten die Mitarbeit in der Gruppe als etwas Positives und Bestärkendes. So wie diese Kinder aus Neuenherse Äpfel aufsammelten, so schneiden die Mitglieder von Obst- und Gartenbauvereinen die Bäume und Sträucher im Ort zurück, so waschen die Zeugwarte der Fußballmannschaften jede Woche die Trikots und so sammeln die Mitglieder unserer Projekte alte Dokumente im Ort zusammen, um sie danach in einer Ausstellung zu präsentieren. Motiviert werden viele Vereinsmenschen offenbar eher durch das Gefühl, etwas Sinnvolles zu tun und sich für den Ort einzusetzen, als durch einen möglichst hohen Grad an Mitbestimmung.

Da ich selbst durch meinen Werdegang eher ein Debattierer als ein Mitmacher bin und unzählige Diskussionsrunden erlebt habe, hat mich das Verhalten mancher unserer Teilnehmer am Anfang sehr verunsichert. Denn für mich war eine Beteiligung am Projekt gleichbedeutend mit einer Beteiligung an der Debatte über ein Projekt. Ich erwartete, dass der Großteil der Workshopteilnehmer sich in die Diskussion einbringen würde. Mit dieser Erwartung fuhr ich etwa zu unserem ersten Workshop nach Dömitz, südlich von Schwerin an der Elbe gelegen. Nach einer kurzen Einführung in das Thema Nationalsozialismus sprachen wir über verschiedene Recherchewege, die wir einschlagen könnten. Ich schlug vor, beim Bundesarchiv, Landesarchiv, Kommunalarchiv und einigen weiteren Stellen anzufragen. Der älteste Workshopteilnehmer folgte den Ausführungen aufmerksam und sah mich an. Je länger ich sprach, desto mehr verunsicherte mich, dass er sich nicht meldete. Denn wenn ich mir einer Sache sicher war, dann der Beteiligung der männlichen Senioren an Diskussionen. Ältere Herren sprachen in der Regel lange und viel. Doch dieser Mann blieb still sitzen und hörte zu. Nach einer Weile redeten wir über die Möglichkeit, die Feuerwehrkinder und die Alten aus Dömitz zusammenzubringen. Unser Einzelprojektleiter Enrico Frenz kündigte an, er werde im Altenheim nachfragen, ob die Kinder die Senioren besuchen und ihnen Fragen über die Vergangenheit stellen dürften. Der ältere Herr sah Enrico und mich an und schwieg weiter. Nachdem wir die Vorschläge gesammelt hatten, ging es an die Aufgabenverteilung. Enrico und ich fragten: Wer kann beim

Kommunalarchiv anfragen? Der ältere Herr hob seine Hand. Wer kann die Unterlagen der Feuerwehr durchsehen? Er meldete sich wieder. Wer kann bei den Alteingesessenen nach Quellen fragen? Wieder streckte er die Hand nach oben. Innerhalb von weniger als zehn Minuten waren alle Aufgaben verteilt, weil auch die Recherchen im Landesarchiv, im Bürgermeisteramt und beim Kreis Ludwigslust verteilt waren. Erst nach der Sitzung verstand ich, was gerade passiert war: Der ältere Mann und der Großteil der anwesenden Feuerwehrleute wollten nicht debattieren. Sie wollten wissen, was zu tun ist, und die Aufgaben erledigen. Es gab für sie überhaupt keinen Grund, ihre individuelle Position, ihre ureigene Perspektive auf das Projekt vorzustellen. Wenige Wochen später sah ich im WhatsApp-Status ein Foto, das sie und drei andere Kameraden in Uniform an einem Tisch mit Akten zeigte. Sie waren mit dem Löschfahrzeug nach Schwerin gefahren und hatten sich ins dortige Landesarchiv gesetzt. Tagelang blätterten sie Seite um Seite um und suchten in den Dokumenten nach Informationen zu Dömitz. Nach einigen weiteren Tagen teilten sie uns mit, sie hätten nun alles durchgesucht, aber keine relevanten Bezüge zu unserem Thema gefunden. Die Akten aus dem Schweriner Archiv würden uns bei unserer Ausstellung über den Nationalsozialismus in Dömitz nicht weiterhelfen.

Erst als ich dieses Bild mit den Feuerwehrleuten in Uniform sah, verstand ich: Die Dömitzer Feuerwehrleute taten das, was Feuerwehrleute immer tun. Sie sind bei einem Einsatz. In unserem Workshop haben sie die nötigen Informationen für den Einsatz gesammelt, danach haben sie in Absprache mit ihrem Kommandanten Enrico ein Team zusammengestellt und sind dann ausgerückt. Am Einsatzort haben sie getan, was besprochen war, und sind, nachdem sie ihre Aufgaben abgeschlossen hatten, wieder eingerückt.

Der Workshop diente also dem Sammeln von Informationen, die alle am Einsatz beteiligten Feuerwehrleute benötigten. Eine möglichst große Bandbreite an Perspektiven, ein Austausch verschiedener Blickwinkel auf das Thema, eine möglichst breite Diskussion war nicht ihr Ziel. Als ich einer Geschichtsprofessorin, die unser Projekt beraten hatte, von dieser Vorgehensweise erzählte, breitete sie ihre Arme aus und sagte mit sehnsuchtsvoller Stimme: «Kannst du mir diese Feuerwehrleute bitte mal ausleihen?»

Was offenbar aus ihr sprach, war eine gewisse Ermüdung an der Art der Diskussionen, wie sie in den akademischen Netzwerken geführt werden. Ob es sich um Tagungen großer Stiftungen, um akademische Konferenzen oder um fächerübergreifende Arbeitskreise im Bereich der historisch-politischen Bildung handelt: Eine der wichtigsten Fragen besteht darin, wer worüber unter welchen Umständen sprechen darf und wie sich die Auswahl der Sprecher*innen und ihrer Sichtweisen auf die Debatte auswirkt. Die Aushandlung von Entscheidungsprozessen und die Verhandlung von Sprecherrollen nimmt in den Netzwerken, zu denen ich Zugang habe, den größten Raum ein. All das, was für die Dömitzer Feuerwehrleute auf dem Weg ins Archiv keine Bedeutung besaß, ist für die Debattenteilnehmer richtungsweisend.

Gemeinsam mit unserem Projektleiter wurde ich zu einer großen Tagung eines Demokratiefördernetzwerks eingeladen, die im Sommer 2022 stattfand. Dort durften wir in einem Workshop unser Projekt vorstellen. An dem Workshop nahmen viele Projektträger teil. Entsprechend konkret waren die Nachfragen und entsprechend praxisnah die Kritikpunkte. Nach dem Workshop am Nachmittag fand eine Veranstaltung für alle Teilnehmer auf einer großen Bühne statt. Auf dem Podium saßen einige Gäste, zusätzlich stand dort ein weiterer Stuhl. Der Leiter der Stiftung stellte dem Publikum vor, was es mit dem leeren Sitz auf sich hatte: Die Debatte sei als «Fischbowl» angelegt, erklärte der Herr. Dies bedeute, dass jeder Mensch aus dem Publikum auf dem leeren Stuhl Platz nehmen und mit den anderen Referenten auf dem Podium diskutieren könne. Man dürfe grundsätzlich so lange sitzenbleiben, bis ein anderer Gast den Platz einnehmen wolle.

Ich saß bei der Veranstaltung neben der Jugendwartin der Dömitzer Feuerwehr, Sabine Werry. Sie war angereist, weil die Stiftung unsere Dömitzer Schaufensterausstellung den Gästen der Tagung zeigen wollte. Sabine und ich sahen uns an und waren uns einig, dass uns eine Fischsuppe lieber gewesen wäre als eine Fischbowl. Denn wir hatten Hunger, und neben uns wurden Essens- und Getränkestände aufgebaut. Außerdem konnten wir beide nicht richtig erkennen, dass der leere Stuhl mehr Leben in die Debatte auf der Bühne gebracht hätte. Das Konzept an sich verstanden wir und fanden es gut. Denn der Stuhl war ein sichtbares Zeichen der Einladung an uns alle. Gleichzeitig haftete dem Ganzen etwas Gewolltes, etwas Unnatürliches an. Als sähe man sich permanent der Gefahr ausgesetzt, nicht achtsam und aufmerksam genug zu sein.

Als die Podiumsdiskussion vorbei und ein Vortrag beendet war, fielen die ersten langen Schatten auf den Rasen. Das Essen war delikat und die Gespräche anregend. Eine Swingband begann zu spielen. Alles hatte seine Richtigkeit. Dennoch wäre es für viele Menschen vom Land schwer verständlich, warum auf einer Veranstaltung, die sich Sommerfest nennt, so viel geredet wird und warum eine Band sich verabschieden kann, ohne zum Abschluss «Sierra Madre» gespielt zu haben. Als ich im Februar 2024 zum 65. Geburtstag eines Familienvaters aus Nuthe-Urstromtal in einen Festsaal nach Wiesenhagen eingeladen wurde, sprach der Jubilar selbstverständlich auch zu den etwa 150 Gästen vor sich. Seine Rede begann mit den Worten «Ruhe jetzt!» und endete nach einer Minute mit «Schluss jetzt!». Danach wurde eine dreiviertel Stunde lang gegessen und dann bis um 1:30 Uhr getanzt.

Mein Eindruck ist: Tagungen organisieren können Intellektuelle. Aber die Planung von Festen sollten sie Menschen wie Gerd aus Nuthe-Urstromtal überlassen. Denn feiern können Akademiker nicht gut. Je höher der Bildungsgrad ist, desto später stellen sich Menschen auf die Bierbänke, wenn die Musik spielt.

In mehreren internen Arbeitskreisen wurde unser Projekt von Wissenschaftler*innen, Journalist*innen und anderen Projektträgern kritisiert. Die Beiträger*innen waren der Überzeugung, dass unser Ansatz rechten Narrativen zu viel Spielraum einräumen könnte. Was tut ihr, wenn Rechte bei Euch das Ruder übernehmen? Sie selbst achteten in ihren Projekten sehr darauf, wer wie über Geschichte sprach. Die Verhinderung möglicher Vorurteile und rechter Erzählweisen nahm in ihren Projekten deutlich mehr Raum ein als bei uns. Verbunden damit hörten wir mehrmals die Kritik, dass wir durch die Zusammenarbeit mit den lokalen Vereinen und traditionellen Organisationen wie der Feuerwehr eben jene Stimmen ausschließen würden, die ohnehin schon kaum Gehör fänden: Menschen mit Migrationsgeschichte, Transmenschen und andere Angehörige der Gruppe der LGBTQIA, also lesbische, schwule, bisexuelle, transsexuelle, queere, intersexuelle und asexuelle Menschen.

In diesen Veranstaltungen wurden wir auch darauf aufmerksam gemacht, dass gerade marginalisierte Menschen wie die Genannten unsere Workshops vielleicht deswegen mieden, weil sie nicht angesprochen würden. Die Projektleiterin eines anderen Projekts machte uns deutlich, dass sie unsere Veranstaltungen nicht besuchen würde, weil sie sich als Transfrau nicht geschützt fühlen würde. Sie empfahl mir, mich mit dem Schutzraumkonzept vertraut zu machen. Es beschreibt, wie in Debattenräumen sichergestellt werden kann, dass alle Anwesenden sich sicher und geschützt fühlen. Der Fokus der schutzbedürftigen Personen liegt auch hierbei auf den Menschen mit anderer Hautfarbe und Fluchtgeschichte sowie Vertreter*innen der LGBTQIA-Gruppe.

Durch Diskussionsrunden wie diese habe ich gemerkt, dass auch wir offenbar Menschen ausschließen. Wir taten dies nicht bewusst, und noch viel weniger entsprach es unseren Absichten. Aber die Zusammenarbeit mit den lokalen Vereinen führte selbstverständlich zu einer Vorauswahl von Teilnehmer*innen. Unser Angebot war für Geflüchtete nicht attraktiv: Wir sprachen über eine Zeit, in der sie und ihre Familie nicht in Deutschland gelebt haben. Wir trafen uns in Räumen, die ihnen nicht bekannt waren. Wir redeten in einer Sprache miteinander, die sie noch erlernen mussten. Sie mussten das Gefühl haben, dass sie kaum etwas beizutragen hatten oder unsere Ziele nicht teilten. Für die Analyse und Reflexion dieses Umstands war ich den kritischen Stimmen dankbar.

Andererseits hatte ich oft das Gefühl, dass in den Debatten-räumen die große Unterstützung so vieler engagierter Menschen für die Geflüchteten nicht richtig wahrgenommen und wertge-schätzt wurde. Vielen Diskussionsteilnehmern war nicht bewusst, welchen großen Einsatz Feuerwehr und Technisches Hilfswerk seit 2015 leisten. Auch die riesige Zahl an privaten Initiativen zur Unterstützung der Asylbewerber*innen war vielen Debattieren-den entweder nicht bekannt oder löste weniger Anerkennung aus, als ich es erwartet hatte. Meine Hoffnung war, dass ich die kriti-schen Stimmen dadurch überzeugen würde, dass ich ihnen von den vielen, vielen Menschen erzählte, die sich für Geflüchtete vor Ort einsetzten. Unsere Projekte schließen zwar die Beteiligung von Menschen mit Migrationsgeschichte aus. Aber die Neuan-kömmlinge erfahren dennoch Hilfe von denselben Personen, die für diesen unbewussten Ausschluss verantwortlich sind.

Doch diese Hoffnung erfüllte sich oftmals nicht. Die kritische Grundhaltung blieb bestehen. Mein Eindruck war oft, dass in den Debatten eine Dominanz der Sprache über die Tat herrscht. Der Debattenteilnehmer, der Geflüchtete richtig adressiert und Kon-zepte zur Inklusion kennt, erhielt deutlich mehr Anerkennung als der 75-jährige Dorfbewohner, der die Geflüchteten mit dem Bus seit fünf Jahren von der Flüchtlingsunterkunft zum Sprachkurs in die nächstgelegene Stadt fährt, sie aber als Ausländer bezeichnet. Wer Schutzkonzepte kennt und sich für die Einbindung marginali-sierter Gruppen in der Debatte ausspricht, erhält mehr Zustim-mung als derjenige, der einem Schüler seit Jahren bei den Haus-aufgaben hilft. Sprache und Tat wetteifern miteinander, wobei die Debattenteilnehmer Sprache immer auch als Tat verstehen wür-den. Sprache handelt, weil Worte verletzen und Begriffe zu Aus-schlüssen führen können. Viele Menschen in den Vereinen mes-sen jedoch der Tat mehr Bedeutung bei als der Sprache. Für viele ist Machen mehr wert als Reden. Diese beiden Sichtweisen auf Unterstützung miteinander auszusöhnen, ist mir in keiner einzi-gen Diskussionsrunde gelungen.

Mitbestimmung und Mitentscheidung werden in den Debatten

häufig als die zentralen Kriterien für jede Projektarbeit verstanden. Dadurch entsteht, meist tatsächlich ungewollt und unbewusst, ein großer Graben zwischen dem Erfahrungsraum und dem Debattenraum. Während die Schüler von St. Kaspar, die Jugendfeuerwehrleute in Dömitz und die Messdiener in Rottendorf ihre Aufgaben mit dem Vertrauen erledigen, dass es schon richtig sei, was die Verantwortlichen sagen, verhandeln die Debattenteilnehmer in den Universitäten und Akademien, in den Stiftungen und Arbeitskreisen ständig darüber, wer worüber sprechen sollte. Hierdurch entsteht eine seltsame Situation. Denn das Anliegen, dass mehr Geflüchtete, Menschen mit anderer Hautfarbe oder Transpersonen eine Stimme bekommen sollten, setzt voraus, dass die Auswahl der Sprecher überhaupt eine Frage, ein Kriterium oder eine Methode in den Organisationen auf dem Land ist. Doch dies ist sehr oft nicht der Fall. Die Gewichtung der Beteiligten in der Debatte nach Herkunft oder Hautfarbe, nach Geschlecht oder Religion findet sich nicht wieder in den Sitzungen und Satzungen der Vereine.

Vor einigen Jahren machte ich mit den Studierenden einer Berliner Universität ein Experiment. Mir war es wichtig, den jungen Menschen verschiedene Formen der Mitbestimmung näherzubringen. Das Seminar war im Bereich der Angewandten Geschichte angesiedelt. Die Angewandte Geschichte oder *Public History* beschäftigt sich mit Geschichtsvermittlung außerhalb der Universitäten. Ich selbst hatte schon für einige Unternehmen gearbeitet und Bücher über die Geschichte der Firmen geschrieben. Mir war es wichtig, den Studierenden zu zeigen, dass in Unternehmen ganz anders kommuniziert wird als an der Universität. Ich habe selbst erfahren, dass Geschäftsführer innerhalb von wenigen Minuten Entscheidungen trafen, ohne dass ich als Ausführender miteingebunden wurde. Ich hatte es mehrmals erlebt, dass die Firmenchefs die Termine der Buchpräsentation festgelegt hatten, ohne über den Umfang des Buches zu sprechen. Auf diese Situationen wollte ich die Studierenden vorbereiten.

Also starteten wir ein Experiment, das mir eine Coachin empfohlen hatte. Ich teilte das Seminar in fünf Gruppen auf. Jede dieser Gruppen erhielt eine Kiste mit verschiedensten Materialien, die nicht zusammenpassten: Papier, eine Küchenrolle, eine Plastikbox, Stifte, einen Ball und weiteres. Die Aufgabe der Gruppen war es, aus den Materialien einen möglichst stabilen und möglichst hohen Turm zu bauen. Alle hatten dafür dieselbe Zeit. Es gab nur einen Unterschied zwischen den Gruppen: den Grad der Mitbestimmung. Während in der ersten Gruppe nur gebaut werden durfte, wenn alle Gruppenmitglieder einverstanden waren, bestimmte in der fünften Gruppe ein Gruppenmitglied alles. Zwischen der Gruppe «Basisdemokratie» und der Gruppe «Diktatur» lagen verschiedene Abstufungen der Mitbestimmung. In den ersten drei Gruppen mussten die Mitglieder über den Turmbau entscheiden, in den letzten beiden bestimmten Einzelne die Regeln. Nachdem die Zeit abgelaufen war, sahen wir uns die Türme an. Äußerlich waren keine großen Unterschiede zu erkennen. Die Türme unterschieden sich in Größe und Stabilität nicht sonderlich. Aber wie erlebten die Studierenden die Zusammenarbeit unter Zeitdruck? Die Gruppen mit einem hohen Grad an Mitbestimmung fühlten sich wohl und erlebten die Kommunikation in der Gruppe als positiv. Dann wandten wir uns den autoritären Gruppen zu: Wie hatten sie die Projektarbeit erlebt? Daraufhin richtete sich einer der Studierenden aus diesen Gruppen auf und sagte: «Wir haben über die Aufgabenstellung gesprochen und entschieden, dass wir sie ablehnen. Wir haben gemeinsam beschlossen, wie der Turm gebaut wird.»

Mit dieser Reaktion hatte ich nicht gerechnet, und sie verunsicherte mich. In dem Gespräch mit der Coachin nach der Sitzung vermutete sie, dass die Aufgabenstellung zu weit weg war von der Lebensrealität der Studierenden. Keiner von ihnen wusste, wie man sich als Diktator oder Untertan verhielt, also konnten sie die Aufgabe nicht lösen. Ich betrachtete die Reaktion eher als Ausdruck einer generellen Unzufriedenheit mit dem Seminar. Die Studierenden teilten mir in der anonymen Bewertung am Ende des Seminars mit, dass sie viele der Lehrinhalte als nutzlos und langweilig empfanden. Einer der Seminarteilnehmer empfahl mir dringend, mir einen anderen Job zu suchen. Wenn sich die Mitglieder der beiden Diktatur-Gruppen gegen die Aufgabenstellung aussprachen, dann diente das auch als Ausdruck des Protests. Doch auch nach Abzug der Unzufriedenheit offenbarte die Reaktion der Studierenden eine grundsätzliche Ablehnung gegen jede Form der Hierarchie. Diese Abwehr gegenüber autoritärem Verhalten war so stark, dass sie nicht einmal für die Dauer eines Experiments in eine Rolle schlüpfen wollten, die ihnen unangenehm war.

Die Vereinsvorstände in den Dörfern und Städten unserer Republik sind keine Diktatoren – jedenfalls diejenigen nicht, die ich kennenlernen durfte. Sie sind eindeutig Mannschaftssportler. Aber in einem durchschnittlichen deutschen Verein wird recht wenig Zeit damit zugebracht, darüber zu verhandeln, wer worüber spricht. Dieser Umstand macht die Vereinsmenschen, mit denen ich zu tun hatte, nicht zu bigotten Hinterwäldlern. Selbstverständlich haben sich auch homosexuelle Personen in den Projekten beteiligt, und unsere Vereinsangehörigen haben lesbische oder schwule Familienmitglieder. Geflüchtete erfahren in allen Orten, in denen ich zu tun hatte, sehr viel Hilfe. Nur wird ihnen in der Vereinsarbeit nicht wegen ihrer Orientierung oder ihrer Herkunft mehr Redezeit zugesprochen, denn es werden überhaupt keine Redeanteile verhandelt. Während in der Debatte das Gehörtwerden in den Fokus gerückt ist, war und ist im Verein das Getanwerden die wichtigste Kategorie.

Gerade daher war ich sehr überrascht, wie sich die «Schule-ohne-Rassismus»-Gruppe aus Grünberg bei unserem Einzelprojekt in Gießen verhielt. Im Oktober stellten wir vier Tage lang eine Box mit 2,5 Metern Seitenlänge auf dem Gießener Kirchenplatz auf und platzierten eine lange Tafel daneben. In der Box, die von einem dichten Stoff umhüllt war, spielten wir einen Film ab. Dieser stellte einen jüdischen Holocaust-Überlebenden aus Gießen vor und erklärte den Zuschauern, dass sich fünf Familienmitglieder dieses Mannes an der Tafel aufhielten und sich über ein Gespräch freuen würden. Die fünf waren extra aus Haifa angereist.

Darbietung des Demenzchors während der Präsentation
des Einzelprojekts Gießen, 04.10.2023

Der Auf- und Abbau nahm jeden Tag viele Stunden in Anspruch. Umso erleichterter war ich, dass sich die «Schule-ohne-
Rassismus»-Gruppe bereit erklärt hatte, zu helfen. Nur wusste ich
nicht genau, wie ihre Hilfe aussah. Ich rechnete zwar fest damit,
dass sie mit anpacken würden. Aber in meiner Vorstellung sah ich
mich auch mit ihnen an der Tafel sitzen und über Antisemitismus,
den Nahost-Konflikt und Rassismus diskutieren. All diese Themen liegen mir selbst am Herzen. Nur standen an diesen Tagen
praktische Aufgaben im Vordergrund. Die Box musste pünktlich
zum Beginn der Veranstaltung stehen und abends vor Sonnen-
untergang wieder abgebaut sein. Als die Schülerinnen auf dem
Kirchenplatz ankamen, stellten sie mir genau eine Frage: Was können wir tun? Freudig überrascht erklärte ich ihnen, wie sie die Box
auf- und abbauen mussten, wo die Tische und Bänke hinkamen
und wie die Spülmaschine im Pfarrheim zu benutzen war. Sie
machten sich an die Arbeit und erledigten diszipliniert alle Aufgaben. Dies taten sie an allen vier Tagen. Nachdem sie ihre Arbeit

erledigt hatten, verabschiedeten sie sich und fuhren nach Hause. Statt über Antisemitismus zu diskutieren, schraubten sie die Box fest. Statt den Nahost-Konflikt zu besprechen, trugen sie Kisten mit dreckigem Geschirr. Als das Projekt beendet war, schickte ich der Gruppe als Dankeschön einen Akku-Schrauber. In einem Gespräch einige Wochen später sprach ich mit den Schülern über das Phänomen, dass Rassismus-Prävention und der Kampf gegen Antisemitismus zum überwiegenden Teil aus ganz praktischen Aufgaben bestehen würde. Ich dankte ihnen für ihre pragmatische Hilfe und beglückwünschte sie, weil sie mit ihren 16 und 17 Jahren bereits viel verstanden hatten.

Wegen der Beständigkeit ihres Engagements sind die Verantwortlichen in den Vereinen der Kleinstädte und Dörfer hochangesehene Persönlichkeiten. Gerhard Mengesdorf, ein inzwischen pensionierter Schulrektor aus St. Georgen, leitet den dortigen Turnverein seit 36 Jahren. Die heute 50-Jährigen kennen «Gemme» schon aus ihrer aktiven Zeit. Gerhard Mengesdorf und sein Team vom Turnverein 1863 St. Georgen fördern die Jugendlichen wie die Senioren und sorgen dafür, dass der Turnverein eine Anlaufstelle für Familien, für leistungsbereite Sportler und Sportlerinnen und für die Alten ist, bei denen die Begegnung mit Gleichgesinnten im Vordergrund steht. Natürlich darf auch der Spaß nicht fehlen. Mehrere Male ist Mengesdorf bei der Karnevalssitzung aufgetreten. An seinen Auftritt als Drafi Deutscher vor 20 Jahren können sich noch sehr viele Vereinsmitglieder lebhaft erinnern.

Sehr oft sehen die St. Georgener sein Bild in der Zeitung. Meistens steht er neben einer Gruppe von Sportlern, die einen Wettbewerb gewonnen haben, oder an der Seite der Jubilare des Vereins. Im Jahr 2020 ehrten Gerhard Mengesdorf und sein Vorstandsteam acht Mitglieder, die vor 70 Jahren in den Turnverein eingetreten waren, weitere sechs Personen zum 65-jährigen Jubiläum und drei Personen zum 60. Jahrestag ihres Eintritts. Als die Geehrten in den Turnverein 1863 St. Georgen eintraten, lebte Gerhard Mengesdorf noch nicht im Schwarzwald. Erst mit 22 Jahren zog er als frisch Vermählter aus der Kurpfalz nach St. Georgen.

Daher betont er auch bei jeder Vorstellung demütig, dass er kein echter St. Georgener sei. Einige Alteingesessene bewerten seinen Einsatz daher umso höher: Gemme engagiere sich, obwohl er ja gar nicht von hier ist. Auch das habe ich im Projekt gelernt: «Von hier» ist man nur, wenn die Eltern aus dem Ort stammen. Selbst 85-Jährige, die direkt nach ihrer Geburt aus den Ostgebieten geflohen sind, sich in einem Dorf ansässig gemacht haben und dort bleiben werden bis zu ihrem Tod, würden immer unterscheiden zwischen dem Aus-dem-Ort-Sein und dem In-dem-Ort-Leben: «Ich lebe seit 1946 hier, bin aber aus Schlesien.»

Ute Scholz, unsere zweite Einzelprojektleiterin in St. Georgen, ist zwar jünger als Gerhard Mengesdorf und wird daher auch seltener zu Jubilarfeiern eingeladen. Doch mit der Produktion des Films «Funkenflug» im Jahr 2014 hat sie sich in der Gemeinde größten Respekt verdient. Ihr als einer von drei Produzenten des Films ist es gelungen, ihre Stadt für ein Projekt zu gewinnen, das es in dieser Größenordnung vorher noch nicht gab. Die Bürgerinnen und Bürger nähten die Kostüme selber oder liehen sie sich von ortsansässigen Trachtenvereinen aus. Bürgerinnen und Bürger aus der Kleinstadt versorgten das Filmteam während des Drehs mit Speisen und Getränken. Ein Feuerwehrmann überwachte das kleine Feuer, das für den Dreh in der Stadt tatsächlich gelegt werden musste. Die Handwerker und talentierten Laien zimmerten die Kulisse. Ute Scholz sorgte für die Finanzierung und stellte eine Filmpremiere auf die Beine, die einen Hauch von Hollywood in die Kleinstadt brachte. Sie arbeitet als Buchhändlerin, ist Geschäftsführerin eines Vereins, der eine Kabarett-Bühne im Ort betreibt, und ist selbstverständlich auch schon bei der Fastnacht aufgetreten: als essfreudige Putzfrau.

Von Ute Scholz weiß ich seit unserer Zusammenarbeit auch, dass sie eine außergewöhnliche Bäckerin ist. Sie backt Hefezöpfe und Linzer Torte, im Advent Mandelmakronen und Springerle, badische Anis-Plätzchen. Außerdem strickt sie, bevorzugt Socken, aber auch Handschuhe. Andreas Rumpf, einer unserer aktivsten Teilnehmer aus dem Marburger Einzelprojekt, sammelt

Einachsschlepper und verbringt jeden freien Abend in «Kejitis Bistro» im Ketzerbachviertel Marburg. Oliver Klengel aus Heynitz beschäftigt sich in seiner Freizeit mit 3-D-Druck, Patrick Richter aus Schwedt/Oder besucht ab und an Autorennen, Marion Balser aus dem Gießen-Projekt singt im Chor und Christian Stüber aus Oerlinghausen fährt im Urlaub und an den Wochenenden gerne mit seiner Frau im VW-Bus übers Land. All das weiß ich, weil sie mir davon erzählt haben, weil sie es auf ihren Social Media-Kanälen veröffentlichen oder weil mir andere aus den Gruppen von den Hobbies berichtet haben.

Ich war bei nahezu allen unseren Einzelprojektleitern zuhause und habe dort gegessen, Kaffee getrunken, immer mehrere Stücke Kuchen verspeisen müssen und Schnäpse getrunken. Ich habe Andreas Rumpfs Stammtischbrüder in seiner Kneipe im Ketzerbachviertel kennenlernen dürfen, aber gottlob nicht beim Doppelkopf gegen sie antreten müssen. Wir haben in den Wohnhäusern unserer Teilnehmer Pakete abgeholt und manchmal sogar übernachtet. Unser Marburger Einzelprojektleiter ist zwei Tage vor der Ausstellungseröffnung in aller Frühe zu unserem Projektmanager nach Hanau gefahren, weil er dort einen Bildschirm abholen musste. Dort bekam er einen Kaffee und die Kinder unseres Projektmanagers einen echten Feuerwehrmann zu sehen. Wir haben uns am Wohnzimmertisch und beim Griechen über Lokalpolitik ausgetauscht und über unsere Urlaubspläne. Wir haben über die Grünen und über die AfD diskutiert. Wir haben uns gegenseitig von zuhause mit dem Auto abgeholt und mit dem Taxi nach Hause gefahren. Ich habe mir Ladekabel ausgeliehen und nach Gebrauch im Blumenkübel vor dem Haus versteckt. Ich habe nach einer Präsentation aus Versehen einen Hausschlüssel mit nach Hause genommen und ihn zusammen mit einer Tafel Schokolade zurückgeschickt. Ich habe belegte Brötchen, eingeschweißte Ortschroniken, Tassen und Schnapsflaschen aus den Häusern unserer Projektteilnehmer mitgenommen – und sehr viele Postkarten. Seit mehr als einem Jahr schicke ich allen Bekannten und Freunden Postkarten, die für Egling an der Paar werben. Im Haus einer unserer engagiertesten Projektmitarbeiterinnen im Gießener Einzelprojekt sind beim Essen die beiden Nymphensittiche Marx und Engels über unsere Köpfe hinweggeflogen. Nachdem ich einmal kurz den Raum verlassen hatte, entschied ich mich, meine Suppe nicht zu Ende zu essen.

Über die Aktivitäten der Vereine, mit denen wir zusammengearbeitet haben, wurde ich nach dem Ende unserer Projekte weiterhin informiert. Denn die aktiven Mitglieder verbreiteten die Einladungen, Veranstaltungsfotos und Zeitungsartikel über die Aktionen über ihre privaten WhatsApp- und Facebook-Konten. Ich wusste Bescheid über das Schlachtfest in Neuenbürg, über das Weihnachtsbaumverbrennen in Dömitz und über den Feuerwehrtag in Radeberg. Die Vereinsmitglieder nutzen selbstverständlich alle ihre privaten Kanäle, um über die Aktionen in ihren Vereinen zu informieren.

Meine Freunde und Bekannten, die in der Wissenschaft, dem Kulturbetrieb, der Kreativwirtschaft und dem Bildungswesen arbeiten, scheuen sich dagegen in der Regel sehr, private Inhalte zu teilen. Sie üben sich in vornehmer Zurückhaltung und verzichten meist sogar darauf, ihr Konterfei als Profilbild auf WhatsApp preiszugeben. Statt Fotos von sich selbst benutzen sie oft Ausstellungsobjekte als Profilbilder: Fotos von Videokunstwerken, Fotos von Ausstellungshallen, Fotos von Lichtinstallationen. Wenn ich am Montagmorgen zum ersten Mal nach Sonntagabend mein Handy wieder einschalte, sehe ich oft menschenleere Fotos mit Kunstwerken bei meinen Freunden und Bekannten aus dem Kultur- und Wissenschaftsbereich, Bilder von Festlichkeiten bei den Vereinsmenschen. Nur die Motive von Damen ab 60 sind in beiden Gruppen dieselben: Im Frühling zeigt ihr Profilfoto einen Krokus, der aus der Erde schaut, im Sommer eine Chrysanthemen-Nahaufnahme und im Winter einen verschneiten Rebstock.

Während Stiftungsmitarbeiter und Kulturschaffende häufig keine privaten Anteile von sich preisgeben, scheinen Vereinsmitglieder auf dem Land überhaupt kein Bedürfnis zu spüren, ihr Privatleben schützen zu müssen. Gerade diese Offenheit hat uns enorm geholfen, Menschen für unsere Projekte zu gewinnen. Auch wenn gar nicht wenige Menschen in den Dörfern und Kleinstädten am Anfang Zweifel hatten, ob sie sich an der Aufarbeitung der NS-Geschichte im Heimatort beteiligen sollten – die ausgebreiteten Arme der Vereinsvorsitzenden haben sie sicherlich wahrgenommen.

Wir selbst haben uns auch in diesem Punkt den Vereinen angenähert, in denen wir arbeiteten. Wir haben rasch verstanden, dass wir unser Projekt nicht als Alternative zu den Angeboten in den Kommunen positionieren durften, sondern als Teil von ihnen. Wenn wir die Einzelprojekte erfolgreich durchführen wollten, dann mussten wir uns in die Dörfer und Kleinstädte integrieren: Nicht sie kommen in unser Haus, sondern wir kommen in ihr Haus. Auf diese Formel habe ich die Zusammenarbeit mit den Menschen vor Ort gegenüber unseren neuen Mitarbeiter*innen gebracht. So wie der Kirchenchor im Dorf über sechs Monate hinweg die Stücke aus «Sister Act» für das Sommerkonzert der Kirchengemeinde probt, so wie die Trachtengruppe ein Vierteljahr lang ihren Aufzug beim Fastnachtsumzug einstudiert, so wie der Sportverein jedes Jahr im Sommer den Volkslauf im Herbst vorbereitet, so mussten wir versuchen, unsere Einzelprojekte in den Dörfern und Städten durchzuführen.

Wir haben uns daher früh gegen ein eigenes Logo entschieden, denn kein Kirchenchor und kein Adventsbasar entwickelt ein eigenes Logo. Unsere Logos waren die Wappen der Gemeinden und Dörfer, mit denen wir zusammenarbeiteten.

DAS WÜRZBURGER FREIBAD
ALS SCHULE DES LEBENS

Im Januar 2024 saß ich in Jena mit vier fremden Personen einer Notarin gegenüber. Die vier waren Geschwister im Alter von Mitte 60 bis Mitte 70. Wir trafen uns, weil ich den Geschwistern ein winziges Stück Wald abkaufen wollte. Das Holz aus dem Wald war für den Kachelofen meiner Mutter in Rottendorf und unseren eigenen bestimmt. Als die vier Geschwister den Warteraum des Notars betraten, setzte sich einer der Herren direkt neben mich. Seine beiden Schwestern liefen zu den Stühlen neben dem Fenster, ihr Bruder setzte sich zu ihnen. Die drei sprachen miteinander und der andere Bruder mit mir. Es fühlte sich etwas seltsam an, dass wir nicht zusammen eine Unterhaltung führten. Wir waren die Einzigen in dem Raum, und wir hatten uns noch nie getroffen. Aber ich kannte diese Art von aufgeteilten Gesprächen andererseits von Familienfesten. Da ist was im Busch, dachte ich mir. In der kurzen Verhandlung fragte die Notarin, ob ich den Kaufpreis wie üblich auf ein Konto überweisen sollte. Sie sprach freundlich zu uns und verstand, sie hatte es mit Laien zu tun. Doch in ihrer Stimme lag die Überreiztheit von Menschen, die immer und immer wieder dieselben Dinge sagen müssen. Feuerwehrleute, die in Videos an die Bildung der Rettungsgasse erinnern, reden genauso wie diese junge Notarin es tat. Umso überraschter war sie und war ich, als eine der beiden Damen das Tuscheln mit ihrer Schwester anfing. Sie konnten und wollten nicht einfach ihre Zustimmung erteilen.

Eine der beiden Schwestern meldete sich zu Wort und schlug vor, dass der Betrag auf vier Einzelkonten überwiesen werden solle. Sie wollte verhindern, dass der Bruder alles behielt. Es sei so schon schlimm genug. Mich wunderte der Vorschlag. Denn der Kaufpreis war so winzig, dass kaum etwas übrigblieb, wenn man es durch Vier teilte. Es musste etwas anderes dahinterstecken. Im Laufe des Gesprächs erfuhr ich, was die Schwestern so belastete. Die Eltern waren kurz zuvor gestorben und hatten in ihrem Testament festgelegt, dass eines der vier Kinder den überwiegenden Teil des Eigentums erben sollte und die drei anderen nur jeweils einen kleinen. Der Bruder, der sich zu mir gesetzt hatte, war der Bevorzugte, die drei anderen die Benachteiligten des letzten Willens der Eltern. Der finanzielle Unterschied zwischen dem, was er bekam, und dem, was sie bekamen, war enorm. Es versetzte mir einen Schrecken, als ich die Prozentzahl hörte. Die beiden Schwestern hatten Sorge, dass sie beim Verkauf des Waldstücks wieder so wenig abbekommen würden wie beim Hausverkauf im vergangenen Jahr. Der zweite Bruder vermittelte. Er schlug vor, das Geld an den Bruder auszuzahlen und ihm zu vertrauen, dass er es schon richtig machen würde. Er strahlte eine sanfte Traurigkeit aus, während die beiden Schwestern verletzt wirkten und der älteste Bruder kontrolliert. Auf den Vorschlag seiner beiden Geschwister hatte er immer kurz und bündig geantwortet. Der Wald müsse verkauft werden, wie die Eltern es beschlossen hätten, oder eben gar nicht. Letztlich stimmten die beiden Schwestern zu.

Während des Gesprächs beim Notar wandten sich die beiden Schwestern mehrmals an mich und entschuldigten sich dafür, dass sie sich in meinem Beisein stritten. Ich versicherte ihnen, dass sie sich keine Sorgen machen müssten, und erklärte ihnen, dass ich genau solche Streitigkeiten schon oft erlebt hätte. Wie nachdenklich mich dieser Umstand machte, verriet ich nicht.

Meine Arbeit als Historiker bringt es mit sich, dass ich mich mit vielen Familien näher auseinandersetze. Ich habe viel über die Familien der Unternehmen erfahren, über die ich zum Firmenjubiläum ein Buch geschrieben habe. Ich habe einiges über die Familien derer gelernt, deren Vertreibungsgeschichte ich zu Papier gebracht habe. Ich bin kürzlich tief in die Geschichte einer jüdischen Familie in Frankfurt am Main eingetaucht. Der Sohn schenkte seiner Mutter ein Buch über sie selbst zum 70. Geburtstag, das ich mit ihr zusammen verfasst hatte.

In den Einzelprojekten durfte ich viele Menschen näherkennenlernen. Wir haben über Geschwister und Kinder, über Arbeitskollegen und Chefs gesprochen. Am meisten beschäftigt haben uns unsere Eltern.

Bei meinen Freunden und mir nähert sich die Phase, in denen die Geschwister für die Eltern sorgen müssen. Die schwierigen Beziehungen zum kleinen Bruder oder zur großen Schwester werden auf die Probe gestellt. Bislang konnte man dem Unverständnis füreinander ausweichen. Jetzt muss man wieder miteinander sprechen, und dann gleich über ein so gefühlsbeladenes Thema wie die Pflege von Mutter und Vater. Die Geschwister mit der stärkeren Bindung an die Eltern geraten unter Rechtfertigungsdruck. Natürlich erfahren sie mehr von den Eltern. Selbstverständlich wissen sie besser, was die kranke Mutter oder der pflegebedürftige Vater brauchen. Die distanzierten Kinder wollen sich engagieren, aber nur dann, wenn sie von den Eltern jetzt noch die Anerkennung erfahren, auf die sie immer schon gewartet haben.

Kaum jemand in meinem Bekannten- und Freundeskreis lebt näher als 100 Kilometer von den Eltern entfernt. Die meisten fahren nur selten für ein Wochenende in ihr Elternhaus, weil es sich kaum lohnt und weil der Sohn ohnehin fast jedes Wochenende zum Fußballturnier antreten muss. Die meisten von uns sehen die eigenen Eltern fünf oder sechs Mal pro Jahr. Wir fahren zu ihnen, weil Ferien sind. Sie kommen zu uns, weil ein Kind krank ist. Wir alle wissen, dass das nicht mehr lange so weitergeht.

Die Beziehungen in meinem Bekannten- und Freundeskreis sind zur Hälfte stabil. Die andere Hälfte ist getrennt oder wird es bald sein. Von den Getrennten regelt die Mehrheit Umgangs- und Unterhaltsregeln vor Gericht. Ob in meinem Freundeskreis mehr oder aber weniger getrennte Paare vor dem Richter stehen als im Bundesdurchschnitt, lässt sich nicht überprüfen. Es existiert keine gesamtdeutsche Statistik. Aber die Zahlen für einzelne Städte sind erschreckend hoch. Allein im Familiengerichtsbezirk Dresden waren im Jahr 2022 nicht weniger als 2 084 Verfahren zu Sorge- und Umgangsrechtsstreitigkeiten anhängig. Eine der Beteiligten kenne ich und kann nur bestätigen: Sie ist ganz sicher nicht daran schuld, dass es so weit kommen musste, sondern ihr Ex-Partner.

In den allermeisten Familien in meinem Umfeld sind Beziehungen so zerrüttet, dass die Beteiligten kaum noch miteinander sprechen. Bei den einen sind es die Kinder mit ihren Partnern, bei anderen die Eltern untereinander, bei den nächsten zwei oder mehr Geschwister, bei wieder anderen ein Elternteil und ein Kind. Oft frage ich mich, warum in unseren Museen keine Ausstellungen zu sehen sind, die Familienstreitigkeiten im Lauf der vergangenen Jahrhunderte oder speziell in einer Epoche unserer Geschichte in den Blick nehmen. Wahrscheinlich ist das Thema zu grenzenlos, um es angemessen darstellen zu können.

Manchmal sitze ich mit Bekannten zusammen, die ein Unternehmen haben. Sie berichten mir etwas, das ich selbst in Projekten schon mehrmals erlebt habe. Beschäftigte sagen nicht mehr, wenn sie etwas stört. Wenn sie mit der Arbeitsstelle unzufrieden sind, suchen sie sich einen neuen Arbeitgeber, unterschreiben den neuen Vertrag und kündigen dann. Mehrmals saß ich selbst jungen Projektmitarbeiter*innen mit offenem Mund gegenüber, die ohne Vorwarnung die Mitarbeit beendet haben. Auf meine Frage, warum sie mir denn nicht ein einziges Mal die Möglichkeit gegeben hätten, die Dinge so zu verändern, dass sie zufriedener sind, erhielt ich keine für mich befriedigende Antwort. Erfahrene Unternehmer haben mir mehrfach bestätigt, dies sei der neue Standard. Für mich war es jedes Mal psychisch ein schwerer Brocken, den ich aus dem Weg schaffen musste.

Wenn jemand in einer Talkshow oder im Bundestag beklagt, warum nicht noch viel mehr Menschen aufstehen, Gesicht oder klare Kante zeigen, ahne ich, warum das so ist: weil so viele von ihnen nächtelang schlecht geschlafen haben, weil sie der Brief des Vaters oder das Anwaltsschreiben des Ex-Partners so wütend macht, weil der Gesprächsversuch mit der Schwester schon wieder misslungen ist, weil sie nicht wissen, wie sie die unbesetzten

Stellen plötzlich besetzen sollen. Sie haben keine Kapazitäten für den Kampf gegen rechts, gegen Antisemitismus, gegen Rassismus oder für mehr Toleranz. Nicht einmal für die Unterschriften-sammler der Menschenrechtsorganisation am Eingang des Parks haben sie Zeit. Ihnen gehen die Kräfte aus.

In politischen Reden, in Talkshows und auf den Social Media-Konten von prominenten Intellektuellen höre und lese ich immer wieder den Satz, sie seien offen für Dialog, nur würden sie niemals mit Rechten reden. Wenn ich diese Aussage lese und all die Kon-flikte in unseren Lebensgeschichten bedenke, dann würde ich den Satz immer gerne ergänzen: «Ich rede nicht mit Rechten (und nicht mit meinem Bruder, nicht mit meinem ehemaligen Chef, nicht mit meinem Fußballtrainer aus der Kindheit und nicht mit meinem Ex-Freund, der mir noch drei Monate Unterhalt schul-det; ich rede nicht mit meiner großen Schwester, weil die immer noch mit mir spricht wie im Jahr 1985; ach ja, ich rede auch nicht mehr mit meinem Onkel, der mich beim Familientreffen gefragt hat, ob ich denn keine Kinder bekommen will). Sonst rede ich mit allen.»

Wir reden zwar mit Rechten nicht, aber welchen Wert hat diese Aussage, wenn wir auch sonst nur selten Konflikte austragen? Würde ich nach meiner langen Reise durch Deutschland gefragt werden, welche Trends ich im Konfliktverhalten der Menschen sehe, würde meine Antwort eindeutig ausfallen: Nichts ist derzeit so beliebt wie Distanzierung.

Bei den zahlreichen Konflikten, von denen ich in den vergange-nen Jahren erfahren habe, gibt es einen ähnlichen Ablaufplan. Ich erfahre zunächst von der Distanzierung. Der Bruder spricht nicht mehr mit der Schwester, die Tochter nicht mehr mit dem Vater, der Arbeitskollege nicht mehr mit dem Chef. Ich erfahre, dass die Entscheidung, sich mit dem anderen nicht mehr abzugeben, nötig und unumgänglich war. Denn die Ex-Freundin oder der Bruder habe gar nicht mehr gemerkt, was für einen Schaden sie oder er angerichtet habe. Die Menschen, mit denen ich zu tun hatte, be-schreiben die Distanzierung als einen Akt der Emanzipation.

Diese Empfindung erscheint mir bedeutend, weil sie auch in der politischen Auseinandersetzung viel Raum einnimmt. Wenn ich Linken und ihrer Auseinandersetzung mit Rechten zuhöre oder einen Partner über seine Exfrau reden höre, dann betrachten beide die Entscheidung, sich nicht mehr mit dem anderen abzugeben, als Befreiung. Wie oft habe ich Menschen beobachtet, die eine abwehrende Handbewegung gemacht haben, als sie von Streitigkeiten berichtet haben, die sie irgendwann beendet haben. Es ging nicht mehr. Die Trennung von der anderen Person war der einzige Ausweg. Der Kontaktabbruch befreit von Ballast und nimmt eine ungeheure Last von den Schultern.

Die Distanzierung hat in den Konfliktgeschichten viel häufiger eine befreiende Wirkung als die Lösung des Konflikts. Wenn ich mich erkundige, wie mein Gesprächspartner den Streit denn geführt hat, dann fällt mir auf, wie gering aus meiner Außensicht das Bemühen um eine Einigung war. Oft dauert der beschriebene Konflikt zwar schon mehrere Jahre lang an, in Fällen von Familienstreitigkeiten nicht selten Jahrzehnte. Aber die tatsächlichen Einigungsversuche waren oft viel weniger zahlreich, als ich es erwartet habe. Manche Geschwister entscheiden, nach 20 Jahren nicht mehr miteinander zu reden, nachdem sie innerhalb der beiden Dekaden drei oder vier Mal miteinander zu sprechen versucht haben.

Auffällig für mich war auch, dass die meisten Menschen trotz ihrer Lebenserfahrung und Menschenkenntnis kaum in der Lage waren, die beiden gegnerischen Positionen klar zu benennen. Erzählte man mir z. B. von dem Streit zweier Geschwister über die Unterbringung der verwitweten Mutter, dann fiel es mir schwer, die unterschiedlichen Haltungen überhaupt zu verstehen. Denn die Einstellung der anderen Seite habe ich nur sehr verkürzt und oft sehr abwertend zu hören bekommen: «Meine Mutter kümmert sich seit Jahren jeden Tag um meine Oma. Aber meine Tante ist der Meinung, man solle sie einfach ins Heim stecken, das Haus verkaufen und das Erbe aufteilen. Meine Mutter hat es irgendwann aufgegeben, mit ihr zu sprechen.»

Während viele die Trennung von den angespannten Beziehungen als Befreiung erfahren, erleben sie die Gesprächsversuche als sehr belastend. Zwischen den Zeilen kam oft heraus, dass meine Gesprächspartner die Dialogversuche möglichst kurzhalten wollten. Aus meiner Beobachterperspektive musste sich dadurch ein Teufelskreis ergeben. Wer dem anderen signalisiert, dass man das Treffen möglichst schnell wieder beenden möchte, wird beim Gegenüber wahrscheinlich das Gefühl hervorrufen, nicht richtig beachtet zu werden. Wie soll ein konstruktiver Streit gelingen, wenn mindestens eine Seite permanent signalisiert, die Situation so bald wie möglich verlassen zu wollen?

Überhaupt habe ich festgestellt, dass viele Menschen offenbar wenig über Gesprächsführung wissen oder vielleicht auch wissen wollen. Denn sie möchten ja möglichst rasch verschwinden und dem Streit eher entkommen als ihn zu führen. Ich selber habe mir in den Konflikten, die selbstverständlich auch in unseren Einzelprojekten aufgetreten sind, vorgenommen, mir vor jedem Gespräch eine einfache Sache bewusst zu machen: Gleich sagst du etwas, das dieser Person nicht gefallen wird und das auf jeden Fall negative Gefühle auslösen wird. Dieser Mensch beschäftigt sich mit demselben Problem und empfindet deine Lösung als falsch, während er seinen eigenen Ansatz für richtig hält. Ich habe zwar nicht alle Konflikte gut gelöst, aber es hat mir jedes Mal geholfen, mir bewusst zu machen: Ich stecke in einem Streit.

Bei einem Einzelprojekt mussten ein Gestalter und ich uns streiten. Die Situation hatte ich schon mehrmals erlebt. Daher war der Konflikt für mich nicht neu. Die Agentur hatte vorher ein Angebot geschickt, das ich bestätigt habe. Ich habe darum gebeten, mir sofort Bescheid zu geben, wenn der Aufwand größer werden könnte als im Angebot vereinbart. Dieser Fall trat tatsächlich ein. Nur erfuhr ich es nicht vor der Mehrarbeit, sondern erst zum Projektabschluss. Der Agenturleiter erklärte mir, wie viele Stunden an Mehrarbeit seine Firma geleistet hatte und wie viel mehr Geld er berechnen müsste. Daraufhin entstand ein Konflikt, den wir per Mail und am Telefon austrugen. Da sowohl der Gestalter als auch ich selbst recht große Erfahrung im Austragen von Konflikten hatten, lief der Streit ruhig und gesittet ab. Wir wussten beide, dass wir uns auf den Streit einlassen mussten, um die Sache aus der Welt zu schaffen. Ich hatte die Pflicht, in diesem Fall eine Bezahlung des Mehraufwands abzulehnen. Denn ich hätte das Geld, das ich dieser Agentur bezahlt hätte, bei anderen Einzelprojekten einsparen müssen. Als Projektleiter war ich dafür verantwortlich, dass auch das letzte Einzelprojekt noch Dienstleister beauftragen und Geräte anschaffen konnte. Der Agenturleiter war mit meiner Entscheidung unzufrieden, aber er respektierte sie. Es blieb keine Wut und keine Enttäuschung zurück. Ein mulmiges Gefühl nahm ich trotzdem mit. Denn ein Projekt mit einem Konflikt abzuschließen, ist nicht schön. Es wurmt mich, wenn ich die Wünsche derjenigen, mit denen ich ganz besonders intensiv zusammengearbeitet habe, nicht erfüllen kann. Aber die persönliche Ebene zwischen dem Gestalter und mir war nicht geschädigt. Wir verabschiedeten uns respektvoll voneinander.

In Situationen wie diesen habe ich festgestellt, wie sehr ich in Konfliktsituationen auf Menschen angewiesen bin, mit denen ich den Streit auch tatsächlich führen kann. Das war nicht immer der Fall. Es gab auch Momente, in denen ich Wut oder Enttäuschung erfahren habe, mir aber gleichzeitig die Möglichkeit genommen wurde, den Konflikt zu führen. Denn die andere Person signalisierte bereits in der ersten E-Mail, in der ersten Audionachricht oder im ersten Schreiben, dass sie absolut am Ende ihrer Geduld sei und ich es wohl einfach nicht verstehen würde, so wie ich mich verhalten würde. Manchmal kam es mir vor, als würden sie ihre Vorwürfe ganz besonders stark formulieren, um einer Auseinandersetzung aus dem Weg zu gehen. Ich hätte erwarten können, dass nach besonders großer Enttäuschung auch der Streit besonders intensiv werden würde. Aber gerade Menschen, die sehr unzufrieden waren, haben sich auch sehr schnell aus dem Staub gemacht. Auffällig war, dass ich deutlich mehr Vorwürfe in E-Mails, Kommentaren und Handy-Nachrichten gelesen als im direkten Gespräch gehört habe. Es kritisiert sich einfach leichter, wenn man seinem Gegenüber nicht ins Gesicht sehen muss, und Kritik geht leichter von der Hand, wenn man nicht im nächsten Augenblick selbst kritisiert wird.

Viele Menschen sind sich nicht bewusst, wie schnell sie in Konfliktsituationen das Handtuch werfen und warum sie das tun. Vor einiger Zeit habe ich auf eine Veröffentlichung auf dem Portal «LinkedIn» mit einem Kommentar reagiert. Eine Werbeagentur hatte eine Kampagne publiziert, die sich gegen eine Wahl der AfD aussprach. Auf einem Plakat ist eine traurig aussehende Mutter mit einem Kind im Arm zu sehen. Daneben steht der Satz «Ich war sauer auf die Ampel. Jetzt gibt es keinen Krippenplatz für meine Kleine». Der besondere Zugang der Werbekampagne war, dass sie den Zustand nach den Wahlen abbildete. Das genannte Zitat ist auf dem Plakat auf 2026 datiert. Die Kampagne der Agentur soll AfD-Wählern also vor Augen führen, dass die AfD ihre Wünsche nicht umsetzen werde und die Lebensverhältnisse nur noch verschlimmern würde. Um diese These zu unterstreichen, wird die Mutter im Jahr 2026 als «gezwungenermaßen Hausfrau» vorgestellt. Der Slogan in der Fußzeile lautet: «Es geht nicht gegen die da oben. Es geht gegen Sie.»

Ich habe mir die Plakate angesehen, die vielen positiven Kommentare dazu durchgelesen und wollte dem Lob eine kritische Stimme hinzufügen. Für mich unterschied sich die abgebildete Zielgruppe von der angesprochenen Zielgruppe. Die Kampagne gab vor, sich an AfD-Wähler zu richten, sprach aber eigentlich Nicht-AfD-Wähler an. Denn welcher AfD-Wähler möchte sich vorführen lassen? Wer lässt sich gerne vorhalten, die Folgen seiner Wahlentscheidung überhaupt nicht abzuschätzen zu können? Vor allem aber: Welcher Erwachsene lässt sich freiwillig Angst machen?

Aufgrund meiner Erfahrung in den Projekten schrieb ich einen Kommentar, in dem ich die Kampagne hinterfragte. Ich führte aus, dass meiner Ansicht nach Angst-Kampagnen in den vergangenen Jahren überhandgenommen hätten und oft ihre Wirkung verfehlen würden: «Ob es die Angst vor dem Kommunismus in den 1950er Jahren war, die Angst vor der Studentenschaft 1968, die Angst vor den Grünen ab Ende der 1970er Jahre, die Angst vor der PDS/Linke ab 1990: Diese Kampagnen haben alle eher zu Radikalisierung und Reaktanz geführt als zu einer tatsächlichen Veränderung der Lebensverhältnisse. Mein Vorschlag, auch als Akteur der historisch-politischen Bildungsarbeit, ist daher, positive Beispiele zu zeigen, z. B. international tätige Firmen in Thüringen und ihre Verflechtungen in die ganze Welt (…).»

Zweitens schlug ich vor, die Fakten inhaltlich zu prüfen. Warum sollte es unter einer AfD-Regierung weniger Kitaplätze geben? Ich schrieb, dass falsche Zusammenhänge weniger Einsicht als Widerstand auslösen würden. Daher sei es so wichtig, politische Positionen genau zu prüfen, bevor man sie veröffentliche.

Nachdem ich den Kommentar noch einmal gelesen und abgeschickt hatte, fiel mir auf, dass ich in meinem Beitrag etwas weggelassen hatte, was ich in Gesprächen im Regelfall tue: Ich vergewissere mich, ob ich mein Gegenüber richtig verstanden habe. Aber Nachfragen sind in der Social Media-Kommunikation überhaupt nicht gebräuchlich. Ohne es zu reflektieren, hatte ich mich an die ungeschriebenen Gesetze der Online-Diskussion gehalten, obwohl sie meinen eingeübten und für mich inzwischen selbstverständlichen Gesprächsregeln widersprechen. Die Sogwirkung der Plattformen im Netz ist offenbar noch viel stärker, als ich es mir bewusst gemacht hatte. Noch während ich auf die Antwort wartete, beschloss ich, mich beim nächsten Mal lieber direkt an diejenige Person zu wenden, die etwas veröffentlicht hat, zu dem ich mich äußern möchte.

Die Antwort kam schnell. Der verantwortliche Gestalter der Kampagne schrieb: «Machen ist besser als kommentieren. Deshalb: Machen Sie mal Ihre Kampagnen. Ich gucke mir das dann gerne an. Viel Erfolg.»

Ich las die Sätze und fühlte mich abgebügelt. Er ging nicht auf ein einziges Argument ein, sondern kritisierte die Kritik an sich. Er schuf einen Gegensatz zwischen Menschen, die etwas auf die Beine stellen, und Leuten, die nur reden. Diese Differenz verstand ich zwar. Ich benutze sie selbst mitunter, um mir die Welt einfacher zu machen, als sie ist. Aber mich der zweiten und sich selbst der ersten Gruppe zuzurechnen, erschien mir unpassend.

Ich antwortete darauf mit einer Frage: «Machen ist besser als kommentieren?» Kurz stellte ich unsere Projekte vor und lud den Gestalter ein, sich ein Bild davon zu machen und mir seine Eindrücke mitzuteilen. Darauf reagierte der Agenturchef nicht mehr.

Wieder einmal hatte ich das Gefühl, dass eine Debatte gar nicht das Ziel war. Der Gestalter wünschte sich offenbar keine Auseinandersetzung über seine Kampagne. Er wünschte sich Zustimmung. In diesem Fall fand ich den schnellen Rückzug besonders markant. Denn die Plakatkampagne war selbst ein ausgesprochen offensiver Debattenbeitrag. Doch dieser sollte offenbar keine neue Debatte anfachen, sondern Zustimmung auslösen. In dieser kurzen Diskussion auf LinkedIn entdeckte ich ein Muster, das ich anschließend in vielen sogenannten Debatten wiederfand: einen Widerspruch zwischen dem, was wir sagen, und dem, was wir brauchen. Wir sagen, wir würden mit unserer Meinung eine Diskussion anregen oder eine Debatte weiterbringen wollen. Doch eigentlich sehnen wir uns nach Anerkennung.

Als Kind stand ich im Sommer manchmal allein auf dem Zehn-Meter-Sprungturm im Würzburger Dallenbergbad. Als ich auf dem Steg nach unten sah, wünschte ich mir, mein Vater oder meine Mutter würden zu mir aufschauen und mir zusehen, wie ich nach vorne lief und mit angelegten Armen zehn Meter tief ins Wasser sprang. Doch meine Eltern waren zuhause. Meine Freunde waren zwar auch im Bad, kamen aber nicht mit zum Beckenrand, wenn ich sprang. Mein Sprung war einfach zu langweilig, um vom Badetuch aufzustehen. Die Reaktionen auf meine Heldentat fielen ganz anders aus als von mir erwartet. Als ich wieder aus dem Wasser auftauchte, hörte ich Rufe: Ich sollte zum Beckenrand schwimmen. Die nächsten Springer warteten ungeduldig. Nachdem ich aus dem Becken geklettert war, schaute ich nach oben und sah einen Jungen in vollem Sprint über den Steg rennen. Im

Flug winkelte er seine Beine an, legte seine Arme darum und platschte als Kugel auf das Wasser. Er tauchte zum Beckenrand und stand schon tropfend auf den Fliesen. Der nächste stellte sich mit dem Rücken nach vorne an den Rand des Stegs und machte in der Luft einen Salto. Die nächsten beiden hüpften zu zweit ins Wasser, obwohl das nicht gerne gesehen wurde. Ich stand daneben und suchte nach ein paar Sprüngen das Weite. Ich hatte genug gesehen.

In vielen Debatten erkenne ich in den Erwachsenen die Kinder von damals wieder. Sie wollen Zustimmung, bekommen aber Konkurrenz. Sie wünschen sich, gesehen zu werden, werden aber sehr schnell verdrängt. Sie brauchen Aufmerksamkeit, bekommen aber Desinteresse.

Wer sich Diskussionen näher ansieht, der wird bald sehen, dass sich die Reaktionen in zwei Gruppen aufteilen lassen. Die einen spenden vor allem Anerkennung, die anderen kritisieren. Wenn ein Grüner im Bundestag oder ein Sozialdemokrat in einer Talkshow sich zur Migrationskrise äußert, dann stimmen ihm die eigenen Anhängerinnen und Anhänger oft immer wieder und immer wieder mit denselben Worten zu. Die Gegner aber bügeln die Auslassung ab, nehmen sie auseinander, ziehen sie ins Lächerliche. Die einen übernehmen die Funktion der Eltern unterhalb des Sprungturms. Die anderen spielen große Jungs, die selbst zeigen wollen, was sie können.

Wenn ich über Konferenzen lese, die mich interessieren, dann habe ich oft Mühe zu erfahren, worüber debattiert wurde. Ich will wissen, welche Punkte auf einer Tagung zum Umgang mit Rechtsextremismus strittig waren, worüber am ausführlichsten gestritten wurde. Doch die Kommentare auf Facebook und X beschränken sich oft auf Zustimmung. Das Thema sei so wichtig, der Beitrag so mutig, die Debatte so überfällig gewesen. Die unterschiedlichen Positionen auf der Tagung muss ich mir danach auf informellem Weg erklären lassen. Gerade die Unterschiede in den Perspektiven werden am wenigsten kommuniziert.

Wenn ich lese, wir müssen lernen, Unterschiede auszuhalten,

dann fallen mir sofort Bilder von Windrädern ein. Ich habe mich in den Projekten mit vielen Menschen angefreundet. Oft haben wir unsere Freundschaft auf Facebook feierlich besiegelt. Von meinen bisherigen Freunden und Bekannten engagieren sich einige für Klimaschutz, andere sind Mitglieder bei den Grünen. Wenn sie Veranstaltungshinweise veröffentlichen, dann ist oft ein Windrad im Hintergrund zu sehen. Gestalter von Klimaschutz-Initiativen verwenden das Windrad so zuverlässig wie Gestalter von Schulbüchern das Skateboard. Die abgebildeten Windräder stehen meist in einer hügeligen Landschaft mit wenigen Straßen und noch weniger Bahnstrecken. Assoziationen zum Öffentlichen Nahverkehr würden die Stimmung stören. Die Windräder drehen sich oder stehen still. Doch selbst die bewegungslosen unter ihnen verbreiten die Botschaft: Windräder sind unsere Zukunft. Windräder drehen das Rad der Zeit nach vorne. Windräder lassen die Sonne scheinen. Denn über allen Windrädern strahlt die Sonne besonders hell am Himmel.

Neben diesen Darstellungen begegnen mir aber auch ganz andere Bilder von Windrädern. Einige Menschen, die ich in den Projekten kennengelernt habe, veröffentlichen ebenfalls Abbildungen von Windrädern. Doch die sehen ganz anders aus. Eine Schneise der Verwüstung ist in den Wald geschlagen. Im Zentrum des Bildes türmt sich ein massives Fundament auf. Der Berg aus Beton steht im Kontrast zum Wald im Hintergrund. Die Botschaft des Bildes lautet: Windräder zerstören unsere Natur. Windräder verschandeln unsere Heimat. Windräder produzieren keinen Strom. Denn auf keinem dieser Fotos drehen sich die Rotoren.

Den bunten Bildern der Befürworter stehen die grauen Fotos der Gegner gegenüber. Ich kenne Vertreter aus beiden Lagern. In meinem Bekannten- und Freundeskreis aus Berlin werden eher die bunten Bilder verschickt. Die Fundament-Fotos habe ich erst in den vergangenen vier Jahren kennengelernt, nachdem ich mich mit einigen Teilnehmer*innen unserer Projekte angefreundet hatte. Auffällig ist, dass die Windkraftgegner, die ich kenne, meistens auf dem Land leben und die Befürworter in den Städten.

Dort, wo die Windkraftanlagen gebaut werden, herrscht größere Skepsis als dort, wo sie herbeigewünscht werden.

Gegner von Windkraftanlagen sprechen ebenso gerne über ihre Überzeugungen wie ihre Befürworter. Beide haben Zahlen und Prognosen auf ihrer Seite. Beide Seiten haben das Gefühl, die Menschen im Land müssten über die wahren Hintergründe aufgeklärt werden. Die Wähler würden viel zu wenig wissen und würden sich zu leicht von Parolen des Gegners leiten lassen. Sie sind genervt von Politikern und Journalistinnen, die keine Ahnung von der Materie haben und dennoch in jeder Rede und jeder Talkshow ihre dünne Meinung kundtun. Sie schätzen Beiträge, in denen die Zusammenhänge fundiert erklärt werden, und schicken ihrem gesamten Freundeskreis diese Publikationen zu, versehen mit dem Hinweis «Absolute Leseempfehlung!» oder «Dieser Artikel sollte Pflichtlektüre in den Schulen sein!» Manchmal komme ich meiner Pflicht nach und lese den Artikel absolut, meistens aber nur die ersten Zeilen. Denn ich weiß ja, was kommt.

Mit allen Menschen sprechen die Gegner und Befürworter gerne, nur auf keinen Fall miteinander. Wenn ich ihnen vorschlage, mit einem Vertreter des anderen Lagers zu sprechen, dann winken sie häufig ab. Die sonstige große Lust am Vortrag über Windräder schwindet bei der Vorstellung, ihnen säße einer aus dem anderen Lager gegenüber. Wenn ich nach den Gründen frage, dann höre ich oft dieselben Aussagen wie in anderen Diskursen. Ob beim Thema Migration oder Ukrainekrieg, den Coronaschutzmaßnahmen oder dem Bürgergeld. Die andere Seite wird immer als Gefahr dargestellt, ihr wird ein geschlossenes Weltbild attestiert und die Verbreitung von Desinformationen unterstellt. Ich erkenne inzwischen keinen Unterschied mehr in der Beschreibung von Menschen mit anderen politischen Meinungen und Ex-Partnern, mit denen man eine Weile zusammengelebt hat. Bei beiden versteht man nicht, warum sich noch so viele Leute mit ihnen abgeben können. Wenn man eines bei der Therapie gelernt hat, dann, sich von solchen Menschen fernzuhalten. Wenn sie einem wieder begegnen, dann am besten einfach die Situation verlassen.

In unseren Projekten sind wir einen anderen Weg gegangen. Statt sich von zwei sehr gegensätzlichen Punkten aufeinander zu-bewegen zu müssen, haben wir einen gemeinsamen Startpunkt gewählt. Wir ahnten, dass in jeder Gruppe sehr unterschiedliche Haltungen zum Umgang mit der Zeit des Nationalsozialismus vertreten sein würden. Ich wusste, dass gerade auf dem Land noch vielen Menschen der Kriegseinsatz der Vorfahren sehr präsent ist. Sie wissen, an welchen Fronten der Urgroßvater oder der Groß-onkel gekämpft hat, und sie kennen das Jahr, in dem er aus der Ge-fangenschaft zurückkehrte. Die Geschichte von der ersten Begeg-nung nach der Wiederkehr ist eine von Generation zu Generation weitererzählte Geschichte, in der fast immer der Satz fällt: «Wir haben ihn erst gar nicht erkannt.» Diejenigen, die ihre Vorfahren verloren haben, kennen häufig den Namen des Landstriches, in dem der Soldat gefallen ist. Diejenigen, die ihr Familienmitglied wieder zuhause aufnehmen durften, pflegen heute noch sein Grab. Dort steht sein Name neben dem seiner Frau und manchmal schon dem Namen ihrer Kinder. Wer wissen möchte, warum die Taten der vielen ganz normalen Männer in den Familien oft nicht kritisch hinterfragt wurden, sollte einen ganz normalen deutschen Friedhof besuchen. Der Eingang zur Familiengeschichte ist von Stiefmütterchen verstellt.

Dann gibt es diejenigen, denen die stiefmütterliche Aufarbei-tung der Vergangenheit in ihrem Heimatort schon längst aufge-fallen ist und die dagegen etwas unternehmen wollen. Sie ver-dächtigen wechselweise die Stadt, den Bürgermeister, die früheren Lehrerinnen und Lehrer oder allgemein die Alten, die unange-nehmen Geschichten unter den Teppich gekehrt zu haben. Ihnen ist daran gelegen, die Taten aufzudecken und ihre Täter, aber auch die Opfer beim Namen zu nennen.

Diese beiden Gruppen kamen bei den Treffen zusammen und mussten sich aufeinander einlassen. Wie die Nachbarin und wie der Bekannte aus dem Verein grundsätzlich über die Zeit des Nationalsozialismus denkt, ist in einem kleinen Ort natürlich häufiger bekannt als in einer Großstadt. Die Nähe zueinander hat sicherlich eine Einigung von vornherein leichter gemacht als in Gruppen, in denen Unbekannte aufeinandertreffen. In den Vorstellungsrunden offenbarte sich aber unabhängig von den Gruppenzugehörigkeiten noch eine weitere Trennlinie. Gerade die älteren Gruppenteilnehmer waren oft der Meinung, dass durch die Arbeit im Projekt ihr Kenntnisstand bestätigt werden würde. Sie erwarteten weniger, dass die Recherchen Neues ans Tageslicht befördern würden. Ihnen war vor allem daran gelegen, das Altbekannte besser aufzubereiten und für mehr Menschen im Dorf zugänglich zu machen. Sie waren enttäuscht darüber, wie wenig Leute noch das Heimatmuseum besuchten oder sich am Volkstrauertag vor dem Kriegerdenkmal versammelten. Das Projekt sollte der Auseinandersetzung mit dem Altbekannten neuen Auftrieb bescheren.

Diese Gruppe von Älteren unterschied sich von einem Teil der Jüngeren bis etwa 60 Jahre, die vor allem neue Ergebnisse erwarteten. Sie sind es gewohnt, sich ihre Informationen aus unterschiedlichen Quellen zu beschaffen, und gehen davon aus, dass sie viele Dinge nicht wissen, weil sie nicht genug Zeit zum Lesen haben. Sie waren offen für neue Recherchemethoden und haben die neuen Archivfunde bereitwillig und oftmals mit Freude aufgenommen. Die neuen Ergebnisse, zum Beispiel neue Namen von Zwangsarbeiter*innen oder neu entdeckte Mitgliedschaften in NS-Organisationen von bekannten Personen im Ort, riefen bei den Älteren erst einmal Verwunderung hervor. Sie haben sich seit Jahrzehnten mit der Geschichte ihres Ortes beschäftigt und nicht geahnt, welche Quellen über ihren Heimatort all die Jahre hinweg in Archiven und Datenbanken in Deutschland, Israel, den USA und England lagen. Neue Ergebnisse waren daher für sie immer auch eine Aufgabe, die sie bewältigen mussten.

Die Teilnehmerinnen und Teilnehmer wurden aber in den ersten Sitzungen gar nicht mit ihren Differenzen konfrontiert. Natürlich wurden die verschiedenen Haltungen in den Vorstellungsrunden, in den Beiträgen und mittels der mitgebrachten Objekte sichtbar. Aber die Unterschiede wirkten nicht konfrontativ. Denn

in den ersten Treffen stellten wir zusammen mit unseren Einzelprojektleiter*innen die Aufgabe, alles zusammenzutragen, alles zu
nennen und alles zu sichten, was es in dem Ort an Fakten und Ge-
rüchten, an Objekten und Dokumenten, an Büchern und Heften
über die NS-Zeit gab. Damit vermittelten unsere Einzelprojektleiter und wir den Teilnehmer*innen, dass alle ihre Positionen und
Perspektiven für das Projekt von Interesse waren. Der Feldpostbrief des Großvaters war genauso wichtig wie die Todesbescheini-
gung oder der Name des Zwangsarbeiters vom heimischen Hof.

Wir sammelten alles und machten alles für alle zugänglich. Auf
diese Weise brachten wir die Teilnehmer*innen auf denselben
Kenntnisstand und verhinderten, dass Inhalte mit Menschen ver-
knüpft wurden. Der Feldpostbrief war kein Ausdruck der ver-
harmlosenden Haltung eines Gruppenmitglieds und die NSDAP-
Karteikarte kein Symbol für die Anklage von damals lebenden
Personen, deren Handeln wir heute nicht mehr bewerten sollten.
Alle Dokumente und Objekte waren Teil des Quellenfundus. Alles
war wichtig, denn alles war Teil der großen Sammlung, die wir
durchführten.

Erst nach der Recherchephase diskutierten wir über die Quel-
lenfunde. Wir taten dies jedoch nicht im luftleeren Raum, sondern im Rahmen der nächsten Aufgabenstellung. Wir hatten nun
als Gruppe zu entscheiden, welche Inhalte wir den Bürgerinnen
und Bürgern des Ortes präsentieren wollten. Ob wir einen Dokumentarfilm drehten oder eine Ausstellung konzipierten, wir mussten uns für bestimmte Aspekte entscheiden. Die entscheidende
Frage lautete in diesem Auswahlprozess: Welche Themen sind für
die Bewohner und Bewohnerinnen unseres Ortes besonders interessant? Welche Geschichten sind neu für sie? Welche Begeben-
heiten sollten wir ihnen präsentieren? Bei der Auswahl der Themen stellten wir unsere eigenen Haltungen auf den Prüfstein. Es
reichte nicht aus, einen Aspekt selber für bedeutend zu halten
oder immer schon spannend gefunden zu haben. Unsere Zielgruppe mussten wir überzeugen, nicht uns selbst. Die Abstimmung über die Themen am Ende der Diskussion sollte sicherstel-

len, dass die Gruppe die Auswahl mittrug. Die Wahl der Themen mittels Abstimmung schuf die demokratische Grundlage für die Auswahl.

Zur Abstimmung stellten wir nur die Themen, zu denen wir genug Material gesammelt hatten. Dadurch wurden viele Geschichten, die einzelne Teilnehmer in den Workshops erzählt hatten, aussortiert. Ich kann mich noch an eine etwa 85-jährige Dame erinnern, die zu jeder Sitzung unseres Oerlinghauser Einzelprojekts erschien. Mehrmals hatte sie eine Anekdote erzählt, die sie als Kind gehört hatte. Wir konnten diese Geschichte jedoch nicht belegen. Wir fanden keine Dokumente und keine weiteren Zeugen zu dieser Begebenheit. Also wurde die Erinnerung nicht als Thema zugelassen. Unser Einzelprojektleiter Christian Stüber erklärte es der Dame in ruhigem Ton. Sie hörte sich die Begründung an, nickte und blickte vor sich auf den Tisch. Die einzige für alle neue Begebenheit, die sie beitragen wollte, fand bei der Themenauswahl keine Beachtung.

Durch die Auswahl und Abstimmung gaben wir unserer Diskussion eine Richtung. Anders als in vielen Debatten im Fernsehen oder auf Tagungen hatten wir einen konkreten Auftrag zu erfüllen. Von unserer Einigung hing das Gelingen des Projekts ab. Dieses Bewusstsein begleitete die Debatte. Wenn wir uns zu lange über ein Thema stritten, dann sagte immer irgendwer, es sei wichtig, jetzt zu einem Ergebnis zu kommen. Schließlich hätten wir auch noch andere Dinge zu besprechen, und wir würden schon zwei Stunden hier sitzen. Die Einsicht in die Notwendigkeit einer Entscheidung war in den Diskussionen ein ausschlaggebender Faktor. Die Kompromissbereitschaft und der Pragmatismus der Teilnehmer*innen entstand selbstverständlich nicht erst in unserem Projekt. Diese Tugenden waren bereits vorhanden. Die Gruppenmitglieder hatten sich schon dutzende Male einigen müssen. Erfahrene und engagierte Menschen sind es gewohnt, bei mündlichen Abstimmungen ihre Hand zu heben. Sie wissen auch, wie es sich anfühlt, wenn der eigene Vorschlag abgelehnt wird. Unsere Einzelprojektleiter und ich haben nach den Abstimmungen so manche Teilnehmer*innen ihre Köpfe schütteln sehen. Aber selbst diese Geste sah routiniert aus. Wer oft abstimmt, gehört ebenso oft entweder zur Mehrheit oder zur Minderheit.

Nach den Entscheidungen machte ich mir oft bewusst, dass ein solches Verfahren in einem Arbeitskreis an einer Universität oder Akademie kaum möglich wäre. So wie ich den akademischen Betrieb wahrnehme, geht es den Beteiligten dort weniger darum, die eigenen Publikationen zur Wahl zu stellen. Vielmehr ist das Ziel dort, die eigenen Steckenpferde auf möglichst vielen und möglichst gut besuchten Rennbahnen galoppieren zu lassen.

Wir haben versucht, die Debatte nur und ausschließlich auf Grundlage der Fakten zu führen, die wir vorher gemeinsam gesammelt haben. Dies war ein Hauptgrund dafür, dass die Diskussionen anschließend auf einem so hohen inhaltlichen Niveau geführt werden konnten. Wir haben daher auch keine Metadebatten erlebt, wie ich sie zuhauf aus Fernsehdiskussionen und aus Podiumsdiskussionen kenne. Dort wird häufig die Frage gestellt, ob denn die Diskussion überhaupt schon geführt werden könne oder ob nicht zunächst noch dieser oder jener Aspekt berücksichtigt oder diese oder jene Akteure eingebunden werden müssten. Wir haben versucht, alle relevanten Akteure im Rechercheprozess zu Wort kommen und alle nötigen Quellen einfließen zu lassen. Die gemeinsame Sammlung von Perspektiven und Positionen war die Grundlage für die Debatte.

Die Recherchephase hat dazu geführt, dass Menschen mit sehr unterschiedlichen Haltungen zunächst an einer gemeinsamen Aufgabe gearbeitet haben. Die konservativen Ahnen der gefallenen Soldaten standen um denselben Tisch wie die Kämpfer gegen die Vertuschung der NS-Zeit. Beide breiteten ihre Dokumente vor sich aus, um sie für alle sichtbar zu machen. Bevor sie im nächsten Schritt miteinander um die Themenauswahl stritten, hatten sie sich einander schon angenähert. Auf diese Weise konnte bei uns eine Situation wie bei den Gegnern und Befürwortern von Windrädern gar nicht entstehen. Es konnten sich keine Zustimmungskollektive bilden, die alle Vertreter einer bestimmten Position

einschlossen und alle anderen ausschlossen. Stattdessen bildeten
wir Debattenkollektive, die alle einschlossen, die sich mit einem
Thema auseinandersetzen wollten – und alle ausschlossen, die für
dieses Thema nichts übrighatten.

Doch dieser Ausschluss erfolgte freiwillig und nicht, weil wir
als Gruppe beschlossen hätten, dass Menschen, die sich nicht
für die NS-Zeit im Ort interessierten, nicht teilnehmen durften.
Ich unternahm sogar mehrmals den Versuch, diejenigen in unsere
Runden zu holen, die eine Aufarbeitung für überflüssig oder
schädlich hielten. Doch sie wollten ihre Bedenken nicht öffentlich
vortragen. Auch dies ist Teil der Vereinskultur. So wie Menschen,
die nicht singen wollen, nicht die Kirchenchorproben besuchen,
tauchen keine Bürgerinnen und Bürger in einem Geschichtsprojekt auf, die von der Auseinandersetzung mit der Vergangenheit
nicht viel halten. Veranstaltungen anzugreifen, die man ablehnt,
ist eher ein Phänomen des akademischen Diskurses als ein ge-
bräuchliches Mittel in der Vereinskultur.

Betrachte ich Debatten in unserem Land vor dem Hintergrund
meiner Erfahrungen der vergangenen Jahre, dann fällt mir die
selbstverständliche Bildung von Zustimmungskollektiven und der
dadurch entstehende Mangel an Debattenkollektiven auf. Eine
Person, die sich für muslimische Migranten einsetzt, würde sich
in der jetzigen Stimmungslage nicht mit einem Menschen an
einen Tisch setzen, der sich für eine Prävention von Sexualverbre-
chen gegenüber Mädchen und Frauen in muslimischen Milieus
einsetzt oder gegen das Frauenbild bestimmter muslimischer
Gemeinschaften ankämpft. Sie würden sich wahrscheinlich nicht
darauf verständigen können, erst einmal Statistiken, Analysen,
Betroffenenberichte und Forschungsarbeiten zum Thema zu sammeln, um ihre eigenen Annahmen zu prüfen. Sie würden sich
kaum darauf einigen können, sich für bestimmte Maßnahmen
auszusprechen, die beiden Seiten helfen würden. Gerade bei diesem Thema erscheint mir das Beharren auf Zustimmungskollektiven als besonders destruktiv. Denn beide Positionen beklagen Ge-
waltausbrüche im öffentlichen Raum. Durch gezielte polizeiliche

Maßnahmen könnten beide Gruppen besser geschützt werden: Migrantinnen und Migranten vor rechtsradikaler Gewalt und Pöbeleien und Menschen aller Altersklassen, besonders aber Mädchen und Jungen, vor Übergriffen und Angriffen aus dem migrantischen Milieu. Doch die Abneigung gegen die Gruppe der Andersdenkenden ist im Augenblick deutlich stärker ausgeprägt als der Wille, konkrete Maßnahmen zur Bekämpfung des Missstands zu beschließen. Lieber keine Einigung als eine Einigung mit den Falschen.

Dasselbe gilt für die Gegner und Befürworter von Waffenlieferungen an die Ukraine, für Verfechter und Kritiker der Schuldenbremse, für die Unterstützer und die Widersacher von Coronaschutzmaßnahmen. Die Zugehörigkeit zu unserer Gruppe besitzt einen größeren Stellenwert als der Versuch, ein schwieriges politisches Problem zu lösen.

Über das dauerhafte Distanzierungsbedürfnis in den verschiedenen Lagern habe ich viel gelesen. Viele Texte argumentieren für eine deutliche Abgrenzung von den Andersdenkenden. Wer im Jahr 2023 die Bedeutung der Windkraft noch nicht verstanden habe, dem sei nicht mehr zu helfen. Wer angesichts der wirtschaftlichen Talfahrt immer noch die Abschaltung der Atomkraftwerke verteidige, ebenso wenig. Wer Migration eindämmen möchte, der mache sich mit den Positionen der Rechten gemein. Wer die offenen Grenzen verteidige, der sorge ebenfalls für einen Auftrieb der rechten Parteien. Natürlich müsse man trotzdem im Gespräch bleiben.

Die Abgrenzung soll eine entschlossene Haltung zum Ausdruck bringen. Doch dabei wird oft übersehen, dass die Abgrenzung meist vor dem Dialog formuliert wird und nicht danach. Die häufig zitierte klare Kante wird gezogen, um eben keine Diskussion mit der anderen Seite führen zu müssen. Die Distanznahme erfolgt, damit die Distanz aufrechterhalten wird.

Windrad-Gegner, die sich von Windrad-Befürwortern prinzipiell distanzieren, und Migrationskritiker, die auf keinen Fall in migrationsfreundlichen Netzwerken auftreten, wirken auf mich wie Bezirksliga-Fußballer, die aus Prinzip nicht gegen Oberliga-Mannschaften antreten. Ich selbst singe für mein Leben gerne Karaoke, aber «More than words» würde ich niemals mit einer ausgebildeten Sängerin zusammen singen, sondern immer nur mit meiner Freundin Katharina. Keinen Fußbreit überlasse ich den professionellen Sängerinnen auf meinen Geburtstagpartys!

Abgrenzung als Abwehr von Debatten ist oft nichts anderes als ein Ausdruck von Angst. Ich weiß, wovon ich spreche.

Die erste Diskussion meines Lebens, die mir richtig Angst einjagte, war die Kurvendiskussion. Ich erinnere mich noch daran, wie sich alles in mir zusammenzog, wenn wir in der 10. Klasse neue Rechenaufgaben kennenlernten. Ich suchte den Klassenraum verzweifelt nach Gesichtern ab, die genauso ratlos dreinschauten wie ich. Ich sehnte mich nach Verbündeten. Ich wollte mich mit den anderen zusammenschließen und gemeinsam dafür beim Lehrer streiten, den Lernstoff zu vereinfachen. Aber da gab es niemanden, der den Aufstand proben wollte. Die anderen schienen irgendwie mit den Aufgaben zurecht zu kommen. Ich war einfach schlecht.

In der 9. Klasse im Gymnasium blieb ich sitzen. Mathe und Physik machten mir den Garaus. Ich entschied mich sogar noch zur Nachprüfung. Das war in Bayern damals möglich. Eine Woche vor Beginn des neuen Schuljahrs konnten diejenigen, die per Zeugnis schon durchgefallen waren, Klausuren in den Fächern schreiben, die mit Fünf oder Sechs im Zeugnis verbucht waren. Ich machte eine Woche Ferien und fuhr danach jeden Tag mit dem Fahrrad ins nächste Dorf, wo ich Nachhilfe erhielt. Nach vier Wochen war ich felsenfest davon überzeugt, dass ich die Prüfung bestehen würde. Selbstbewusst verließ ich den Klassenraum, nachdem ich meine beiden Klausuren in Mathe und Physik abgegeben hatte. Ich hatte es geschafft! Als ich am ersten Schultag des neuen Schuljahrs mit stolz geschwellter Brust in die Aula lief, um den Klassenraum für die 10. Klasse herauszubekommen, fand ich meinen Namen nicht auf der Klassenliste. Es musste ein Fehler passiert sein. Ich rannte ins Direktorat und hörte dort: Ich war durchgefallen. Eine Vier in Mathe, aber eine Sechs in Physik. Ich war so erschüttert, dass ich die Schule wechseln musste. Am Nachmittag saßen mein Vater und ich im Büro des Direktors des St. Egbert Gymnasiums der Benediktinerabtei Münsterschwarzach. Am nächsten Morgen brachte meine Mutter mich zum ersten Mal in die Schule. Vater Benedikt hatte seine Arme für den kleinen Clemens ausgebreitet.

Während der Kurvendiskussion stieg die Angst in mir hoch. Ich fürchtete mich wie ein Verrückter davor, noch einmal sitzenzubleiben, ohne es vorher zu merken. Also tat ich das, was den meisten schlechten Matheschülern Generationen vor mir schon geholfen hatte. Ich schrieb von den etwas weniger Schlechten ab. Die Lehrer an meiner Schule waren gewissenhaft. Ich konnte nicht ganze Lösungen abkupfern, ich wäre sicherlich erwischt worden. Ich nahm, was ich in wenigen Sekunden kriegen konnte. Den Rest stammelte ich irgendwie selbst zusammen. Ab und zu setzte sich noch meine schlaue Klassenkameradin Susanne mit mir hin und versuchte mit Geduld gegen meine Angst und Abneigung anzuerklären. Irgendwie gelang es mir, mich bis zum Abitur über Wasser zu halten.

Die Angst vor dem erneuten Versagen suchte sich ein Ventil. Ich musste mich innerlich aufrichten, und das tat ich in den Fächern, die ich gut beherrschte. Französisch war mein Lieblingsfach, und mein Französischlehrer verstand, wie es mir ging. Also behandelte er mich bevorzugt. Wenn wir eine Stegreifaufgabe schrieben, löste ich die Aufgaben in Windeseile, lief zum Lehrer nach vorne, legte das Blatt auf seinen Schreibtisch und setzte mich wieder hin. Noch während die anderen die Aufgaben lösten, korrigierte er meine und legte sie mit einer roten Eins am rechten oberen Rand vor mir ab. Ich triumphierte innerlich. Erst viele Jahre nach dem Ende meiner Schulzeit verstand ich, dass mein Französischlehrer mich mit diesem Ritual nicht auszeichnen, sondern aufrichten wollte. Er dachte beim Korrigieren meiner Arbeit während der Klausur sicherlich mehr an meine gekränkte Seele als an französische Grammatik.

Meine Mitschüler Bernhard, Lucky, Benni und Susanne hätten in fast allen Fächern ihre Klausuren eher abgeben und von den Lehrern korrigieren lassen können. Aber im Gegensatz zu mir blieben sie ruhig sitzen und warteten still, um die anderen nicht zu stören. Sie mussten nicht aufstehen, weil sie vorher nicht sitzengeblieben waren.

Wenn es etwas zu diskutieren gab, war ich vorne mit dabei. Einmal stellte uns unser Klassenlehrer die Aufgabe, uns einen Satz auszusuchen, den wir als Klasse an die Wand unseres Klassenraums schreiben wollten. Meine Mitschülerin schlug den Spruch vor: «Es gibt keinen Weg zum Frieden. Der Weg ist der Friede.» Mahatma Gandhi soll ihn gesagt haben. Ich meldete mich und erklärte, warum der Satz so nicht stimmte. Statt «Der Weg ist der Friede» müsse es «Denn Friede ist der Weg» heißen. Wieder spürte ich eine tiefe innere Genugtuung. Der Mitschülerin hatte ich es gezeigt.

Es dauerte Jahre, bis ich verstand, warum ich meine Stärken so dominant ausleben musste. Das Sitzenbleiben hatte mir einen derartigen inneren Schlag versetzt, dass ich keinen anderen Ausweg fand als Überheblichkeit. Ich erinnere mich aber an einen Augenblick noch in der Schulzeit, in dem ich eine Ahnung davon bekam, was ich tat. In der Kollegstufe waren zwei Prozesse prägend für mich. Mit einer Gruppe von Mitschülerinnen und Mitschülern setzten wir eine Debatte über das Schulkonzept in Gang. Es kam uns so vor, als ob die Leitlinien unserer Schule von vielen hohlen Phrasen geprägt wären. Wir wollten, dass das Schulkonzept sich mehr an der Realität orientierte, und stellten daher in jeder Klasse ab der Mittelstufe unseren Plan vor: Jeder Schüler und jede Schülerin sollte formulieren, wie sie die Schule erlebten, welche Aspekte des Schullebens sie kritisch sahen und was sie verändern wollten. Wir hängten einige Aussagen im Schulgebäude aus, zum Beispiel den Satz: «Die Schule sollte sich echt mal überlegen, wen sie ins Lehrerzimmer lässt!» Diesen Zettel mussten wir schnell wieder abhängen. Als Abschluss veranstalteten wir eine Podiumsdiskussion. Dabei verschwiegen wir, was uns der Schulleiter vorher mit auf den Weg gegeben hatte: Egal, welche Vorschläge wir erarbeiten, das Schulkonzept bleibt, wie es ist.

Der zweite Prozess war der Tod einiger Mitschüler. Ein Kollegiat starb im Jahr vor meinem Abitur bei einem Autounfall. Er knallte mit dem Wagen gegen eine Kapelle, die direkt neben der Straße steht. Eine Schülerin kam bei einem Unfall mit Wildschweinen ums Leben. Aus meiner Klasse verstarb ein Mitschüler an einem Hirntumor. Kurz nach dem Abitur nahm sich eine weitere ehemalige Mitschülerin von uns das Leben.

Bei einer Veranstaltung am Ende unserer Schulzeit wurden diese beiden Prozesse miteinander verwoben. Die Schule vergab jedes Jahr Preise für herausragende Leistungen und für vorbildliches Verhalten. Ein Mitglied der Schulleitung trat an das Rednerpult in der vollbesetzten Abteikirche und nannte den Namen des Hauptpreisträgers: Es war mein Klassenkamerad Matthias Müller. Wir nannten ihn Murx. Der Laudator beschrieb, warum niemand den Preis mehr verdient habe als er. Als unser Mitschüler Holger an einem Hirntumor erkrankte, fuhr Murx zu ihm und kümmerte sich um ihn, zusammen mit sechs anderen Mitschülern von uns. Sie besuchten ihn zuhause und im Krankenhaus und wichen nicht von seiner Seite, bis er starb. Murx und die anderen taten all dies ohne große Worte. Sie standen Holger bei, obwohl auch sie sich auf das Abitur vorbereiten mussten. Matthias wollte Medizin studieren und musste dafür einen guten Notendurchschnitt erreichen, was ihm tatsächlich auch gelang. Aber das wusste er noch nicht, als er am Krankenbett seines Klassenkameraden saß.

Matthias sagte nur wenige Sätze ins Mikrofon, nachdem er den Preis überreicht bekommen hatte. Das war auch nicht nötig. Das Getuschel in der Abteikirche hatte schon aufgehört, als der Lehrer beschrieb, was Matthias getan hatte. Auf die vielen Sterbefälle in diesen Jahren hatte einer von uns eine sehr direkte und gleichzeitig sehr stille Antwort gefunden. Er konnte den Tod unseres Klassenkameraden nicht verhindern, aber er konnte ihm beistehen. In dem Moment wurde mir klar, dass ich mit meinen Bemühungen um die Änderung des Schulkonzepts in einem anderen

Universum gelebt hatte. Meine Welt bestand aus Sätzen, Argumenten und Kritikpunkten, Murx' Welt aus einem Bett und einem Stuhl daneben. Ich habe den Unterschied zwischen Debatten und Erfahrungen nie wieder so deutlich gespürt wie in diesem Augenblick in der Abteikirche Münsterschwarzach vor 25 Jahren. Vielleicht begann an diesem Tag mein Versuch, den Debatten mehr Erfahrungen einzuverleiben oder den Erfahrungen in den Debatten mehr Raum zu geben.

Mehrere Jahre lang arbeitete ich mich an dieser Erfahrung ab. Die Preisverleihung hinterfragte mein Talent zum Reden. Dem Helfer Murx hatte das Direktorium die Auszeichnung verliehen, nicht dem Schwätzer Clemens. Ich wusste, dass diese Vorstellung nichts weiter war als eine Fantasie. Das Direktorium hatte sicher keinen Preis für die Organisatoren der Schulkonzept-Aktion vorgesehen. Diese von mir eingebildete Debatte im Direktorium hatte nicht stattgefunden. Aber die Vorstellung half mir, mein Talent zum Reden in Frage zu stellen. Sie lautet: Wem hilft deine Rhetorik?

Bevor ich eine Antwort finden konnte, musste ich mir erst darüber bewusst werden, welche Funktion das Sprechen in meinem Leben ausübte. Bald fand ich heraus, dass meine rhetorische Stärke mir eine Position in den Gruppen zu sichern hatte, denen ich angehörte: als kleiner Bruder von zwei großen Schwestern und großer Bruder eines kleinen Bruders und Sohn zweier schlagfertiger Lehrereltern, als Messdiener von St. Vitus und C-Jugend-Fußballer im TSV 1869 Rottendorf, als Kind unter vielen anderen Kindern in einer Neubausiedlung, als Gruppenmitglied und Gruppenleiter in einer katholischen Jugendgruppe.

Ich fand heraus, dass Sprache meine Stärke war. Doch ich erfreute mich nicht an meinem Talent wie meine Freunde, die immer besser beim Fußballspielen wurden und bald den Ball minutenlang in der Luft halten konnten. Mein rhetorisches Talent hatte eine andere Funktion. Es sollte mein Unterlegenheitsgefühl verdrängen. Wenn ich in Mathe und Physik ein besserer Schüler gewesen wäre, wenn ich ruhiger und selbstbewusster mit Mädchen hätte reden können, wenn ich zuhause nicht so viel hätte kämpfen müssen, hätte ich wahrscheinlich unser Schulkonzept nicht auf den Kopf stellen müssen. Ich argumentierte gegen meine Unsicherheit an. Die Zweifel waren laut, also musste meine Stimme lauter sein.

Mein Talent zum Debattieren musste sich in Debatten bewähren. Meine ersten Erfahrungen waren auch hier negativ. So wie auch ein talentierter Fußballer erst einmal von den Großen umspielt wird, wurden auch meine Beiträge in meinen ersten Diskussionsrunden mit zwei Sätzen vom Tisch gefegt. In meiner katholischen Jugendgruppe in Würzburg saß ich einmal als 15-Jähriger mit zwei Gruppenleitern zusammen. Sie diskutierten über eine Frage, die sich verboten anfühlte und die mich daher brennend interessierte. Warum dürfen in einer katholischen Messe Laien die Lesung lesen, aber nur Priester das Evangelium? Ich merkte, dass es gar nicht einfach war, überhaupt gehört zu werden. Denn die anderen beiden stritten miteinander und nicht mit mir. Ich fasste mir ein Herz und behauptete, dass die liturgische Regel falsch sei, da sowohl bei der Lesung als auch beim Evangelium Texte aus der Bibel vorgetragen würden. Und die dürfe und solle schließlich jeder von uns lesen und nicht nur vom Priester vorgelesen bekommen. Die beiden bügelten mein Argument mit dem Hinweis ab, dass im Evangelium Gott selbst zu Wort komme und es daher nur Priester sprechen dürften. Dies sei bei der Lesung nicht der Fall. Die beiden hatten mich mit Grundwissen in den Senkel gestellt. Zumindest das hätte ich wissen müssen.

Erst nach und nach gewann ich Sicherheit und Ruhe in Diskussionen. Doch es dauerte noch sehr lange, bis mir eine recht banale Erkenntnis geschenkt wurde: In Debatten sollte nicht das Ziel sein, zu gewinnen. Es sollte nicht darauf ankommen, den Gegner dumm dastehen zu lassen und sich selbst über ihn zu erheben. Ziel von Diskussionen sollte es sein, dass alle Beteiligten gewinnen. Wer rhetorisches Talent besitzt, sollte es dazu nutzen, die Gespräche am eigenen Arbeitsplatz, im eigenen Verein, in der eigenen Familie und in allen anderen Beziehungen konstruktiv

offen zu gestalten. Debattenbeiträge sollten die Welt verbes-
und nicht bloß die Debatte. Wenn ich mit Menschen spreche,
die sich von Berufs wegen an Debatten beteiligen, dann spüre ich
schnell, worin das Problem liegt. Ob Soziologen oder Historiker,
ob Berufspolitiker oder Stiftungsmitarbeiter, ob Linke oder Rechte:
Sie alle berichten über Diskussionen in aller erster Linie als Wett-
bewerbe. Wenn sie über wissenschaftliche Auseinandersetzungen
reden, dann sprechen sie zunächst einmal über Erniedrigungen
und Triumphe. Alle Geisteswissenschaftler*innen, die ich kenne,
sind auf Tagungen oder nach Vorträgen, in Rezensionen, bei Be-
gehungen von Sonderforschungsbereichen und in Herausgeber-
Sitzungen tief gekränkt worden. Sie beschreiben ihre Verletzungen jedoch nur sehr selten als Verletzungen. Sie schimpfen lieber
über die Dummheit der Kolleg*innen, die Stümperhaftigkeit der
Kommission, die Ahnungslosigkeit der Kritiker. Die Landes- und
Bundespolitiker*innen, die ich kenne, tun es den Wissenschaftler*innen oftmals gleich und lästern über die Idiotie oder Ignoranz der Regierung oder Opposition. Viele Journalist*innen im
Bekanntenkreis beschimpfen die Menschen, die sich über Facebook oder Instagram über das Weltgeschehen informieren, statt
diejenigen Medien zu lesen und zu hören, für die sie arbeiten.

Niemand erfährt in den Redaktionen so viel Mitleid wie Social
Media-Redakteure, die sich mit den Kommentaren der Hörer und
Zuschauer beschäftigen müssen. Kein Journalist, der es zu etwas
gebracht hat, muss sich noch mit Leserbriefen beschäftigen.

Ich erlebe Debattenräume zunächst einmal und überwiegend
als Wettbewerbsräume. Grüne wollen die Oberhand gegenüber
den Bauernvertretern behalten, israelfreundliche jüdische Intellektuelle möglichst viele Daumen-hoch-Zeichen für ihre Abferti-
gung von palästinafreundlichen jüdischen Intellektuellen erhalten
und Historikerinnen möglichst viel Zuspruch für ihre Forde-
rung nach einer Umbenennung des Historikerverbands in «Historiker*innenverband». In jedem dieser Konflikte kämpfen die
Klugen gegen die Dummen.

Meiner Beobachtung nach fehlt es den meisten Berufsdebattierern zunächst einmal an kritischer Selbstreflexion. Die meisten von uns verstehen nicht, wie sehr Angriffe von anderen uns verletzen und wie selbstverständlich wir auf das Angegriffensein mit Gegenangriffen reagieren, die oftmals keine andere Funktion haben als unsere Kränkung durch ein Triumphgefühl zu ersetzen. Wir geben vor, für Inhalte zu kämpfen. In Wirklichkeit kämpfen wir sehr häufig nur für unser Wohlbefinden.

Wenn wir unsere Gefühle beim Debattieren besser wahrnehmen würden, könnten wir schneller aus dem Teufelskreis von Angriff und Gegenangriff aussteigen. Dann würden wir besser verstehen, warum wir auch in Debatten auf eine Klimakatastrophe zusteuern. Oft lese ich, wir würden uns alle nur noch in unseren kleinen Filterblasen aufhalten und gar nicht mehr mit Andersdenkenden sprechen. Daher sei das Debattenklima so schlecht. Aber die Tatsache, dass wir alle in unseren kleinen eigenen Welten leben, ist noch kein Grund dafür, warum wir uns nicht mehr miteinander streiten. Eine starke Ausdifferenzierung erlaubt keinen Rückschluss darauf, dass die einzelnen ausdifferenzierten Gruppen nicht mehr miteinander kommunizieren wollen. Meiner Ansicht nach ist für die mangelnde Dialogfähigkeit vielmehr verantwortlich, dass sich die Mitglieder der verschiedenen Gruppen ständig kränken und verletzen. Die schlauesten Leute in unserem Land teilen Videos von Talkshow-Auftritten, in denen ein Politiker dem anderen die Meinung geigt. Herausragende Denker in Deutschland bejubeln einen kurzen rhetorischen Triumph ihres Lieblingspolitikers wie ein Fußballfan ein Tor des eigenen Stürmers. Aber jetzt muss auch die Verteidigung stehen. Sonst ist der Sieg dahin.

Oft lese ich bei linksliberalen Debattenteilnehmer*innen: Man dürfe den Rechten keine Bühne geben. Wenn ich mir vorstelle, mit gestandenen Landes- oder Bundespolitiker*innen rechtsradikaler Parteien auf einem Podium zu sitzen, dann regt sich bei mir recht schnell ein mulmiges Gefühl. Ich würde mich davor fürchten, dominiert zu werden, obwohl ich viel Erfahrung in der öffentlich geführten Debatte habe und die wichtigsten Zusammenhänge kenne. Trotzdem hätte ich Angst vor einem Video, das mich in einer Talkshow zeigt, wie meine Argumente von einem AfD-Politiker entkernt werden. Die Vorstellung, dass meine Erniedrigung millionenfach geteilt und beklatscht wird, würde mir den Schlaf rauben. Wenn wir sagen, wir wollen den Rechten keine Bühne geben: Meinen wir damit nicht eigentlich, wir wollen unserer eigenen Unterlegenheit keine Bühne geben?

Die Regel im Debattenraum scheint einfach zu sein: Alles, was dem eigenen Lager nutzt, ist gut. Alles, was dem Gegner schadet, ebenso. Die meisten Politiker*innen auf Landes- und Bundesebene sind zu stark im Meisterschaftskampf gefangen, um zu merken: Die allermeisten Menschen in unserem Land wollen Gespräche nicht gewinnen. Ein Feuerwehrmann will in einem Einsatz nicht triumphieren und ein Arzt mit seiner Behandlung seinen Kollegen nicht übertrumpfen.

Außer einer von ihnen ist Internist und der andere Chirurg, habe ich mir sagen lassen. Die meisten Menschen wollen gute Erfahrungen in der Gruppe machen, zu der sie gehören, und haben nur ein recht geringes Interesse daran, Gruppen zu demütigen, denen sie nicht angehören. Die meisten Menschen spüren lieber Kompetenz als Konkurrenz.

Wir Teilnehmer*innen des Debattenraums verstehen meiner Ansicht nach zu wenig, wie sehr ungerechte Kritik uns kränkt und wie tief wir von Abwertungen getroffen werden. Wir bräuchten ein Empfinden dafür, dass Anklagen uns in unserer professionellen Kompetenz angreifen und wir uns deswegen so oft aus Debatten zurückziehen müssen. Wir alle suchen in dem Ozean von Kompetenzen, die uns umgeben, eine feste Insel. Wir alle brauchen dieses eine Feld, in dem wir angesehen und in dem wir gefragt sind. Wenn wir selbst auf unserer winzigen Insel angegriffen werden, dann können wir nichts anderes tun als uns zu verteidigen. Wir sind dazu nicht in der Lage, den Angreifer zu würdigen. Wir begeben uns unweigerlich in den Kampfmodus. Da in unserer derzeitigen Art der Debattenführung sofort die Kompetenzen der Debattenteilnehmer in Frage gestellt werden, kann keine sachliche Auseinandersetzung mehr stattfinden. Wer um sich selbst kämpfen muss, kann nicht gleichzeitig für das bessere Argument kämpfen.

BRÜCKEN ÜBER DAS KÖNIGSFLIESS UND IN DEN ERFAHRUNGSRAUM

Manchmal wurde ich zu Veranstaltungen mit jungen Geistes- und Sozialwissenschaftler*innen eingeladen, die eine Karriere außerhalb der Universität anstreben. Die meisten unter ihnen befanden sich in der Abschlussphase von Studium oder Promotion. Sich auf die Ochsentour einer Professorenlaufbahn einzulassen, war vielen zu unsicher. In einem Museum oder einer Stiftung zu arbeiten, strebten schon mehr von ihnen an. Aber auch die Stellen dort sind begrenzt. Sich von einer Werbeagentur anstellen zu lassen, kam der Mehrheit zu oberflächlich vor. Den Journalismus fanden viele wegen der schlechten Bezahlung und der ebenfalls schwierigen Stellensituation wenig attraktiv. Aber die Vorstellung, Geschichte oder Gesellschaftspolitik für die Öffentlichkeit aufzubereiten, gefiel den meisten. Also luden sie Personen ein, die versuchten, Forschungsergebnisse in verständlicher Sprache und gut gestaltet in die Öffentlichkeit zu tragen und damit ihren Lebensunterhalt zu verdienen.

Ein großes Augenmerk legten die jungen Kolleginnen und Kollegen immer auf das Thema Akquise: Wie gewinnen Sie neue Auftraggeber? Manchmal erzählte ich ihnen dann eine Geschichte, die ich tatsächlich erlebt hatte: Im Jahr 2014 machte ich eine Firma ausfindig, die im kommenden Jahr ein Jubiläum feiern sollte. Wenn man die Gründungsjahre der Unternehmen kennt, kann man leicht errechnen, wann diese Firmen ihr 100-jähriges oder ihr 150-jähriges Jubiläum feiern werden, und rechtzeitig vorher anrufen. Bei dieser Firma rief ich an und fragte, ob sie Interesse daran hätten, ihre Geschichte im Jubiläumsjahr einer breiteren

Öffentlichkeit bekannt zu machen. Die Assistentin des Geschäftsführers, die ich am Apparat hatte, beantwortete die Frage mit Ja. Aber sie musste sich erst darüber informieren, ob sie mit der Leistung schon eine Agentur oder eine Einzelperson beauftragt hätten oder nicht. Also rief ich eine Woche später wieder an. Die Dame sagte mir, dass ein ehemaliger Mitarbeiter eine Jubiläumschronik verfassen wollte. Das wisse sie von ihrem Chef. Ob der Rentner diesen Plan aber tatsächlich in die Tat umsetzen würde, wäre nicht ganz klar. Ich sollte mich also in vier Wochen noch einmal melden. Nach vier Wochen rief ich wieder an und erfuhr, dass der ehemalige Mitarbeiter sich die Umsetzung doch nicht zutraute. Aber er habe einen Freund gefragt, der sich sehr für Geschichte interessiere. Meine Frage, ob der Bekannte des Rentners denn auch in der Firma gearbeitet habe, verneinte die Assistentin. Aber es sei wieder nicht klar, ob der Freund des ehemaligen Mitarbeiters die Schrift tatsächlich verfassen würde. Ich meldete mich einige Male innerhalb des nächsten Vierteljahres und wurde immer wieder vertröstet. Der ältere Herr hatte seine Entscheidung noch nicht getroffen. Nach einem knappen halben Jahr rief ich wieder an. Inzwischen musste ich mich sehr stark selbst motivieren, bevor ich die Nummer der Firma wählen konnte. Ich sagte mir immer wieder, dass ich nichts von dem persönlich nehmen dürfe. Meine Freunde unterstützen mich darin, waren aber vor allem sehr gespannt, wie es weitergehen würde, weil sie die Geschichten so zum Lachen brachten. Ich rief erneut an und erfuhr: Der Geschäftsführer wollte mich sehen. Tatsächlich erhielt ich den Auftrag. Aber der Vertrag kam erst zustande, nachdem der Bekannte des ehemaligen Mitarbeiters seine Zusage zurückgezogen hatte.

Die Studierenden liebten Geschichten aus der Praxis, fanden das, was ich ihnen erzählte, aber auch eher abschreckend. Ich sagte ihnen, dass in den ersten Jahren meiner Selbständigkeit meine Quote von kontaktierten Firmen zu Firmen, die mich beauftragten, bei 1:100 lag. Ich musste 100 Gespräche führen, E-Mails verschicken, in vier Wochen wieder anrufen und bitte noch einmal meinen Namen sagen, um einen einzigen Auftrag zu bekommen.

Ich erklärte ihnen auch, dass die Quote sich zwar verbessert habe. Aber die Phase der Absagen und der Zurückweisungen, des Desinteresses und der Kränkung lasse sich meiner Erfahrung nach leider nicht überspringen.

Ich fragte manchmal in die Runde, wer sich schon einmal an die Straße gestellt und den Daumen herausgehalten habe. Wer trampt, der erlebt, wie man sich als Freiberufler in der Akquisephase fühlt. Man muss sich exponieren, um gesehen zu werden. Alle beobachten dich und finden es interessant, was sie sehen. Es lenkt sie für einen kurzen Augenblick von ihrem tristen Alltag ab. Aber sie können nicht abschätzen, was es für sie bedeutet, dich einsteigen zu lassen. Sie wissen nicht, ob sie sich mit dir unterhalten wollen und ob sie genug Platz für dich haben. Also fahren sie weiter. Manche winken dabei noch freundlich.

An der Straße zu stehen, sei kein schönes Gefühl, erkläre ich dann. Aber wenn es eine Straße ist, an der Menschen vorbeifahren könnten, die einen bereits kennen oder zumindest schon mal gesehen haben, dann macht wahrscheinlich schneller jemand die Tür auf als in einer völlig fremden Gegend.

Ich hätte den Studierenden auch einfach erklären können, dass Akquise anstrengend und verunsichernd ist. Aber ich weiß noch aus dem Kommunionsunterricht bei meiner Mutter in Rottendorf, dass Jesus auch immer Geschichten erzählt und Vergleiche gezogen hat. Also versuchte ich das auch.

Wenn mir die Studierenden grundsätzlich zustimmten, stellte ich ihnen die Frage: Habt Ihr schon die Firmen, die Vereine und Verbände, die Netzwerke und Stiftungen in Eurem Heimatort angesprochen? In den meisten Fällen verneinten die künftigen Kollegen die Frage nicht nur. Oft erklärten sie mir, dass sie diese Frage zum ersten Mal gehört hätten. Nur wenn in der eigenen Heimat eine große Firma ihren Sitz hat, dann haben manche sich dort schon einmal vorgestellt. Aber mittelständische Unternehmen, lokale Vereine, regionale Netzwerke und Verbände hatten die wenigsten von ihnen kontaktiert.

Wenn ich das Verhalten der jungen Absolvent*innen beob-

achte, dann fällt mir auf, dass sich viele zu Netzwerken von Gleichgesinnten zusammenschließen. Ob es sich um Gestalter*innen
oder Schauspieler*innen, Grafiker*innen und Fotograf*innen,
Historiker*innen und Sozialwissenschaftler*innen handelt: Die
meisten treten am Ende des Studiums oder zu Beginn der Berufs-
tätigkeit in Verbände ein oder schließen sich Interessenvertretungen an. Für meinen Bereich, die Angewandte Geschichte, existiert
seit 2012 eine Arbeitsgemeinschaft im Historikerverband. Einige
Jahre später gründete sich hieraus die Gruppe der «Studierenden
und Young Professionals».

Interessenvertretungen wie diese sind überaus sinnvoll. Schwierigkeiten gemeinsam zu besprechen, Pläne mit anderen auszuhe-
cken, aus Fehlern der anderen lernen: All das ist wichtig. Gerade
in der Anfangszeit des Berufslebens braucht jeder und jede das
Gefühl, nicht allein zu sein. Ich selbst habe in den ersten Jahren
viel Zeit damit verbracht, mich mit anderen Gründern auszutauschen und von ihnen zu lernen. Und doch nehme ich bei den
meisten dieser Netzwerke eine gewisse Abkopplung von den Orten wahr, in denen die Berufseinsteiger leben oder aus denen sie
stammen. Die meisten jungen Kollegen von mir treffen sich wahrscheinlich eher mit anderen Absolventen aus der ganzen Republik
oder sogar mit anderen Absolvent*innen desselben Faches aus
Frankreich, Spanien und Polen als mit möglichen Auftraggebern
in ihrem Heimatort. Mein Eindruck ist, dass die Vernetzung mit
Gleichgesinnten einen weitaus größeren Raum einnimmt als die
Kundengewinnung. Manchmal habe ich das Gefühl, dass sowohl
Geistes- und Sozialwissenschaftler als auch Kreative diese Begegnungen scheuen. Als würde die mögliche Absage oder das grundsätzliche Desinteresse das eigene Selbst so verunsichern, dass man
die Erfahrung lieber vermeidet. Die Selbstverständigung nimmt
einen viel größeren Raum ein als der Kontakt zu denen, auf deren
Einwilligung man angewiesen ist.

Vor einigen Jahren hat mir eine dänische Frau erklärt, wie die
klügsten und attraktivsten Männer in ihrem Land vorgehen, um
eine Partnerin zu finden: «Wenn ein dänischer Mann eine Frau

kennenlernen will, liest er einen Ratgeber, der ihm erklärt, wie man Frauen kennenlernt.» Genauso gehen viele junge Absolventen vor, wenn sie Auftraggeber finden wollen.

Um die persönliche Niederlage im Gespräch mit kleinen Firmen vor Ort zu umgehen, wenden sich junge Menschen oft gerne direkt an Großkonzerne und große Agenturen. Dabei wären die lokalen Unternehmen häufig einfacher zu überzeugen, die Dienste eines Historikers oder Politikwissenschaftlers in Anspruch zu nehmen. Der Weg, Dienstleister bei einem Konzern zu werden, ist viel länger und steiniger. Kleine Firmen erteilen auch jungen und weniger erfahrenen Experten einen Auftrag, weil sie nicht so oft angefragt werden wie die großen. Darin liegt eine große Chance. In Dessau und Siegen sind die Chancen wahrscheinlich größer als in Hamburg und München. Doch in meiner Beobachtung werden kleine Firmen selten von den Absolventen kontaktiert, die aus dem Ort oder der Region stammen. Das Unbekannte bereitet manch jungen Menschen offenbar weniger Angst als das Eigene.

Die Folge dieser Entfremdung der Kreativen und Geistes- und Sozialwissenschaftler von den Orten ihrer Kindheit habe ich in unseren Einzelprojekten zu spüren bekommen. Konkret manifestiert hat sich die Distanzierung in zwei Phasen unseres Projekts: bei der Recherche und bei der Präsentation. In allen Orten haben wir zu Beginn nachgesehen, welche Publikationen es über den Ort in der Zeit des Nationalsozialismus bereits gibt. Dabei war auffällig, dass die meisten Veröffentlichungen älter als 20 Jahre sind und von meist älteren Heimatforschern verfasst wurden. Diese Lokalhistoriker haben oftmals ein Erbe hinterlassen, das von den Jungen nicht weiterbearbeitet wird. Tatsächlich beschäftigen sich die wenigsten Historiker-Kolleg*innen von mir mit der Geschichte ihres Heimatortes. Es ist eine banale Feststellung, verdient aber in diesem Zusammenhang durchaus Beachtung: Kaum ein Historiker hat die Geschichte der eigenen Familie im Nationalsozialismus aufgearbeitet und dazu eine Veröffentlichung vorgelegt. Da über die Orte in der Regel wirklich gut geschriebene, wenn auch ältere Arbeiten vorlagen, besaßen unsere eigenen Recherchen ein solides Fundament.

Anders sah es aus, als wir für die Produktion nach Kreativen gesucht haben. In allen Orten haben wir entweder eine Ausstellung oder einen Dokumentarfilm und in einem Fall einen Podcast produziert. Also haben wir vorher nach Gestalter*innen und Filmemacher*innen, nach Ausstellungsmacher*innen und Fotograf*innen gesucht. Dazu haben wir in den Workshops gefragt, ob ihnen jemand aus dem Ort bekannt sei, der diese Aufgaben für uns erledigen würde. Es entsprach unseren Arbeitsprinzipien, so viele Leistungen wie möglich von Unternehmen vor Ort übernehmen zu lassen. Zu unserer Überraschung sahen wir meist in lange Gesichter, wenn wir in der Runde nach Grafiker*innen fragten. Dies galt nicht nur für kleine Dörfer wie Heynitz oder Neuenbürg. Auch in Städten wie Oerlinghausen und Pfungstadt, in Radeberg und Dömitz kannten die Vereine keine Designer aus dem Ort, mit denen sie schon zusammengearbeitet hatten. Es kursierten zwar Namen, aber es bestanden keine Kontakte zu diesen Personen.

Also mussten wir über unsere Netzwerke in der ganzen Republik nach Kreativen suchen, die wir vor Ort brauchten. Ein Gestalter aus meinem Bekanntenkreis konzipierte Ausstellungen und Podcasts für Oerlinghausen, Marburg, Radeberg und Pfungstadt. Er stammt aus einem Vorort von Münster, lebt seit 25 Jahren in Berlin und hat kaum mehr Kontakte in seine alte Heimat.

Eine große Ausnahme stellte in dieser Hinsicht die Ausstellung in St. Georgen dar. Als im Workshop die Frage aufkam, wen wir mit der Gestaltung der Ausstellung beauftragen sollten, fiel sofort ein Name: Ralf Biller. Dieser Ralf Biller wohnt im fernen Berlin-Neukölln. Aber er hat bis zu seinem 20. Lebensjahr im Turnverein Handball gespielt und noch während seiner aktiven Karriere als Trainer für die ganz Kleinen gearbeitet. Ralfs Onkel Heinz Biller leitete Jahrzehnte lang die Handballabteilung. Onkel Heinz, den alle «Kalle» nennen, wurde kürzlich für seine 65-jährige Vereinsmitgliedschaft geehrt. Ralf Biller und seine Freundin Andrea Weißer, die als Innenarchitektin arbeitet, stammen aus St. Georgen, sind vor 16 Jahren ins ferne Berlin gezogen und haben dennoch den Kontakt zu ihrem Heimatort nicht verloren. Zwar fahren sie inzwischen nur noch in den Ferien in den Schwarzwald und sind beide nicht mehr in Vereinen aktiv. Aber ihr Name ist bekannt. Also stand fest: Ralf Biller soll unsere Ausstellung gestalten.

Am Tag der Ausstellungseröffnung besuchte ich die Klasse von Ralf Billers Schwester Sonja Biller-Köpplin. Mit einer ihrer 9. Klassen in der Robert-Gerwig-Schule sprach ich über das Projekt und lud die Schülerinnen und Schüler ein, die Ausstellung zu besuchen und mir darüber zu berichten. Die Klasse verbrachte nicht nur Zeit in der Ausstellung «Verdrängt, verdeckt, vergessen. St. Georgen im Nationalsozialismus», die mehrere Monate lang im Rathaus zu sehen war. Sie schrieben auch einen Artikel im Rahmen eines Schüler-Zeitungs-Projekts der lokalen Tageszeitung Schwarzwälder Bote.

Als ich hörte, dass beim Aufbau Not am Mann war, rief ich Ralf an und fragte ihn, ob er jemanden in St. Georgen kenne, der die Stelen mitaufbauen könnte. Er fragte zwei alte Freunde. Kurze Zeit später führte ich ein Videogespräch mit Gregor, der eigentlich Sven heißt, und Peter, den alle Pude nennen, und natürlich Ralf, den nur seine große Schwester Ralfi nennen darf. Gregor und Pude sind in St. Georgen geblieben und haben inzwischen eine kleine Baufirma gegründet. Sie waren viel beschäftigt und wollten möglichst präzise wissen, was sie zu tun hatten. Ralf und ich gaben den beiden eine Aufbauanleitung. Sie hörten zu, nickten, stellten ein paar Fragen und sagten daraufhin sofort zu, dass die Stelen innerhalb von zwei Tagen stehen würden. Als ich ihnen anbot, ein Honorar zu zahlen, winkten sie ab. Zwar erledigten sie die Arbeit sicherlich auch für das Projekt, aber vor allem machten sie mit, weil ihr alter Kumpel Ralf sie um etwas gebeten hatte. Von seinen alten Freunden nimmt man kein Geld, wenn die Arbeit schnell erledigt ist. Sollten Gregor und Pude doch bezahlt werden wollen, mögen sie sich bitte an ihren Freund Ralf wenden. Schließlich war es seine Idee, sie zu fragen.

St. Georgen stellte eine Ausnahme dar. In den meisten Einzel-

projekten betrauten wir Dienstleister mit den Leistungen, die wir
über unsere Netzwerke oder über Suchmaschinen fanden. Die
meisten lebten Hunderte Kilometer weit von den Gemeinden entfernt, für die sie arbeiteten.

Eine Entfremdung der jungen Menschen von ihrem eigenen
Heimatort beobachte ich nicht nur im Kulturbereich. Noch stärker ist mir das Phänomen im Bereich Klimaschutz aufgefallen.
In sehr vielen Orten, die wir besucht haben, kämpfen die Vereine
um Nachwuchs. Auch die Obst- und Gartenbauvereine haben in
vielen Gemeinden so große Nachwuchssorgen, dass sie ihre Aktivitäten drastisch reduzieren müssen. Bei diesen Vereinen fällt mir
der Mitgliedermangel am deutlichsten auf, weil sich die Ziele der
Obst- und Gartenbauvereine mit den Vorstellungen vieler meiner
linksliberalen Freunde und Bekannten decken: Wir müssen stärker aktiv werden für den Klimaschutz.

Würde ich meinen Bekannten und Freunden vorschlagen, in
den Obst- und Gartenbauverein ihres Heimatdorfes oder ihres
jetzigen Wohnortes einzutreten, dann hätte der Vorschlag sicher
eine facettenreiche Debatte, aber keine Eintritte zur Folge. Denn
in meinem näheren Umfeld erlebe ich Klimaschutz in allererster
Linie als Debattenthema, nicht als Handlungsfeld.

Dieser Deutung würden sicherlich viele Bekannte und Freunde
widersprechen. Sie würden sagen, dass sie nicht nur über Klimaschutz diskutieren, sondern versuchen würden, in ihrem Umfeld
konkret etwas zu bewirken. In der Tat kenne ich viele Initiativen,
auch in meinem direkten Umfeld. Einer meiner Nachbarn und
Freunde kämpft dafür, dass sein Stadtviertel in Nordneukölln für
Autoverkehr unattraktiver gestaltet wird, indem flächendeckend
Einbahnstraßen eingeführt werden. Einige Bekannte aus dem
Kulturbereich haben sich mit ihren Organisationen dem Netzwerk «Culture4Climate» angeschlossen. Im Rahmen dieses Programms tauschen sich Kulturbetriebe untereinander und mit lokalen Akteuren außerhalb der Kulturbranche aus, um sich für eine
Reduzierung des CO_2-Verbrauchs einzusetzen. Wieder andere be-
schäftigen sich wissenschaftlich mit dem Thema. Gerade in den

Geistes- und Sozialwissenschaften befindet sich Klima als For-schungskategorie geradezu in einem Höhenflug und wird mit al-len möglichen anderen Kategorien wie Geschlecht, Demokratie und Medien in Beziehung gesetzt. Selbstverständlich versuchen die allermeisten meiner Bekannten und Freunde, in ihrem Le-bensalltag möglichst wenige Ressourcen zu verbrauchen.

Aber die Maßnahmen, die in meinem linksliberalen Umfeld mit Abstand die stärkste Aufmerksamkeit erfahren, sind Klima-schutzproteste. Kaum eine Feier verging in den vergangenen Jah-ren, auf der wir nicht ausführlich über den Sinn oder Unsinn der Klimaaktivisten auf den Straßen debattiert hätten. Jeder linkslibe-rale Großstädter, der auf einer Vernissage oder Premierenfeier nicht dumm dastehen möchte, muss die Unterschiede zwischen «Fridays for Future» und der «Letzten Generation» kennen, die Er-gebnisse der letzten Gerichtsverhandlungen gegen Klimaaktivis-ten gelesen haben und die Berichterstattung der Springer-Presse kritisch beurteilen können. Geistes- und Sozialwissenschaftler*in-nen sollten den Friedensbegriff der friedlichen Aktivisten gegen konservative Stimmen verteidigen können.

Mein persönlicher Eindruck ist, dass eine Mehrheit des links-liberalen Milieus die Demonstrationen für Klimaschutz und die Proteste der Klimaaktivisten bereits als Tat verstehen. Einige mei-ner Gesprächspartner vermittelten mir sogar den Eindruck, als würden sie durch ihr entscheidendes Argumentieren für strengere Maßnahmen bereits ihren CO_2-Fußabdruck vermindern. Die Vorstellung von der Debatte als Aktion ist ein weit verbreitetes Phänomen in meinem Milieu.

Die Maßnahmen des Rottendorfer Obst- und Gartenbauver-eins sehen dagegen ganz anders aus. Im Zentrum der Tätigkeiten stehen Arbeiten. Gesprächsformate gibt es, sogar über Klima-schutz-Politik, aber deutlich weniger als Arbeitseinsätze. Über das Jahr hinweg übernimmt der Verein zahlreiche Tätigkeiten. Die Mitglieder pflegen drei Mal pro Jahr das Pflanzfass am Krieger-denkmal. Sie übernehmen den Heckenschnitt am alten Kinder-garten am Marienheim, mähen dort den Rasen, pflanzen Sträucher und Bäume und halten das Hochbeet in Schuss. Die Kinder aller Rottendorfer Kindergärten bekommen im Frühling Pflanztöpfe mit Sonnenblumen und Kürbissamen. Der Verein reinigt 150 Nistkästen in der Gemeinde und besorgt den Schnitt der Bäume auf der Streuobstwiese am Waldrand und der Obstbäume an unserer Kapelle, genannt «Käppele», die außerhalb des Ortes auf einem Hügel liegt. Zum «Käppele» hinauf führt ein Kreuzweg. Auch den hält der Verein instand und mäht den Rasen um die kleine Kapelle. Die Vereinsmitglieder schneiden die Hecke an der evangelischen Friedenskirche und pflegen die Pflanzen an der katholischen St. Vituskirche. Schließlich streicht der Verein regelmäßig alle 32 von ihm selbst aufgestellten Ruhebänke.

Warum also treten nicht mehr ehemalige Dorfkinder, die in Hamburg oder Berlin leben, in die Obst- und Gartenbauvereine ihrer Heimatorte ein? Auf den ersten Blick stehen diesem Schritt vor allem praktische Gründe entgegen. Vereine arbeiten lokal. Mitglieder, die nie erscheinen, sind nichts weiter als Karteileichen. Viele von uns empfinden den Heimatort zudem als eng und mussten sich schon vor vielen Jahren aus der empfundenen Enge befreien. Doch dies können nicht die einzigen Gründe sein. Denn sonst würden Zugezogene in die Obst- und Gartenbauvereine ihrer neuen Wohnorte eintreten.

Rottendorf ist sehr beliebt bei Neuankömmlingen, hat viele Bauplätze verkauft, eine neue Kindertagesstätte eröffnet und seinen Bahnhof renoviert, von dem aus man in sechs Minuten zum Würzburger Hauptbahnhof fährt. In Rottendorf leben traditionell viele zugezogene Universitätsmitarbeiter, weil ein Großteil der Unigebäude in zehn Minuten mit dem Auto zu erreichen ist. Doch offenbar tritt auch von den Neuen niemand in unseren Obst- und Gartenbauverein ein. Aus meinem Bekanntenkreis ist niemand Mitglied in einem naheliegenden Verein geworden. Die Gründe können nicht nur praktischer Natur sein. Wahrscheinlich passt die praktische Arbeitsweise nicht zu unserem Selbstverständnis.

In den Gesprächen mit meinen Freunden und Bekannten ist mir eine Formulierung immer wieder begegnet. Man müsse die

Regierung, man müsse die konservativen Parteien, man müsse auch die vielen Menschen überzeugen, die immer noch nicht die Gefahr des Klimawandels begriffen hätten. Die Klimaschutzproteste seien Teil dieser Überzeugungsarbeit und die Überzeugung wiederum die Voraussetzung für entsprechende Gesetzesinitiativen. Viele meiner Bekannten sind befremdet und wütend darüber, wie viele Menschen noch nicht von den Gefahren des Klimawandels überzeugt seien. Dabei seien die Fakten seit Jahrzehnten bekannt.

Veränderte Überzeugungen werden in meinem Milieu als Voraussetzung für alle weiteren Schritte betrachtet. Die Debatte wird dadurch unverzichtbar, denn nur durch die Diskussion können sich Überzeugungen verändern. Aus diesem Grund werden lokale Initiativen wie Obst- und Gartenbauvereine schnell übersehen. Denn ihr Fokus liegt auf der lokal begrenzten, regelmäßigen Arbeit. Die meisten meiner Bekannten und Freunde hätten wahrscheinlich gar nicht das Gefühl, etwas für den Klimaschutz zu unternehmen, wenn sie Obstbäume schneiden und Ruhebänke streichen würden. Denn der Heckenschnitt fühlt sich nicht danach an, als würde man aktiv etwas für den Schutz unserer Natur unternehmen. Ich denke, viele meiner Bekannten und Freunde würden die Arbeit als nutzlos empfinden, während sie gestärkt und motiviert von Demonstrationen zurückkehren.

Die Lautstärke der Debatte und ihre mediale Sichtbarkeit verdeckt ein einfaches, aber folgenreiches Phänomen. Die meisten Menschen verändern ihr Verhalten nicht durch Argumente, sondern durch veränderte Erfahrungen.

Die Möglichkeit einer anderen Erfahrung im Umgang mit der NS-Geschichte war einer der wichtigsten Bausteine für die Projektarbeit. Wir haben die Menschen in den Kleinstädten und Dörfern zu Beginn jedes Projekts gebeten, ihre persönlichen Erinnerungsgegenstände aus der NS-Zeit zum ersten Treffen unserer Gruppe mitzubringen. Damit erfuhren die Bürger*innen die Zeit des Nationalsozialismus ganz anders, als sie es gewohnt waren. Bisher hatten sie über die NS-Zeit in der Schule und in der Ausbildung, im Fernsehen und Radio, im Gottesdienst und in Reden gehört. Von Kindesbeinen an sollten sie etwas aus der Geschichte lernen. Lehrer und Ausbilder, Eltern und Pfarrer erwarteten von ihnen, dass sie sich für die Werte einsetzen sollten, die in der Zeit zwischen 1933 und 1945 mit Füßen getreten worden waren. Aber noch niemand hatte sie darum gebeten, ihre eigenen Erinnerungen und Erinnerungsstücke zur Verfügung zu stellen. Diesen Objekten war bislang keine Beachtung geschenkt worden. Denn für die Vermittlung des Wissens und der Werte waren die eigenen Feldpostbriefe nicht wichtig und das eigene Fotoalbum nicht relevant. Nun machten wir den Menschen vor Ort klar, dass wir genau diese Objekte und Erinnerungen unbedingt für das bräuchten, was wir im Projekt vorhatten. Ohne Feldpostbriefe aus Pfungstadt wäre eine Stele über die Soldaten von Pfungstadt an der Ostfront nicht vermittelbar gewesen. Ohne die Erinnerungen des Enkels an die Zwangsarbeiter auf dem eigenen Hof hätten wir die Sequenz über Zwangsarbeit in Heynitz nicht drehen können. Bisher hatten die meisten Menschen NS-Geschichte gehört, gesehen und gelesen. Nun konnten sie NS-Geschichte erzählen, darstellen und schreiben. Die Menschen machten einfach eine ganz andere Erfahrung mit der Zeit des Nationalsozialismus, als sie es gewohnt waren.

Auf diese Weise versuchten wir, dem oft beschriebenen Überdruss entgegenzuwirken. Oftmals wird die mangelnde Bereitschaft, sich mit der NS-Zeit zu beschäftigen, politisch interpretiert. Doch meiner Beobachtung nach ist Überdruss häufig nichts anderes als ein Überdruss an Rezeption, nicht am Thema. Vor einiger Zeit habe ich unseren zehnjährigen Sohn gefragt, ob er sich mit mir eine Reportage über Greta Thunberg anschauen würde. Er lehnte vehement ab. Er wollte nicht schon wieder etwas über Greta hören. Denn seit Beginn seiner Schulzeit hatte jede seiner Lehrerinnen Greta Thunbergs Wirken mit ihnen besprochen. Immer wieder lernten sie die Proteste der Schwedin kennen und immer wieder sollten sie dieselben Schlüsse daraus ziehen: Kinder können sehr wohl etwas bewirken. Aus einer kleinen Gruppe kann eine große Bewegung werden. Es lohnt sich, sich für Ziele einzusetzen, die einem zunächst unerreichbar vorkommen. Seit fünf Jahren hatten alle Lehrer*innen genau diese Botschaften vermitteln wollen. Sogar die Erzieher in der Kindertagesstätte hatten den Vorschulkindern von dem Mädchen aus Schweden erzählt. Der Name Greta löste inzwischen nur noch Überdruss aus: lieber gar nicht fernsehschauen als Greta schauen.

Ihr Name löste Abwehrreaktionen in meinem Sohn aus. Wenn er aber die Möglichkeit hat, Setzlinge in den Waldboden zu pflanzen, wenn er mit der Schubkarre Mutterboden in den Schulgarten karrt, wenn er aus einem Beet Kartoffeln erntet, dann ist er schnell zu begeistern. Vorausgesetzt, er hat seine Bildschirmzeit an diesem Tag schon verbraucht. Daher müssen wir sehr genau überprüfen, ob Menschen etwas nicht mehr hören können oder ob sie etwas nicht mehr machen wollen. In meiner Beobachtung können Menschen das Thema Nationalsozialismus oft einfach nicht mehr hören, haben aber noch nicht ein einziges Mal in ihrem Leben an einem Projekt zur Aufarbeitung mitgemacht. Die eigene Familiengeschichte haben die wenigsten aktiv erforscht.

In den Debatten, die ich verfolge, wird auch von Expertinnen und Experten häufig angenommen, dass Jugendliche das Interesse für die NS-Zeit verloren hätten. Wissenschaftler*innen, Journalist*innen, Stiftungsmitarbeiter*innen und Politiker*innen können sich aber oftmals schlicht nicht vorstellen, welch enorme Bedeutung Erfahrungen im Leben von Menschen spielen und welch geringe Bedeutung Debattenbeiträge für die Herausbildung einer eigenen Haltung haben. Menschen, deren Beruf es ist, Diskussionen im öffentlichen Raum zu führen, haben oft Schwierigkeiten, sich vorzustellen, dass sehr viele Menschen in Deutschland sämtliche Begriffe aus dem Wortfeld «Sprechen» abwertend meinen.

Wie oft habe ich von Leuten auf dem Land den Satz gehört, Politiker würden doch nur reden und nichts machen. Ich habe die Aussage immer als Ausdruck eines wie auch immer entstandenen Frusts gedeutet. Da ich selbst mit Politiker*innen bekannt bin, habe ich manchmal darauf hingewiesen, dass die meisten Berufspolitiker sehr fleißige Menschen seien. Oft habe ich hinzugefügt, dass politische Beschlüsse fast immer auf Kompromissbildungen beruhten und Veränderungen oft nicht sofort gespürt werden könnten. Bei aller verständlichen Kritik an unserem politischen System habe ich es gegenüber jenen verteidigt, die behauptet haben, Politiker würden nur reden.

Erst durch dieses Projekt ist mir klar geworden, was viele Menschen offenbar mit der Abwertung des Redens meinen. Im Sommer 2019 formulierte ich erstmals einen Werbetext, mit dem wir Teilnehmer*innen für unser Pilotprojekt gewinnen wollten. In unserem ersten Projekt haben wir mit vier Freiwilligen Feuerwehren die NS-Geschichte der Feuerwehr aufgearbeitet. In dem Entwurf lud ich die Feuerwehrleute ein, an dem Projekt teilzunehmen, um über einen Teil der Geschichte zu sprechen, der lange Zeit Scham oder Sprachlosigkeit ausgelöst habe, und um miteinander über ein schwieriges Thema in einen Austausch zu kommen. Ich hielt mich für sehr progressiv, als ich schrieb, man dürfe selbstverständlich auch zu Sachverhalten aus der NS-Zeit unterschiedlicher Meinung sein. Diese Meinungen müssten allerdings mit historischen Fakten in Einklang stehen.

Als ich den Entwurf dem Leiter des Deutschen Feuerwehr-Museums zugeschickt hatte, meldete er sich kurz darauf zurück und sagte mir: «Wenn du das so schreibst, kommt niemand. Feuerwehrleute reden nicht, sie machen.» Feuerwehrleute seien im Grunde Helfertypen, erklärte mir Rolf Schamberger. Sie wollten helfen, machte er mir klar. Aber ihre Hilfe sei von bestimmten Voraussetzungen begleitet: Die Hilfe muss praktischer, technischer Natur sein. Sie muss nach einem bestimmten Protokoll ablaufen. Sie braucht kameradschaftliche Verbundenheit. Wenn du Feuerwehrleute gewinnen willst, riet er mir, streiche alle Begriffe, die mit Reden zu tun haben, und bitte sie um Mithilfe.

Ich folgte dem Rat des erfahrenen Feuerwehr-Historikers. Wir schilderten in der Einladung zunächst die Lage: Die Geschichte der Feuerwehren ist an sehr vielen Orten noch nicht erforscht. Dann formulierten wir das Ziel: Das Projekt «Feuerwehren in der NS-Zeit» soll den Anstoß geben, die Geschichte der Feuerwehren im ländlichen Raum zu erforschen. Daraufhin schrieben wir den Aufruf: Könnten Sie uns bitte helfen, Fakten zur NS-Geschichte in Ihrer Feuerwehr zu sammeln und der Öffentlichkeit zu präsentieren? So ging der Flyer in Druck. Innerhalb von wenigen Wochen hatten wir alle Plätze besetzt.

Aus heutiger Sicht würde ich sagen, dass die Feuerwehrleute so wie viele Menschen auf dem Land eine sichtbare und spürbare Erfahrung der Veränderung brauchen, um sich zu engagieren. Ob es das Löschen eines Zimmerbrands bei der Freiwilligen Feuerwehr, das Heckeschneiden im Obst- und Gartenbauverein, das Einstudieren eines Chorstücks im Gesangsverein oder das Zusammentragen von persönlichen Erinnerungsstücken aus der NS-Zeit für eine Ausstellung ist: Die Beteiligten erfahren diese Aufgaben am eigenen Leib. Sie sehen, was sich durch ihre Hilfe verändert. Sie spüren, wie das, was sie tun, auf die anderen Menschen im Ort wirkt. Genauso wie der Feuerwehrmann die Dankbarkeit der Menschen erfährt, deren Haus nicht abgebrannt ist, sahen die Teilnehmer unserer Projekte, wie sich die Ausstellungsräume am Tag der Eröffnung mit Menschen füllten. Dadurch hatte sich die Arbeit bezahlt gemacht.

In jüngster Zeit werde ich manchmal gefragt, was man denn konkret vor Ort tun könne. Manche derer, die mich fragen, wollen den von ihnen diagnostizierten Rechtsruck aufhalten. Andere wollen den Dialog fördern und die oft zitierte Spaltung im lokalen Raum überwinden helfen. Inzwischen rate ich immer dazu, möglichst konkret in der Gemeinde etwas zu verändern. Ich frage, ob es Projekte gibt, an denen sich die Menschen im Ort leicht beteiligen können, die einen konkreten Nutzen für die Bevölkerung haben und die von den Bewohner*innen sehr unmittelbar als Veränderungen erfahren würden. Oft reagieren meine Gesprächspartner zurückhaltend auf meine Vorschläge. Denn die meisten, die sich im Bereich des gesellschaftlichen Dialogs oder der historisch-politischen Bildungsarbeit engagieren, gehen selbstverständlich von kommunikativen Projekten aus. Sie planen Fakten-Checks oder Aufklärungsveranstaltungen in Schulen,

Demokratie-Coachings und den Zusammenschluss mit anderen Vereinen oder Netzwerken in der Region, Gedenkveranstaltungen zur NS-Geschichte oder Treffen mit Abgeordneten. All diesen Maßnahmen liegt die Überzeugung zugrunde, dass die Menschen ihre Einstellungen durch Gespräche verändern, nicht durch Erfahrung.

Seit ich viel mit Menschen im ländlichen Raum zusammengearbeitet habe, weiß ich, dass diese Annahme so nicht stimmt. Mir kommt es eher so vor, als würden den Debattierenden die Instrumente fehlen, um in den Erfahrungsraum vorzudringen.

Vor etwa zwei Jahren wurde eine Fußgängerbrücke außerhalb von Luckenwalde gesperrt. Sie führt über das Königsfließ, also einen Kanal, und liegt neben einer der größten Kleingartenkolonien der kleinen Stadt. Nun haben die Spaziergänger die Wahl, über einen gepflasterten Weg oder über die gesperrte Brücke zu laufen. Ich selbst entscheide mich meistens für den zweiten Weg, würde dies aber öffentlich nicht zugeben. Im vergangenen Jahr hat die Stadt eine weitere Fußgängerbrücke gesperrt, die einige hundert Meter weiter den sogenannten Königsgraben überquert. An den runden, roten Verbotsschildern bin ich Hunderte Male mit unserem Hund vorbeigelaufen. Ich habe den Brückensperrungen lange Zeit überhaupt keine Bedeutung beigemessen. Doch seit ich mit vielen Menschen auf dem Land zu tun habe, würde ich sagen: Das Erste, was wir in unseren Vereinen und in unseren Demokratie-Netzwerken, in unseren Stiftungen und unseren Parteibüros tun müssen, ist es, diese Brücken zu reparieren. Alle sollten zusammenkommen: Luckenwalder und Zugezogene, Junge und Alte, Linke und Rechte, Alteingesessene und Geflüchtete. Lasst uns Handwerker bitten, die Arbeit anzuleiten, und lasst uns die Akademiker anflehen, genau dies nicht zu probieren. Dann lasst uns zur zweiten Brücke laufen, mit einem Bier in der Hand.

In Ruhlsdorf bei Luckenwalde haben einige Bürger*innen vor einiger Zeit eine Anhalter-Bank an den Straßenrand gestellt. Der Bus Nr. 752 braucht zwar nur 18 Minuten vom Luckenwalder Bahnhof in das kleine Dorf, aber der letzte Bus fährt um 16.48 Uhr.

Um 18.03 gibt es zwar noch eine Verbindung, die letzte des Tages, aber die benötigt eine Stunde für die 6,5 Kilometer lange Strecke. Das haben die Ruhlsdorfer geändert, ganze ohne Debatte, nur mit Sägen, einem Eimer Lack und ein paar starken Händen: Jeder, der nach Luckenwalde muss, kann sich jetzt am Ortsausgang auf eine Holzbank setzen und wird hoffentlich schnell mitgenommen.

In Rottendorf wurde in den vergangenen Jahren der Bahnhof renoviert. Heute kann man sich im Bahnhof aufhalten, wenn man auf den Zug wartet. Im Gebäude ist jetzt eine Eisdiele untergebracht, davor auf dem Platz stehen Tische und Stühle, die Kinder können spielen. In dem neuen Bahnhof warten Rottendorfer auf den Zug, die nicht an den Klimawandel glauben, weil sie den Grünen grundsätzlich nicht vertrauen und weil es schon immer Schwankungen gegeben hat. Neben ihnen sitzen Zugezogene, die aus Überzeugung ihr Auto abgeschafft haben und die aus dem Stegreif sagen können, wie viel CO_2 sie als Familie in diesem Jahr schon verbraucht haben. Die neuen Bahnfahrer benutzen häufiger den Zug, weil sie die Erfahrung machen, wie bequem Zugfahren ist. Wenn sie Zeit haben, trinken sie noch schnell einen Cappuccino im Eiscafé, wie im Sommer in Sorrent. Sie fahren häufiger, ohne an einem einzigen Treffen all der Netzwerke teilzunehmen, in denen der Zugezogene sich seit Jahren für mehr Klimaschutz engagiert.

Erfahrung ist gleichzeitig der am stärksten unterschätzte und am einfachsten steuerbare Faktor im gesellschaftlichen Leben. Bürgerinnen und Bürger mittels Debatten zu einem veränderten Verhalten zu bewegen, ist unsagbar schwierig. Andere Erfahrungen zu ermöglichen, ist aber ein recht einfaches Unterfangen.

Wenn eine Brücke repariert und eine Ruhebank aufgestellt ist, dann machen die Menschen eine positive Erfahrung. Sie werden die Leistung wertschätzen und das neue Angebot nutzen. Die Gäste auf dem Feuerwehrfest erleben die Feuerwehr als etwas Positives, weil die Kinder Freude daran haben, im Löschfahrzeug mitzufahren. Die Angehörigen bei einer Beerdigung erleben es als wohltuend, dass der Kirchenchor der Gemeinde in der Aussegnungskapelle steht und für den Verstorbenen ein letztes Mal sein

Lieblingslied singt. Die Bürgerinnen und Bürger im Rheinland laufen voller Vorfreude zur Karnevalssitzung, die der Karnevalsverein seit sechs Monaten vorbereitet hat. Die Jugendlichen in Ostwestfalen sind dankbar, dass sie beim Schützenfest anschreiben und weiter Pils und Korn trinken können, obwohl sie schon ihr gesamtes Lehrlingsgehalt ausgegeben haben. Wenn Menschen Hilfe, Unterstützung und Beachtung erfahren, dann stehen die Chancen gut, dass sie mit Achtung und Respekt reagieren. Pfarrer und Bürgermeister, Feuerwehrkommandanten und Chorleiter sind deswegen oft respektable Personen, weil viele Bürgerinnen und Bürger sie mit guten Erfahrungen in Verbindung bringen.

Die Möglichkeit veränderter Erfahrungen mit Geschichte war die Grundidee unserer Projekte. Inzwischen glaube ich fest daran, dass andere Erfahrungen auch in weiteren Bereichen die Grundlage für veränderte Haltungen sein können. Daher reagiere ich inzwischen immer, wenn ich gefragt werde, was man denn gegen den Rechtsruck oder die Sprachlosigkeit, gegen die Resignation und gegen die Wut tun könne, mit Gegenfragen: Was stört die Menschen bei Euch im Ort am meisten? Was belastet die Menschen in ihrem Alltag am meisten? Recht schnell identifizieren meine Gesprächspartner dann Probleme. In fast allen ländlichen Gemeinden empfinden die Menschen den öffentlichen Nahverkehr als großes Ärgernis. Busse fahren zu selten, Züge fallen zu oft aus, der Schienenersatzverkehr braucht doppelt so lange wie die Bahnen. Für Menschen in Städten ist es bisweilen schwer zu verstehen, wie viel stärker die Menschen auf dem Land von Schwierigkeiten im Nahverkehr betroffen sind. Die Grundschulkinder von Ruhlsdorf, einem Vorort von Luckenwalde, müssen um 6:28 Uhr in den Bus steigen, um gegen 7:10 Uhr in Luckenwalde in der Schule anzukommen. Der Unterricht beginnt um 7:25 Uhr. Schon Erstklässler müssen zwischen 5:45 Uhr und 6 Uhr aufstehen, um rechtzeitig an der Bushaltestelle zu stehen.

Doch auch die Berufspendler, Rentner und Jugendliche leiden oft an den schlechten Verbindungen. Als zweites grundlegendes Problem wird häufig das Kneipensterben genannt. Es gebe kaum mehr Gaststätten, in denen man sich treffen, für wenig Geld ein paar Stunden sitzen und sich mit anderen aus dem Viertel unterhalten kann. Imbisse und Restaurants finde man zwar noch, aber keine Kneipen mehr.

Also schlage ich vor, den Menschen zu helfen, schneller und häufiger an die Orte zu gelangen, zu denen sie hinmüssen. Alle, die in die Großstadt fahren, könnten ihre Autofahrten auf einem Portal für Mitfahrgelegenheiten eintragen. Die Jungen könnten den Alten erklären, wie man das Portal nutzt. Orte, die noch keine Mitfahrbanken haben, sollten schleunigst welche aufstellen. Pensionierte Busfahrer könnten in Zeiten von Schienenersatzverkehr reaktiviert werden. Die Ausgaben würden über einen Bürgerfonds abgedeckt.

Auf die gleiche Art und Weise, nämlich mithilfe eines Bürgerfonds, könnte man vielleicht auch den ehemaligen Kneipier überzeugen, noch einmal seine Lederweste anzuziehen und die Andrea-Berg-CD einzulegen. Wenn er einen garantierten monatlichen Zuschuss erhält, lässt er sich vielleicht darauf ein. Sonst könnte man einen Ort finden, in dem man zunächst nur einen Tag pro Woche einen Kneipenbetrieb ausprobiert. Bedienungen würden sich finden lassen, wenn sie ordentlich bezahlt werden. Ich rate immer dazu, möglichst viele bestehende Vereine einzubeziehen. Denn auf Erfahrung kommt es an.

Sehr häufig erhalte ich Zustimmung für diese Vorschläge. Aber meine Überlegungen gehen im Regelfall in eine ganz andere Richtung, als es diejenigen erwartet hatten, die sich für mehr Dialog und gegen Rechtsextremismus engagieren wollen. Manche setzen die Ideen um, andere entscheiden sich doch für die üblichen Methoden wie Schulveranstaltungen, Vorträge und Kundgebungen. Diese Veranstaltungen verändern zwar im Regelfall die politischen Haltungen der Erwachsenen nicht, aber sie hinterlassen bei den Verantwortlichen dennoch ein Gefühl, etwas getan zu haben.

An mehreren Tagen pro Monat lebe ich in Berlin. Dort haben wir eine kleine Wohnung behalten. Sie liegt im Norden von Neukölln und damit im Epizentrum der progressiven Kultur. Der

Vater einer Freundin aus Osterholz-Scharmbeck liebt es, morgens in eine Bäckerei zu gehen, die Tür aufzumachen und schon im Reingehen zu sagen: «Moin! Ein Pott Kaffee hätte ich gerne!» Genauso bestellt er in Osterholz-Scharmbeck Kaffee. Warum also nicht auch in Neukölln, wo seine beiden Töchter leben? Wenn ich an diese Szene denke, muss ich jedes Mal lachen. Denn der Vater ignoriert voller Selbstverständlichkeit all die kleinen Aushandlungen, die zum Kaffeebestellen in unserem Kiez dazugehören: In welcher Sprache darf ich meinen Kaffee bestellen? Was heißt eigentlich Kaffee, ist damit *Americano* oder Filterkaffee gemeint? Und wäre es okay, wenn ich heute nicht lernen müsste, dass man Kuhmilch nicht als «normale Milch» bezeichnen sollte? Denn ich bin etwas spät dran. Diese Aushandlungen muss ich auch in den Cafés führen, in die ich regelmäßig gehe. Meine Bestellung ist zwar immer dieselbe, die Bedienung aber sicherlich nicht.

Inmitten unseres Viertels steht eine Kirche mit einem schönen Vorplatz. An Sommerabenden sitzen dort Jugendliche aus der ganzen Welt. Sie trinken, essen und hören Musik. Wenn ich morgens mit dem Hund an dem Platz vorbeigehe, ähnelt der Platz einem Festivalgelände. Die Jugendlichen sind verschwunden. Überall liegen Pizzakartons und Plastikbecher herum. Der Rasen ist übersät mit Zigarettenstummeln. Nur die Flaschensammler waren immer schon da und haben mitgenommen, was sich einlösen lässt.

Eines der wichtigsten Themen der jungen Leute, die dort abends sitzen, ist der weltweite Klimaschutz. Und dennoch ist der Platz, den sie selbst hinterlassen, voller Müll. Ich weiß aus vielen Gesprächen, dass für sie Aktivismus die Lösung für das Problem ist: Sie wollen laut werden, sie möchten protestieren, sie wollen aufstehen. Aber sie wollen nichts aufheben. Die Bewohner des Viertels erleben die Jugendlichen nicht als Klimaschützer, weil sie so viel Dreck verursachen. Würden sie den Platz sauber hinterlassen und auch den Müll der anderen aufräumen, würden sie im Handumdrehen sehr viele Ältere aus dem Kiez für sich einnehmen. Aber die Idee ist viel zu weit von den eigenen Erwartungen an

Gabriele Worgitzki, Nr_15, aus der Serie «Westen»,
Acryl auf Leinwand, 2023

politisches Handeln entfernt. Wenn ich an diesem Platz vorbei-
laufe, werde ich immer wieder an den Unterschied zwischen Debatten und Erfahrungen erinnert.

Was ich mir wünsche, ist eine größere Sehnsucht danach, tatsächliche und spürbare Veränderungen im Leben der Menschen
in unseren Dörfern und Kleinstädten, in unseren Weilern und
Kiezen zu erreichen. Ich stelle mir Physiker und Biologen vor, die
in die Obst- und Gartenbauvereine eintreten und neben den praktischen Arbeiten Informationsveranstaltungen zum Stand der
Forschung etablieren. Ich denke an Architekten und Ingenieure,
die Ruhebänke und überdachte Bushaltestellen konzipieren und
sie mit Tischlern und Maurern aufbauen. Ich sehe Psychologin-
nen und Therapeuten, die Dialogformate konzipieren, bei denen
die Menschen auf Grundlage von erprobten Methoden miteinander kommunizieren. Ich träume von Betriebswirten und Kauf-
leuten, die sich Stiftungsmodelle ausdenken, um die Projekte im
Ort zu finanzieren. Ich denke an die vielen Kreativen in meinem
Bekanntenkreis, die mehr kreativen und künstlerischen Ausdruck
in ihre Wohnorte bringen. Vielleicht gibt es in unserer Kommune

Anne Heinlein, «Wald, Krienke», aus der Serie «Geheimes Land», 2020

eine Laienspielgruppe, der die ausgebildeten Schauspielerinnen und Schauspieler beibringen könnten, dass man Wut auch anders darstellen kann, als einmal laut mit dem Fuß auf den Boden zu stampfen. Und wenn ausgebildete Gestalter die Internetseiten mancher Vereine überarbeiten würden, hätten die Besucher der Seiten vielleicht nicht mehr das Gefühl, dass dieser Verein im Jahr 1995 steckengeblieben ist. Die meisten Gestalter*innen sind freundliche Menschen, solange man sie nicht bittet, die Schrift oder das Logo zu vergrößern.

In den vergangenen Jahren ist mir aufgefallen, wie viele Künstlerinnen und Künstler sich mit ihrer Heimat auseinandersetzen, ohne ihre Werke in ihrer Heimat zu zeigen. Die Berliner Malerin Gabriele Worgitzki und ihr Partner, der Fotograf Albrecht Noack, arbeiten sich permanent an ihrer Biografie ab. Albrecht Noack stammt aus Borkheide, Worgitzki aus Rahnsdorf. In ihren Bildern tauchen Menschen auf, deren Konturen oft klarer als deren Gesichter sind. Damit stellen sie der Eindeutigkeit von historischen

Berichten die Unklarheit der persönlichen Erinnerungen gegenüber. Gabriele Worgitzki legt die autobiografischen Bezüge in vielen ihrer Bilder offen, wenn sie zum Beispiel auf dem Stockbett in einem Auffanglager sitzt. Sie reiste mit ihrer Familie nach der Grenzöffnung 1989 über Gießen in den Westen aus. Erst 2020 kehrte sich nach Brandenburg zurück.

Die Fotografin Anne Heinlein aus Potsdam hat sich in ihrer jüngsten Arbeit mit den militärischen Sperrzonen in der DDR auseinandergesetzt. «Geheimes Land» hat sie das Projekt genannt. Viele Fotos zeigen Waldstücke und Lichtungen, und dem Betrachter ist nicht klar, ob das Stück Natur in einem Sperrgebiet liegt oder nicht. Es sind nur Bäume zu sehen. Selten habe ich einen besseren Ausdruck für Misstrauen gesehen als diese Fotos.

Wenn ich an Gabriele Worgitzkis Bilder, an Albrecht Noacks und Anne Heinleins Fotos denke, dann fallen mir immer gleich die Gespräche ein, die ich mit unseren neuen Nachbarn in Luckenwalde geführt habe. Was sie über ihre Kinder erzählen, ist so anders als das, was ich von unseren Nachbarn in Rottendorf kenne. Sehr viele von ihnen berichten, dass ihre Kinder nach der Wende in den Westen gezogen sind, um dort Arbeit zu finden. Sie selbst sind allerdings geblieben und haben sich in den alten Ländern eine Existenz aufgebaut: an einem Ort, von dem die Söhne und Töchter wegziehen mussten, wenn sie eine Chance im Leben haben wollten. Die Kinder aus meiner Straße, mit denen ich als Kind gespielt habe, sind zwar auch größtenteils weggezogen. Aber sie mussten nicht aus Rottendorf weggehen, um sich ihre Zukunft nicht zu verbauen. Sie hätten auch in der Umgebung immer eine Arbeit gefunden. Inzwischen gibt es in Brandenburg jede Menge Firmen mit hochqualifizierten Arbeitskräften, die gut bezahlt werden. Doch für die Kinder derer, die in der Wendezeit auf den Arbeitsmarkt gedrängt sind, kommt diese Entwicklung zu spät. Sie haben sich im Westen niedergelassen und bleiben dort. Auch ihre Kinder kehren nicht zum Ort der Großeltern zurück, außer an Weihnachten und Ostern.

Die Alten von Luckenwalde sind also zurückgeblieben in einem

Ort, dem die Jungen vor 30 Jahren den Rücken kehren mussten. Würden die drei Künstler in unserem Viertel eine Ausstellung machen und die Inhalte der Ausstellung selbst vorstellen, würden meine neuen Luckenwalder Nachbarn kommen. Ich bin davon überzeugt, dass viele von ihnen von den gesichtslosen Menschen bei Albrecht Noack berührt wären, wenn dieser ihnen erklären würde, wie er sich seine Motive ausdenkt. Und sie wären angetan von den Waldfotos von Anne Heinlein, wenn die Fotografin neben ihnen stehen und ihre Eindrücke beim Ablaufen der Sperrzonen schildern würde.

Sicherlich würde sich Anne Heinlein viele Geschichten von ehemaligen NVA-Soldaten anhören müssen. Albrecht Noack würde sich fragen lassen müssen, warum auf seinen Fotos Flüssigkeit ausläuft, und Gabriele Worgitzki müsste sich dafür rechtfertigen, dass die Häuser auf ihren Bildern sich doch schon lange keiner mehr leisten könne. Aber alle drei würden mit Menschen über ihre Arbeiten sprechen, mit denen sie eine Erfahrung teilen: die Auseinandersetzung mit der verlorenen Heimat DDR.

Bislang stellen die drei ihre Bilder in Galerien in Berlin und Salzburg, in Potsdam und Leipzig aus. Die Betrachter können dort zwar oft besser über Kunst an sich sprechen und sind wahrscheinlich finanzkräftiger als die Menschen aus den Heimatorten der Künstler. Aber Kunst sollte nicht immer nur fremde Welten vorstellen. Sie kann auch einen Zugang zur eigenen Welt schaffen. Außerdem glaube ich, dass der Bürgermeister von Borkheide gerne einen echten Albrecht Noack in seiner Amtsstube hängen hätte, wenn Albrecht Noack als ein lokaler Künstler etabliert wäre, auf den der Ort zu Recht stolz sein kann. Dass für die Borkheider der Flugpionier Hans Grade trotzdem der berühmteste Sohn ihrer Gemeinde ist und bleibt, wird der Fotograf verstehen.

Die Auseinandersetzung mit der eigenen Heimat muss nicht immer außerhalb der eigenen Heimat stattfinden. So sehr ich mich an den Drang vieler Bekannter und Freunde gewöhnt habe, sich vom Dorf oder Viertel ihrer Kindheit zu lösen, so bedauerlich finde ich es oft, wie viele Verbindungen wir damit trennen.

Besonders auffällig finde ich solche Trennungsbemühungen beim Essen. Vor einiger Zeit stand ich bei einem Treffen von Berliner Journalist*innen mit einer etwa 30-jährigen Frau zusammen, die über ihr Verhältnis zur Familie ihres Ehemanns in Thüringen berichtete. Die Großmutter ihres Mannes würde sie nicht richtig ernst nehmen und ihren Lebensstil nicht akzeptieren, beklagte sie. Sie würde nicht verstehen, warum sie nicht jeden Tag am Herd stehen wolle. Die Großmutter machte häufiger schnippische Bemerkungen über ihre mangelnden Fähigkeiten als Köchin. Die Journalistin verletzten diese Seitenhiebe verständlicherweise. Sie habe beschlossen, dieser Frau jetzt häufiger aus dem Weg zu gehen. Dies war aber gar nicht so einfach, denn die Oma lebte mit den Schwiegereltern im Haus. Man konnte die etwas gehässige ältere Dame also nur meiden, indem man seltener zu Besuch kam. Die nächsten Reisen an die Saale würden kürzer ausfallen.

Konflikte wie diese kenne ich aus meinem Bekanntenkreis zur Genüge. Sehr viele von uns sind als junge Frauen und Männer vom Land in die Stadt gezogen und haben beim Umzug in die Stadt möglichst viele Spuren beseitigt. Wir haben unsere Kinderzimmermöbel und unsere Dialekte zuhause gelassen. Wir haben unsere Mitgliedschaften im Sportverein ebenso schleifen lassen wie unsere Beziehungen. Wir haben die Tupperschüsseln mit Sauerbraten zwar von zuhause mitgenommen, uns aber gegenüber unseren neuen Freunden über das Essen von Mama lustig gemacht. Wir haben die Schüssel bei der nächsten Heimreise natürlich nicht wieder mit nach Hause gebracht, weil wir sowohl das Pflichtbewusstsein als auch den Deckel verloren hatten.

So oft es ging, haben wir Falafel und Döner, Sushi und Pho gegessen. Je weiter wir im Studium vorankamen, desto seltener sind wir in die Mensa gegangen. Denn dort schmeckte das Essen wie zuhause, besonders an den Asia-Tagen.

Nach dem Studium haben wir uns zwar langsam, aber sicher mit unseren Müttern wieder versöhnt. Aber ihre Rezepte haben wir dennoch nicht nachgekocht. Äußerst viele meiner Freunde

und Bekannten haben das Kochen und das Essen für sich ent-
deckt. Aber es ist nicht dieselbe Küche wie die aus der Kindheit.
Unser Kochen gleicht einer Entdeckungsreise in die Nationen, die
uns in unseren Städten begegnen: nach Israel und Vietnam, nach
Kurdistan und in den Libanon, nach Syrien und nach Frankreich.
Nur sicher nicht zurück nach Bünde.

Als ich ein Kind war, sind wir jedes Jahr von Rottendorf aus auf
den Würzburger Weihnachtsmarkt gefahren. Besonders fasziniert
haben mich die Stände, an denen Küchengeräte verkauft wurden.
Hinter den Töpfen und Messern stand oft ein Mann mit kariertem
Hemd und Daunenweste, der den Zuschauern ein neues Küchen-
gerät vorgestellt hat. Ich habe sehr oft gebannt beobachtet, wie er
die Karotten- und Kartoffelstücke in den Behälter gesteckt und
dann entweder einen Drehgriff bedient oder einen Knopf gedrückt hat. Hinten aus der Maschine kamen dann fein geschnitte-
ne Stücke heraus, manchmal sogar geriffelt. Danach hielt er das
Brett mit den Stücken in unsere Richtung und forderte uns auf,
uns zu bedienen. Wenn ich es schaffte, dann griff ich zu und biss
auf die Karotte. Nicht weil ich sie lecker fand, sondern um zu tes-
ten, ob der Mann mit Ansteckmikrofon tatsächlich die Wahrheit
gesagt hatte. Die Vorstellungen kamen mir vor wie Zauberei.

In meiner Kindheit hatten wir alle möglichen Küchengeräte.
Im Vorratsraum lagerten Rührgeräte und Reiben, Eierkocher
und Waagen. Wenn meine Mutter mit Nachbarinnen oder ihren
Schwestern über das Kochen sprach, dann besprachen sie meistens Kochmethoden. Sie erklärten sich, wie man bestimmte Gerichte zubereitete und worauf man besonders achten musste. Gar
nicht selten redeten sie mit einem ironischen Unterton. Meine
Mutter machte das Kochen nicht glücklich. Sie war Lehrerin und
hatte ihren Beruf wegen ihrer vier Kinder aufgegeben. Sie war von
Herzen Lehrerin gewesen und vermisste die Schulkinder. Aber da
sie nun schon für das Essen zuständig war, wollte sie es wenigstens
gut machen. Also probierte sie neue Rezepte und manchmal auch
neue Geräte aus.

Wenn ich in den vergangenen Jahren irgendwo in einem Dorf

in Deutschland an einem Küchentisch saß, dann konnte ich diese Geräte in den gut sortierten Schränken wieder entdecken. Wie lange hatte ich keinen Tortenring und keine Lochtülle mit verschiedenen Aufsätzen mehr gesehen. Hier waren sie noch im Einsatz. Meistens konnten die Frauen, die ich dazu ausfragte, gar nicht erklären, was sie da taten. Sie redeten viel weniger über das Essen, als ich es aus meinem Bekanntenkreis kannte. Der Kuchen stand auf dem Tisch. Die Küche war aufgeräumt.

Ich tauchte noch einmal in die Welt ein, mit der wir als junge Erwachsene nichts mehr zu tun haben wollten. Das schweigende Kochen unserer Mütter kam uns vor wie eine Unterwerfung. Wir haben mit dem Essen auch das Rollenverständnis unserer Eltern abgelehnt. Wenn wir kochen, dann ohne Geräte und mit Rezepten aus aller Welt. Wir wollen uns beim Kochen immer auch zeigen, wie weltgewandt und neugierig wir sind – wie anders als unsere Eltern. Nicht von ungefähr türmen sich in den Schränken unserer Eltern die Küchengeräte und in unseren die Kochbücher.

Als ich zum Dreh unseres Dokumentarfilms nach Neuenbürg kam, war alles bestens organisiert. Das Haus des Heimatvereins war das Basislager. Hier führten die Vereinsmitglieder die Vorgespräche mit den auswärtigen Gästen, die in die Kamera sprechen sollten. Hier wurden die nächsten Schritte besprochen. Hier lagerten Kabeltrommeln und Getränkekisten. Zu meiner großen Verwunderung hatten Ilona Hubbuch und Jutta Hassis für alle gekocht. Ich kannte beide, besonders aber Ilona Hubbuch von den Sitzungen vorher. Niemand wusste so viel über die Neuenbürger Geschichte wie sie. Sie hat ein unglaubliches Gedächtnis für Namen und Orte. Außerdem ist sie die Geschäftsführerin des Vereins – auch wenn es dieses Amt offiziell gar nicht gibt. Ihr Mann Hartmut Hubbuch, Nachfahre des Badischen Malers Karl Hubbuch und Vorsitzender des Heimatvereins, hat mir gegenüber mehrmals bestätigt, dass der Verein ohne seine Frau nicht überleben würde. Ilona und Hartmut Hubbuch gehörten zu den Menschen, die das Exposé für dieses Buch lasen, bevor ich es an den Verlag schickte. An diesem Tag hatten Ilona und Jutta für alle gekocht. Es gab Gulasch mit Spätzle und Gurkensalat. Zum Kaffee hatten sie zwei verschiedene Kuchen gebacken. Etwa 25 Personen kamen zum Mittagessen.

Nach dem Essen räumten Ilona und zwei weitere Frauen aus dem Verein auf. Diejenigen, die gegessen hatten, bedankten sich von Herzen bei Ilona für das Essen. Diese einfache Szene ist mir auf der Zugfahrt nach Hause nicht mehr aus dem Kopf gegangen. Ich hatte beobachtet, dass sich die Vereinsmitglieder bei Ilona für etwas bedankten, was sie offensichtlich sehr gut konnte. Dennoch fragte ich mich, ob ich nicht Zeuge eines althergebrachten Rollenverständnisses gewesen war, das wir liberale Großstädter gottlob überwunden hätten. Ein Teil in mir betrachtete das Kochen nicht als die Zubereitung von Essen, sondern als Ausdruck für Unterlegenheit. Anders als die Vereinsmitglieder problematisierte eine Stimme in mir ihre Kompetenz und die Dankbarkeit der Gruppe. Etwas in mir wehrte sich gegen das, was ich sah. Mein Wertesystem kämpfte gegen meine Erfahrung an.

Ich registrierte an mir, dass ich Kochen und Essen in bestimmten Situationen als progressiv und wohltuend erlebte und in anderen Gelegenheiten als unangenehm und überholt. Wenn ich mit meinen Bekannten und Freunden koche und esse, dann empfinde ich es als fortschrittlich oder zumindest nicht rückwärtsgewandt. Wenn ich Frauen wie Ilona Hubbuch erlebe, dann deute ich ihre Fähigkeiten als Unterlegenheit. Ich kann die Kompetenzen gar nicht anerkennen. Es ist, als würde ich dem misstrauen, was sie tut. Erst als ich mit ihr und ihrem Ehemann zusammensaß und erfuhr, dass er viel lieber kochte als sie, beruhigte sich meine kritische Stimme.

Wenn ich auf Konferenzen mit Kolleg*innen Restaurants für das Abendessen aussuche, dann ist die wichtigste Kategorie die Bewertung des Essens, das uns erwartet. Wer die meisten Orte kennt und ihre Qualität abschätzt, auf den hört die Gruppe. Dessen oder deren Rat folgen die anderen. Die Ratgeber sprechen über die Güte der Küche, der Köche, des Raums und des Weins. Nur reden sie niemals über die Größe der Portionen. In akademischen Kreisen gilt es als unfein zu fordern, von dem Essen satt zu werden. Nicht zu viel zu essen ist ein Ausdruck von Selbstdisziplin. Das Gespräch über die Auswahl des Restaurants vor dem Essen nimmt manchmal sehr viel Zeit ein und ist ein fester Bestandteil der Abendplanung. Auch vor Weihnachtsfeiern mit Auftraggebern, vor Geburtstagsessen und vor Projekttreffen überlegen wir oft intensiv, welches Restaurant zum Anlass und zur Gruppe passen könnte. Ich habe dabei gelernt: Je besser man ein anderes Land kennt, desto kritischer ist man mit den entsprechenden Restaurants im eigenen Land. Niemand geht so ungern zum Inder vor Ort wie Leute, die schon mal in Indien waren. Wenn man weiß, wie *Chicken Masala* in Uttar Pradesh schmeckt, kann man das *Chicken Masala* im Royal Mahal Luckenwalde beim besten Willen nicht mehr essen.

In den Einzelprojekten habe ich das Thema Essen von einer ganz anderen Perspektive aus wahrgenommen. Praktische Gesichtspunkte spielten bei der Auswahl eine viel größere Rolle. Wir haben uns dort getroffen, wo sich die Gruppe immer schon getroffen hat. Der Partnerschaftsverein Gießen-Netanya trifft sich seit vielen Jahren im Akropolis, die meisten Pfungstädter Vereine im Brauhaus am Bahnhof und die Feuerwehr Dömitz holt sich ihre Pizza selbstverständlich vom Grillhaus Mezopotamya. Wir sind dort hingegangen, wo es für alle am praktischsten war. Das konnte auch ein Billigbäcker sein. Vor allem aber haben wir nur sehr wenig Zeit dafür benötigt, die Lasagne besser als die Pizza, das Geschnetzelte besser als beim letzten Mal und die Hühnersuppe lange nicht mehr so reichhaltig wie nach dem Pächterwechsel zu finden. Das Essen hatte die Funktion, uns satt zu machen und zu schmecken, mehr nicht. Wir trafen uns, um über andere Themen zu sprechen. Ich habe es auf dem Land immer als sehr wohltuend erlebt, überhaupt nicht bewerten zu müssen, wie das Essen war oder sein könnte.

Wenn wir Großstädter mit Menschen sprechen wollen, die anders denken als wir, dann müssen wir denen folgen, die essen, um satt zu werden. Dann müssen wir uns mit einem Tablett in einer

Schlange beim Tagesgericht I anstellen und dann merken, dass die Menschen vor dem Schalter von Tagesgericht II viel schneller vorankommen als wir. Denn das Tagesgericht II ist die vegetarische Variante. Dann verstehen wir endlich: Viele Menschen werden Vegetarier, weil sie schneller an ihr Essen kommen, und nicht, weil sie ihre Klimabilanz verbessern wollen. Dann merken wir, warum so viele Arbeitskollegen beieinandersitzen und nicht mehr so richtig wissen, was sie sagen sollen. Sie sitzen drei Mal pro Woche zusammen am Tisch und nicht wie viele Entscheidungsträger drei Mal im Jahr. Wenn wir mit Menschen in den Dialog treten wollen, die sich von uns unterscheiden, dann müssen wir ihre Zeit beachten. Sie haben 45 Minuten Mittagspause und sind wahrscheinlich wirklich daran interessiert, was wir denken. Wir müssen unsere Ideen nur erklärt haben, bevor sie das Tablett auf den Abräumwagen gestellt haben. Wenn wir mit Personen sprechen wollen, die sich von uns unterscheiden, dann finden wir sie leicht. Denn im Unterschied zu uns gehen sie immer an dieselben Orte. Sie sitzen nicht nur immer in den Restaurants und Kantinen, sondern an denselben Tischen. Viele Belegschaften können wir immer Montag bis Freitag in den Kantinen und Imbissen in unserem Wohnort treffen, nur die Buchhaltung jeden Mittwoch in der Salat-Bar.

Ich habe schon mehrmals bei Sitzungen in Stiftungen, Agenturen und bei Treffen mit Kollegen vorgeschlagen, zum Mittagessen in eine Kantine zu gehen. Immer haben meine Gesprächspartner meinen Vorschlag zunächst als Witz verstanden. Aber auch nachdem ich meine Idee mit ernster Miene wiederholt habe, blieb es bei der Ablehnung. Das Essen ist einfach nicht gut in Kantinen. Ich gehe weiterhin gerne in Kantinen, weil ich Menschen gerne beim Reden zusehe und weil ich mich ein bisschen besser fühle, wenn ich mein Besteck im Gegensatz zu manch anderen in meiner Gruppe in den Eimer mit Spülwasser lege und nicht auf dem Teller liegenlasse. Nur um eine dieser Einrichtungen mache ich einen großen Bogen: Um die Hauptmensa der Universität Gießen. Als ich wegen eines Lehrauftrags dort häufiger saß, fiel mir beim

Anstehen auf, dass die Bezeichnungen der Gerichte nicht stimmten. Das Seelachsfilet hieß nicht «Alaska», sondern «Puerto Rico». Vielleicht war es auch «Guatemala», aber sicher nicht «Alaska», wie es sich gehört. Das war kein Einzelfall. Mit großer Geduld habe ich ertragen, dass irgendwann nicht mehr nur die Tomatensuppe «Toskana» hieß, sondern auch Hackbällchen und Schweinefilets. Ich habe es über mich ergehen lassen, dass junge Kantinenköche irgendwann fast alle Speisen mit einem frechen Spritzer Balsamicosoße abgerundet haben. Aber mit «Puerto Rico» war die rote Linie überschritten.

Wenn ich mit der Berliner Journalistin noch einmal über die Familie ihres Mannes aus Thüringen sprechen dürfte, dann würde ich ihr gerne einen Vorschlag machen. Ich möchte sie fragen, ob sie sich von ihrer Schwiegergroßmutter nicht die wichtigsten Rezepte erklären lassen könnte. Dabei sollte es keine Rolle spielen, ob sie selbst die Gerichte essen würde oder nicht. Die Journalistin könnte die Rezepte sammeln und veröffentlichen. Aber sie würde nach meiner Idee nicht nur die Zutaten und die Zubereitung beschreiben, sondern auch sich selbst. Sie könnte das Zusammentreffen dieser beiden Welten beschreiben: das Rollenverständnis von ihr und ihrer alten Gesprächspartnerin, die deutsche Küche vom Land und die internationale Küche aus der Stadt, das Hadern mit dem Kochen in ihrer eigenen Familie und die Selbstverständlichkeit des Kochens in der Familie der älteren Dame. Fotos könnten dieses gegenseitige Abtasten, das Misstrauen und das Annähern dokumentieren. Ich würde mir ein Kochbuch wünschen, in dem diese Spannung genauso abgebildet ist wie die Thüringer Kartoffelklöße. Betuliche Kochbücher mit Omas Rezepten gibt es zuhauf. Aber keines stellt die unterschiedliche Auffassung vom Kochen als Ausdruck eines Konflikts zwischen zwei Selbstbildern dar. Sollte die Journalistin dieses Buch nicht schreiben, könnten wir diese Idee alle selbst in die Tat umsetzen.

Sprechen wir doch mit unseren Müttern darüber, warum sie so viel gekocht haben, ob sie sich beim Kochen zufrieden oder einsam gefühlt und ob sie Anerkennung ihrer Familie gespürt haben oder nicht. Setzen wir uns doch mit ihnen an den Küchentisch und erzählen ihnen, wie wir sie als Kinder beim Kochen erlebt haben und warum wir es in unseren Familien ganz anders machen müssen. Nicht nur mit unseren Müttern, auch mit anderen Menschen, die wir nicht verstehen, könnten wir über das Essen reden. Ich kenne kein Thema, das besser dazu geeignet wäre, die Spannungen zwischen den Generationen, zwischen Stadt und Land, zwischen Grünen und Konservativen, zwischen Deutschen und Migranten, nicht zuletzt zwischen Coronamaßnahmenverteidigern, Coronamaßnahmenkritikern und deren Gegnern zu diskutieren, als dieses.

Nicht nur die Großstadt-Nomaden können etwas von den Landsässigen lernen. Die Lernbereitschaft sollte auch bei den Verantwortlichen der Vereine und Organisationen vorhanden sein. Bei vielen Engagierten habe ich eine große Enttäuschung darüber erlebt, dass so wenige junge Menschen sich noch dauerhaft engagieren wollen. Die Feuerwehren sind dabei eine Ausnahme. Im Gegensatz zu vielen anderen Organisationen auf dem Land konnten sie ihre Mitgliederzahlen auf einem konstant hohen Niveau halten. Aber die meisten Vereine haben Schwierigkeiten, die Aufgaben in die Hände von Jüngeren zu legen. Dieser Umstand ist für viele ältere Vereinsverantwortliche schwer zu ertragen. Sie wollen ihr Erbe aufteilen und haben die Hoffnung, dass die Erben das Erbe als Gewinn betrachten, es mit großer Verantwortung bewahren und später selbst weitergeben. Aber die Erben schlagen das Erbe aus.

Viele Menschen auf dem Land interpretieren diesen Umstand als Ausdruck des immer stärker werdenden Individualismus der jüngeren Generationen. Als Reaktion auf das mangelnde Interesse der Jüngeren schimpfen sie über die Egoisten – anstatt auf sie zuzugehen und sie nach ihren Motiven zu fragen. Sie verteidigen ihre Position mit Stolz und Würde, statt die neuen Gegebenheiten in ihre Arbeit zu integrieren. Damit lassen sie häufig Gelegenheiten links liegen, die ihnen den Weg in die Neuausrichtung ihres Vereins weisen könnten. Sie müssen sich mit der schweren Erkenntnis auseinandersetzen, dass die Phase des stetigen Engagements zu Ende geht und Dauermitgliedschaften kein attraktives Beteiligungsmodell mehr darstellen. So wie die Zahl der Familienväter abnimmt, die stolz von ihrem 15 Jahre alten Auto erzählen, weil sie es immer scheckheftgepflegt und nie den Kindern ausgeliehen haben, so berichten immer weniger Menschen voller Freude über ihre 15-jährige Mitgliedschaft in einem Verein. Dauerhaftigkeit als Wert verliert leider seine Bedeutung. Auch die Glückwunschkarten zur silbernen Hochzeit in den Bahnhofsbuchhandlungen setzen Jahr für Jahr mehr Staub an. Viele Menschen mittleren Alters erwarten nicht mehr, dass etwas besonders alt wird. Das gilt ebenso für ihr Auto wie für ihre Beziehung. Diese Personen sind nicht unbedingt weniger aktiv. Sie möchten nur jederzeit aussteigen dürfen, wenn es zu viel wird. Vereine müssen sich an der neuen Lebensrealität einer wachsenden Mehrheit orientieren und mehr zeitlich begrenzte Projekte anbieten. Die Verpflichtung, im Obst- und Gartenbauverein jedes Jahr drei Mal die Hecken zu schneiden, die Ruhebänke zu streichen und die Pflanzkästen in Schuss zu halten, wird rapide abnehmen. Aber die Notwendigkeit, einmal im Jahr ein Wochenende lang Hecken und Bäume zu schneiden, Waldwege zu säubern und die Obstwiese zu mähen, wird bleiben. Diese Änderung in der Vereinskultur stellt die Verantwortlichen auf eine harte Probe, weil sie ihrem Wertesystem widerspricht. Aber ich glaube, dass auch die traditionsreichsten Organisationen sich dem Lauf der Zeit anpassen müssen, um zu überleben. Selbst in St. Georgen wird man vielleicht irgendwann anfangen, die 20-jährigen Vereinsmitgliedschaften zu feiern. Bislang gelten diese Mitglieder noch als Neuankömmlinge, die erst noch beweisen müssen, dass sie es ernst meinen mit ihrem Einsatz für den Turnverein 1863 e. V. Irgendwann werden auch sie von Gerhard Mengesdorf geehrt, aber ich werde diesen Zeitpunkt sicher nicht mehr erleben.

ANSTECKUNGSANGST
IN LUCKENWALDE

Als ich 2019 mit dem ersten Aufarbeitungsprojekt begann, konnte ich nicht ahnen, wie schnell unsere ganze Arbeit unterbrochen werden würde. Anfang des Jahres 2020 bekam ich Besuch von meinem dänischen Freund Jens, der auf der Reise zwischen Hongkong und Kopenhagen bei uns in Luckenwalde Station machte. Er saß auf unserer Terrasse und erzählte davon, dass in China gerade ein neues Virus entdeckt worden sei, das sich über die gesamte Welt ausbreiten könnte. Die Behörden in Hongkong seien sehr besorgt. In den Medien dort sei die gesundheitliche Gefahr des Virus das beherrschende Thema gewesen. Als er aber in Berlin aus dem Flugzeug stieg, wurde er von niemandem kontrolliert. Alle Ankommenden wurden durchgewunken. Wir scherzten über die typische Berliner Lockerheit am Flughafen, sprachen aber schnell über Jens' Reiseerlebnisse im Osten und über unsere. Wir waren im Mai 2019 nach Luckenwalde gezogen.

Wenige Monate später lief ich an leeren Toilettenpapier-Regalen entlang und telefonierte mit unseren Kooperationspartnern und Geldgebern. Wir waren gezwungen, das Projekt auszusetzen. Doch bevor Läden und Schulen, Praxen und Vereinsheime ihre Türen schließen mussten, wollten wir unbedingt noch das eine Einzelprojekt präsentieren, mit dem alles angefangen hatte. Meine allererste Fahrt zum allerersten Workshop führte mich nach Mannheim. Dort wurde ich von zwei freundlichen Feuerwehrmännern begrüßt, die sich seit vielen Jahren um das Archiv der Feuerwehr kümmerten. Am Ende der ersten Veranstaltung bat ich, mich verabschieden zu dürfen, weil ich um vier Uhr aufgestanden sei, um pünktlich in Mannheim zu erscheinen. Die Feuerwehrleute lächelten mir freundlich zu und äußerten Verständnis. Aber einer von ihnen sprach aus, was wahrscheinlich viele von ihnen dachten: «Ich stehe an den allermeisten Tagen um vier Uhr auf.»

Als der Beginn des ersten *Lockdowns* bekannt wurde, überlegten wir, ob wir die Präsentation der Ausstellung verschieben oder zumindest noch eine Woche lang zeigen sollten, bevor es nicht mehr möglich war. Wir entschieden uns für die zweite Option. An einem Montagmorgen fuhren wir mit zwei Mannschaftswagen zum Stadthaus N 1 und trugen unsere Materialien in den ersten Stock. Dort angekommen stellten wir fest, dass sich in unserer Ausstellung niemand anstecken würde. Denn es kam niemand in den ersten Stock. Während des gesamten Aufbaus erschienen nur drei fremde Personen in dem leerstehenden Stockwerk. Zwei davon hatten im Fahrstuhl auf den falschen Knopf gedrückt und wollten eigentlich zur Bibliothek; eine Dame stieg die Treppe herauf und wollte sich über den Spielplan des Oststadttheaters informieren, das auf derselben Etage untergebracht war. Sonst kam niemand. Das rotweiße Absperrband, das normalerweise beim Ausstellungsaufbau gespannt wird, schenkte ich danach unserem Sohn.

Dank der Bemühungen unserer beiden Einzelprojektleiter haben viele Mannheimer von der Arbeit erfahren, weil die Zeitungen darüber berichteten. Unser Einzelprojektleiter Matthias Müller sprach im Studio eines lokalen Fernsehsenders über unsere Recherchen. Danach veröffentlichten sie sogar noch ein Buch zum Thema und wurden für ihren unermüdlichen Einsatz für das Projekt vom Feuerwehrverband ausgezeichnet. Aber eine Ausstellung als Ort des Austauschs hat es bei unserem ersten Einzelprojekt im Oktober 2020 nicht gegeben. Die Angst vor der Ansteckung war zu groß.

Genau drei Jahre später, im Oktober 2023, lief ich neben einem jüdischen Anthropologieprofessor aus den USA durch den Hessenpark. Paul Liffman war gekommen, um die Präsentation unseres Gießener Einzelprojekts zu besuchen. Seine Familie stammt selbst aus Oberhessen. Auf dem Gießener Kirchplatz hatten wir eine Box und eine lange Tafel aufgebaut. In der Box zeigten wir einen Film über einen jüdischen Holocaustüberlebenden aus Gießen, an der Tafel saß seine Familie aus Israel. Wir besuchten den Hessenpark, weil dort das Wohnhaus der Familie wieder aufgebaut worden war und weil die Israelis unbedingt beim Bäcker «Bobbes» probieren mussten. Paul stellte mir jede Menge Fragen und war ausschließlich daran interessiert, meine Antworten richtig zu verstehen. Ich antwortete ausführlich, und je länger das Gespräch andauerte, desto unwohler fühlte ich mich. Ich hatte noch nie mit einem Professor gesprochen, der selbst gar nichts sagen, sondern nur verstehen wollte. Irgendetwas stimmte mit diesem Paul Liffman aus Chicago nicht. Doch obwohl ich ihn inzwischen besser kennengelernt habe, kann ich immer noch nicht sagen, was es ist.

Paul fragte mich, ob ich die Studie *The Management of Hate*, auf Deutsch: *Die Verwaltung des Hasses*, kennen würde. Ich kannte das Buch nicht. Paul erklärte mir, dass der Autor namens Nitzan Shoshan sich mit dem Umgang der deutschen Mehrheitsgesellschaft mit Rechtsextremen beschäftigen würde. Shoshan beobachtete, wie Behörden, Vereine, die Politik und die Medien auf Rechtsradikale reagierten, und konzentrierte sich dabei auf das Gebiet des ehemaligen Ost-Berlin. Er hatte vorher eineinhalb Jahre mit rechtsextremen Jugendlichen zusammengelebt. Als Ergebnis seiner Untersuchung stellte er fest: Die Deutschen haben Angst, von den Rechtsradikalen und ihrem Gedankengut angesteckt zu werden. Aus dieser Furcht vor der Infektion würden Behörden, aber auch viele normale Bürgerinnen und Bürger äußerst harsch auf die Taten der Rechtsextremen reagieren. Shoshan meint, dass die Angst vor der Ansteckung verhindern würde, sich mit den tieferen Ursachen des Hasses auseinanderzusetzen. Wer fürchten muss, sich selbst anzustecken, der muss sich die bereits infizierten Personen vom Leib halten. Bei jeder Untersuchung steht der Schutz des eigenen Lebens im Vordergrund. Seit ich von Nitzan Shoshan gehört und Texte von ihm gelesen habe, sehe ich seine Thesen an allen Ecken und Enden bestätigt.

Nach meinen vier Jahren auf Reisen durch unser Land habe ich den Eindruck gewonnen, dass die Angst vor der Ansteckung noch größer geworden ist, als sie ohnehin schon war. Wir glauben inzwischen, dass nicht mehr nur Rechtsradikale, sondern auch Rechte das Virus in sich tragen. Unsere Angst vor der Infektion mit dem Coronavirus und unsere Angst vor der Ansteckung mit Rechtsradikalismus sind zu einer gemeinsamen Angst verschmolzen. Wir wollen den Kreis der Infizierten lieber zu weit fassen als zu eng. Sicher ist sicher.

In den Debatten über die Coronamaßnahmen habe ich ein Phänomen beobachtet, das ich noch in keiner anderen gesellschaftspolitischen Auseinandersetzung erlebt habe: den Drang, nicht genau zu differenzieren.

Wer häufiger geistes- oder sozialwissenschaftliche Tagungen und Konferenzen besucht hat, der weiß, dass die Differenzierung des Forschungsgegenstandes etwa die Hälfte aller Fragen nach einem Vortrag ausmacht. Nach wirklich jedem Referat wird von Zuhörer*innen gefordert, genauere Unterscheidungen vorzunehmen. Wer in seinem Vortrag über Mittelamerika spricht, der wird ermahnt, zwischen den einzelnen mittelamerikanischen Staaten zu unterscheiden. Belize und Costa Rica könne man wohl kaum in einen Topf werfen. Wer über den Islam spricht, solle sich bitte zwischen Schiiten und Sunniten entscheiden. Wer über die Region zwischen Würzburg und Bamberg redet, der möge genau prüfen, ob er Ober- oder Unterfranken meint. Nach Bierfesten steigt die Zahl der Straf-, nach Weinfesten die Zahl der Geburtsanzeigen. Diese letzte Unterscheidung liegt mir persönlich besonders am Herzen.

Auf allen Konferenzen und nach allen Vorträgen gibt es nach diesen Differenzierungsaufrufen Wortmeldungen, die genau das Gegenteil verlangen. Man müsse die Phänomene auf jeden Fall zusammendenken, heißt es dann. Doch diejenigen, die Gegenstände zusammenfassen und vereinfachen möchten, sind fast immer Professoren kurz vor der Emeritierung. Wer auf der Karriereleiter noch aufsteigen will, muss differenzieren.

Der Differenzierungsdrang von Akademiker*innen macht auch vor der Freizeit nicht halt. Vor einigen Jahren hörte ich zwei Sozialwissenschaftlern in Jerusalem dabei zu, wie sie sich über den angespannten Wohnungsmarkt in Hackney austauschten. Schnell verriet mir mein Handy, dass es sich dabei um einen Stadtteil von London handelte. Einer der beiden war davon überzeugt, dass man in Hackney immer noch relativ günstige Wohnungen finden könne. Der andere entgegnete, es komme sehr darauf an, wo genau in Hackney man suche.

Wer auf der Berlinale die Beiträge des jungen osteuropäischen Kinos lobt, wird wahrscheinlich mit der Nachfrage konfrontiert, an welchen Teil von Osteuropa man denn gedacht habe. Das junge bulgarische Kino und das junge rumänische Kino seien kaum miteinander vergleichbar.

Wissenschaftler unterscheiden für ihr Leben gern. Daher habe ich mich in den vergangenen Jahren oft gefragt, wo dieser Drang zur Differenzierung geblieben ist. Ich selbst habe auf meinen Reisen viele Arten von Befürwortern der Coronamaßnahmen, aber auch viele unterschiedliche Arten der Kritik und Gegnerschaft kennengelernt. Manche Bekannte haben sich impfen lassen, weil sie überzeugt waren, dass sie dadurch sich und andere schützen würden. Andere haben genau dasselbe getan, weil sie der Bundesregierung vertraut haben. Wieder andere sind zum Impfarzt gegangen, weil sie ihren Arbeitsplatz nicht verlieren wollten. Noch einmal andere haben sich dafür entschieden, weil sie Ärger in der Familie oder im Kollegenkreis vermeiden wollten.

Umgekehrt haben sich Menschen nicht impfen lassen, weil sie die Impfstoffe für zu wenig erforscht hielten. Andere entschieden sich dagegen, weil sie über ihren eigenen Körper selbst bestimmen wollten. Wieder andere weigerten sich, weil sie beobachtet hatten, dass ihre Freunde trotz Impfung an Corona erkrankten. Noch einmal andere sprachen sich gegen Impfungen aus, weil sie die Statistiken selbst nachgerechnet hatten und zu anderen Ergebnissen gekommen waren.

In den Corona-Debatten, die ich verfolge, wird die Welt selbst von den reflektiertesten Vertreter*innen ihres Faches nach wie vor eingeteilt in die große Gruppe der Vernünftigen, die sich an die Regeln gehalten haben, und die kleine Gruppe der Unverbesserlichen, die nur an sich denken. Eine Differenzierung nach Motivlagen, nach Regionen, nach Bildungsgrad und nach Religionszugehörigkeiten findet nicht statt. Ich vermisse die Neugier und das Interesse, jede größere Gruppe in Untergruppen aufzuteilen. Zu meiner großen Verwunderung wurde ich in Debatten noch nicht über Unterschiede in der Impfbereitschaft zwischen der Nordneuköllner und der Südneuköllner Bevölkerung aufgeklärt, Kreuzkölln müsste natürlich als Sonderfall betrachtet werden.

Würden die Debatten im Bundestag und im Fernsehen, im Radio und in den Zeitungen von den Menschen im Land nicht wahrgenommen werden, könnten wir es dabei belassen und das Kapitel Corona schließen. Aber die vergangenen Jahre haben meiner Beobachtung nach ein Maß an Misstrauen und Entfremdung geschaffen, das mir in meiner Lebenszeit noch nicht einmal ansatzweise so stark begegnet ist. Vielleicht ist es vergleichbar mit der Treuhand-Zeit. Nachdem die Euphorie der Wiedervereinigung verflogen war, wurden viele Unternehmen der ehemaligen DDR aufgelöst. Die Beschäftigten verloren ihre Arbeitsstellen und standen erst einmal mit leeren Händen da.

Viele Debattierende haben kein Interesse, sich mit den vielen unterschiedlichen Erfahrungen der Menschen genauer auseinanderzusetzen. Als ob schon ein genauerer Blick eine Ansteckungsgefahr mit sich bringen würde. Ich kann nur umreißen, welche Belastungen, welches Leid die Coronamaßnahmen über viele Menschen gebracht haben. Ich kann kaum beschreiben, wie zerrissen sich viele gefühlt haben. Sie mussten sich entscheiden zwischen der Einhaltung von Regeln und der Sorge um sich und andere. Ich kann kaum in Worte fassen, wie viele traurige Geschichten ich in den vergangenen vier Jahren gehört habe.

Von dem Sohn, dessen Vater im Krankenhaus gestorben ist und den wegen der Coronamaßnahmen nur er oder seine Mutter besuchen durften. Nur Stunden vor dem Tod durften sie ein einziges

Mal beide bei ihm sein. Der beste Freund konnte sich daher nicht mehr von ihm verabschieden.

Von der Physiotherapeutin, die ihre Praxis schließen sollte, aber dem krebskranken Mann ihre Therapien nicht vorenthalten wollte.

Von den Eltern, deren Kinder nicht mehr am Online-Unterricht teilnehmen wollten und die trotzdem allerhöchstens Online-Sprechstunden bei der Beratungsstelle erhalten konnten.

Von den Ehepartnern, die schon vor den Maßnahmen eine krisenhafte Zeit durchlebt hatten und sich nun überhaupt nicht mehr aus dem Weg gehen konnten, obwohl sie sich dringend aus dem Weg gehen mussten.

Von dem erwachsenen Mann, der Hunderte Kilometer von seiner alten Mutter entfernt lebt und nicht gleich zu ihr fahren konnte, als sie nach der Impfung eine Herzmuskelentzündung erlitt.

Von der Ärztin, die sich jeden Tag beim Impfen von Impfgegnern beschimpfen lassen und sich anhören musste, sie sei für den Tod von Menschen verantwortlich.

Von den besten Freundinnen, die keinen Weg fanden, miteinander zu sprechen, weil die eine sich impfen und die andere sich nicht impfen lassen wollte, und deren Freundschaft daran zerbrochen ist.

Von der Frau, die keine Lust mehr hatte aufzustehen und sich irgendwann nur noch dick und hässlich fühlte.

Von den Jugendlichen, die von ihren Klassenkameraden nicht mehr zum gemeinsamen *Fortnite*-Spielen eingeladen werden, weil sie im Lockdown nicht länger spielen durften als vorher, ihre Freunde aber sehr wohl.

Von den Krankenschwestern, die nachts nicht mehr schlafen konnten, weil sie den Konflikt zwischen den Geimpften und den Ungeimpften auf ihrer Station nicht mehr ausgehalten haben.

Von dem Jungen aus der 4. Klasse, der nicht mehr in die Schule gehen will, weil er keinen Anschluss mehr findet.

Von den Pflegedirektor*innen, die keine Wahl hatten, als die gesetzlich vorgegebenen Maßnahmen umzusetzen, und sich ständig dafür rechtfertigen mussten.

Von dem Hotelier, der schon vor Corona nicht wusste, ob er die Kredite würde zurückzahlen können, und jetzt neue Schulden aufnehmen oder Mitarbeiter*innen entlassen musste.

Von dem Gastronomen, der die Hälfte der Tische aus dem Gastraum geräumt und Plexiglasscheiben gekauft hat, um danach zu erfahren, dass er sein Restaurant trotzdem zu schließen hatte.

Von der Mitarbeiterin im Gesundheitsamt, die ihre klugen Ideen zur Verbesserung der Kommunikation mit den Infizierten nicht in die Realität umsetzen durfte und die alle Quarantänebescheide mit dem Faxgerät verschicken musste.

Von den vielen Eltern, die zuhause nicht mehr arbeiten konnten, weil es ständig laut war, und die darüber aggressiv geworden sind.

Von der Frau mit einer Behinderung, die sich auf keinen Fall anstecken durfte und die ihre Wut auf die Impfgegner immer schlechter kontrollieren konnte.

Während die Erfahrungen sehr unterschiedlich ausfielen, herrschte in der Debatte immer noch ein Drang nach Vereinfachung. Viele gebildete Freund*innen und Bekannte hatten Schwierigkeiten, sich auf die vielfältige Ebene der Erfahrung einzulassen. Manche vertreten immer noch die Auffassung, die meisten Kritiker oder Gegner der Maßnahmen hätten sich über die Einschränkungen empört, obwohl sie selbst gar nicht betroffen gewesen wären. Sie versuchen, die erlebten Belastungen aus der Kritik herauszurechnen. Mein Eindruck ist, dass auch linke Denker*innen und progressive Intellektuelle sich gegenüber dem Leid der Bevölkerung immunisieren wollen. Als würden die Erfahrungen ihren Debattenstandpunkt bedrohen. Als könnte das Zuhören sie anstecken.

Bei den meisten, die sich gegen Maßnahmen gewehrt haben, herrscht ein Gefühl des Ausgestoßenseins vor. Der entscheidende Einschnitt in ihrem Leben war oft gar nicht die Entscheidung, sich nicht impfen zu lassen. Für sie kam die Zäsur danach. Freunde wandten sich ab, der Arbeitgeber setzte sie unter Druck, Teile der Familie brachen schweigend die Beziehung ab. Im Debattenraum werden diese Menschen aber als Angreifer beschrieben. Der Fokus der Kritik liegt auf der Weigerung, sich impfen zu lassen. Die Folgen der Entscheidung in der Lebenswelt der Personen werden oft gar nicht groß beachtet.

Wäre nur eine kleine Gruppe von Menschen betroffen, müsste uns ihr Schicksal nicht weiter beschäftigen. Aber die Zahl derjenigen, die sich nicht, nicht vollständig oder gegen den eigenen Willen hat impfen lassen, liegt im zweistelligen Millionenbereich. Die Ausgestoßenen oder Angreifer leben überall mitten unter uns.

Der Gegensatz zwischen den groben Linien im Debattenraum und den feinen Unterschieden in der Erfahrungswelt hat massive Auswirkungen auf den gesellschaftlichen Zusammenhalt. Dieses Phänomen habe ich vor vielen Jahren selbst erforscht. Ich habe mich in meiner Doktorarbeit im Fach Geschichte mit meiner Heimatstadt Würzburg beschäftigt. Meine Frage war einfach: Wie hat sich die Krise der Zeit um 1800 auf die verschiedenen Bevölkerungsgruppen ausgewirkt? Die Napoleonische Zeit brachte in den Jahren zwischen 1795 und 1815 viel Unheil über die Stadt. Ich untersuchte, wie sich die Kriege, die Einquartierungen, die Warenknappheit, die Schließung und die Neueröffnung der Universität auf die unterschiedlichen Bevölkerungsgruppen auswirkte. Dies erforschte ich anhand von Schreiben, die aus der Feder der Würzburger stammten. Handwerker schrieben Bittgesuche, Professoren verfassten Briefe. Nach der Lektüre von vielen Hunderten Dokumenten ahnte ich, was sich in der Stadt zugetragen hatte.

Das Erstaunliche war, dass nicht ein einziges Ereignis alle Bewohner besonders betraf. Verschiedene Ereignisse wirkten sich unterschiedlich stark auf die Bevölkerungsgruppen aus. Besonders auffällig fand ich, wie wenig sich Professoren für den Krieg interessierten. In den Briefen, die sie während der Einberufung der Handwerkersöhne schrieben, verloren sie kaum ein Wort über das schreckliche Schicksal, das den jungen Männern aus der Stadt bevorstand. Umgekehrt interessierte es die Handwerker nicht, wenn unliebsame Gelehrte ihre Anstellung verloren und neue Professoren berufen wurden. Welche Ereignisse die Würzburger innerhalb der zwanzigjährigen Krisenzeit tatsächlich trafen, hing von ihrem Beruf ab.

Ich habe damals den Begriff des Zäsurenpluralismus für dieses Phänomen vorgeschlagen: Statt eines Ereignisses, das alle als Einschnitt erleben, empfinden unterschiedliche Personen unterschiedliche Daten als Zäsuren. Dies lässt sich auch auf die Coronazeit übertragen. Für die einen war der erste Lockdown 2020 der belastende Einschnitt, für die anderen die Schließung des kleinen Restaurants im Jahr 2021, für wieder andere der Tod eines Angehörigen im Jahr 2022, für noch einmal andere die Antriebslosigkeit des eigenen Kindes, die immer noch fortbesteht. Jeder Versuch, diese vollkommen unterschiedlichen Erfahrungen in einer gemeinsamen Haltung zusammenzufassen, ist zum Scheitern verurteilt. Der Sohn, der sich nicht mehr von seinem Vater im Pflegeheim verabschieden durfte, wird immer anders über die Zeit denken als der Angestellte des öffentlichen Dienstes, der die Coronazeit und die Impfungen relativ unbeschadet überstanden hat. Wir müssen diese Unübersichtlichkeit und Unkontrollierbarkeit der Erfahrungen zulassen. Wir sollten unserem Drang widerstehen, Gruppen nach ihrer Einstellung zu unterteilen statt nach ihren Erfahrungen.

Wir sollten uns auch fragen, warum wir bereits jetzt eine Deutung vorlegen wollen. Wir haben noch nicht einmal ansatzweise die verschiedenen Bevölkerungsteile differenziert, die ähnliche Erfahrungen gemacht haben. Die abgehängten Schulkinder, die Long-Covid-Patienten, die bankrottgegangenen Unternehmer, die vereinsamten Alten, die während Covid getrennten Paare und die in der Zeit auseinandergerissenen Familien sind nur einige der relevanten Untergruppen. Wir müssen diese große Variabilität in den Erfahrungen erst einmal begreifen, bevor wir die Zeit interpretieren. Unglaublich viele Folgen haben wir noch nicht einmal ansatzweise erforscht. Diese Geduld und die Genauigkeit müssen wir aufbringen. Mit schnellen und groben Linien lässt sich kein genaues Bild zeichnen.

Noch sind die Folgen der Coronakrise in vielen Orten zu spüren. Nur erhalten die Auseinandersetzungen keine Aufmerksamkeit mehr. Daher meinen manche Bewohner*innen des Debattenraums, dass die Schlachten geschlagen seien. Aber nach meinen Beobachtungen ist das nicht der Fall. In den allerwenigsten Einrichtungen sind die Konflikte der Coronazeit konstruktiv gelöst worden. Die allermeisten Führungskräfte in Schulen und Krankenhäusern, in Pflegeheimen und Pflegediensten, in Kindertagesstätten und Behörden sind heilfroh, dass die Zeit vorbei ist, und wollen sich mit den schlimmen Jahren möglichst nicht mehr beschäftigen. Sie merken nicht, wie sehr es unter der Oberfläche noch brodelt. Viele Beschäftigte haben sehr viele negative Erinnerungen an die Zeit, die sie nie geäußert haben. Sie haben während der Coronazeit ausgeharrt, weil sie sich verpflichtet gefühlt haben oder weil sie die Situation auf dem Arbeitsmarkt als zu unsicher eingeschätzt haben. Doch jetzt hat sich die Lage geändert. Wenn ihre Arbeitgeber jetzt Mehrarbeit verlangen, Urlaubsanträge nicht genehmigen, Gehaltserhöhungen verweigern oder ihren Aufgabenbereich gegen ihren Willen verändern, dann sind sie weg. Für viele Menschen ist seit dem Ende der Coronamaßnahmen das Fass bis zum Überlaufen voll. Die Kündigung ist schon geschrieben. Nur das Datum muss noch eingetragen werden. Wer nicht gerne mit Menschen spricht und sich ihre Geschichten anhört, der kann immerhin Statistiken lesen. Der hohe Krankenstand, die starke Fluktuation und der Fachkräftemangel im sozialen Sektor sollten als Indizien ausreichen, um zu verstehen: Die Coronamaßnahmen wirken noch lange nach. Nichts ist beendet, außer bei manchen die Bereitschaft zur Auseinandersetzung.

Während viele Debattierende die Welt noch immer in Vernünftige und Schwurbler einteilen können, weil diese Aufteilung für sie keinerlei Konsequenzen mit sich bringt, bemühen sich immerhin manche Arbeitgeber um Versöhnung. Immer wieder habe ich gehört, dass Chefärzte und Pflegedienstleitungen nun irgendwie versuchen, die Wogen zu glätten. Mit einer konstruktiven Aufarbeitung hat dies zwar oft wenig zu tun. Aber immerhin entsteht in einigen Chefetagen langsam ein Gefühl dafür, dass man auf die Beschäftigten hören muss, wenn man sie nicht verlieren will.

Vor einiger Zeit habe ich mit einer Mutter von drei Kindern gesprochen, die in einer Kleinstadt bei der Arbeiterwohlfahrt arbeitet. Ich wollte mich mit ihr und ihrem Mann treffen, weil er mir etwas erzählt hatte, was ich zunächst gar nicht richtig glauben konnte. Unter den Kolleg*innen seiner Frau seien ebenso viele Geimpfte wie Ungeimpfte gewesen, und trotzdem seien keine Konflikte in dem Team entstanden. Bis jetzt sei die Belegschaft beieinandergeblieben. Das Arbeitsklima sei nach wie vor sehr gut. Ungläubig hörte ich der Frau zu und ließ mir genau erklären, wie ihnen das gelungen war. Ihre Vorgesetzte hatte bereits weit vor Beginn der Maßnahmen eine wertschätzende Gesprächsatmosphäre geschaffen. Die Kommunikation war gut strukturiert und in mehrere Formate aufgeteilt: Es gab Einzelgespräche mit der Vorgesetzten, es gab Teambesprechungen und Gespräche innerhalb des Teams sowie ohne Beisein der Chefin. Die Vorgesetzte legte Wert darauf, die persönlichen Einstellungen unter ihren Mitarbeiter*innen wahrzunehmen und zu respektieren. Schon vor Corona waren sich die Teammitglieder ihrer Unterschiedlichkeiten bewusst. Als sich die Hälfte der Kolleg*innen gegen die Impfung entschied, löste diese Entscheidung bei der anderen Hälfte keine unausgesprochene Wut oder innere Verurteilung aus. Denn sie waren es gewohnt, dass ihre Teammitglieder sich von ihnen selbst unterschieden. Die Fremdheitserfahrung war bereits eingeübt.

Die Mitarbeiter*innen verfolgten die Nachrichten und erkundigten sich bei den Klient*innen nach ihren Infektionen. Auf diese Weise konnten sie gewährleisten, dass ihre individuellen Impfentscheidungen sich nicht negativ auf die Personen auswirkten, die sie betreuten. Die Klient*innen waren dankbar für die Stetigkeit im Team. Sie konnten sich auf die AWO-Beschäftigten verlassen.

Alle Beteiligten dieses kleinen Kosmos sind mit dem Verlauf

zufrieden: Die Vorgesetzte, die Klient*innen, die geimpften Kolleg*innen und die ungeimpften. Aber viele Akteure des Debattenraums würden diesen Weg dennoch ablehnen. Denn nach ihrer Ansicht hätte die Chefin mit Entschlossenheit gegen die Ungeimpften im Team vorgehen müssen. Es gibt einen Grund dafür, warum in den Debatten kaum Beispiele von Belegschaften bekannt sind, die gestärkt aus der Krise heraustraten. Denn in allen diesen Fällen war der Wille zur Einigung größer als der Wille zur Ausgrenzung, bei allen vertrugen sich Kritiker und Befürworter der Maßnahmen. Diese Front fallen zu sehen, bereitet vielen immer noch Unbehagen.

Noch größer als die Angst, von Coronamaßnahmenkritikern angesteckt zu werden, ist die Furcht vor der Infektion durch Rechtsradikale. Viele Intellektuelle beschreiben die Bundesländer, in denen demnächst gewählt wird, wie Krisengebiete. Wenn sich dort nicht sehr schnell massiv etwas ändert, dann steht unser Land am Abgrund. Aber anders als im Ahrtal zieht man in Brandenburg, in Thüringen und in Sachsen-Anhalt nicht die Kräfte zusammen. Wir sehen keine Busse mit Mitgliedern der anderen Parteien auf den Autobahnen, die sich auf den Weg machen, um die Wähler dort zu überzeugen. Wir sehen keine Intellektuellen mit fertigen Reden über den europäischen Geist im Gepäck in die Züge Richtung Erfurt steigen. Wir sehen allgemein wenig Bewegung in diese Krisengebiete hinein. Denn offenbar will kaum jemand mit denen, die für die Krise verantwortlich sind, in Berührung kommen. Die Angst vor der Infektion scheint größer zu sein als der Wille zur Veränderung.

Oft sitze ich in Runden, in denen wir darüber diskutieren, was wir gegen die Rechten denn nun tatsächlich tun könnten. Die meisten Linken meinen mit Rechten Rechtsradikale, was mir für die meisten nicht radikalen Rechten leidtut. Mit den Rechten, die Linke immer gleich als Linksradikale bezeichnen, habe ich kein Mitleid. Mit den Rechtsradikalen am wenigsten. Viele vernünftige Menschen sind der Überzeugung, dass man den Dialog aufrechterhalten sollte. Man müsse mit Argumenten überzeugen, statt

auszugrenzen. Schnell entwickeln wir dann die Idee, ein Dialogformat zu entwickeln, zum Beispiel einen Informationsstand auf
einem Stadtfest, bei dem man sich über den Nutzen von Zuwan-
derung oder die Stärken einer vielfältigen Gesellschaft informieren kann. In den Gruppen herrscht die Vorstellung, dass AfD-
Wähler zu diesem Stand kommen, sich informieren und im
Gespräch mit uns ins Nachdenken kommen. Vielleicht, so ist
unsere Idee, lässt sich der eine oder der andere Wähler dadurch
umstimmen. Wir sind uns meist schnell darüber einig, dass diese
Infostände und auch alle anderen Dialogformate keine Partei-
veranstaltungen sein dürften. Denn dies würde zu viele negative
Assoziationen hervorrufen.

Ich finde alle diese Ideen gut, weil ich jede Art des Austauschs
befürworte. Aber wenn ich vorschlage, dass wir unser Konzept
erst einmal mit einer Gruppe von gefestigten AfD-Wählern auf
die Probe stellen sollten, ernte ich oft Ablehnung. Ich erkläre, dass
ich noch nie ein Dialogformat durchgeführt habe, das ich vorher
nicht ausprobiert habe. Jeder, der etwas verkaufen will, probiert
seine Verkaufsmethoden erst einmal aus. Jeder gute Vertriebler
nimmt die Anregungen der potenziellen Käufer auf. Sonst hat er
keine Chance, sein Produkt zu vertreiben. Aber mit einem AfD-
Wähler zu sprechen, der sich dazu bereit erklärt, unsere Informa-
tionsmaterialien, unsere Argumente und unser Auftreten zu bewerten, das kann sich niemand von uns richtig vorstellen. Wir
wollen Menschen überzeugen, zu denen wir keinen Kontakt haben wollen.

In den vergangenen vier Jahren habe ich mit Wähler*innen aller Parteien gesprochen. Dabei habe ich mir zwei einfache Regeln
angewöhnt. Erstens versuche ich immer zunächst, mit meinem
Gegenüber die Fakten zum Gesprächsgegenstand zu sammeln.
Wenn mir jemand sagt, es gebe zu viele Araber im Land, dann
frage ich, wie viele Araber denn in Deutschland leben würden. Behauptet mein Gesprächspartner, dass man sich als Migrant in
Deutschland nicht mehr sicher fühlen kann, dann frage ich nach
den Zahlen zur Kriminalität gegenüber dieser Gruppe. Dadurch

teile ich mit der Person, die mir gegenübersteht, eine gemeinsame Aufgabe: Wir recherchieren. Danach, und wirklich erst danach, höre ich mir ihre Deutung an. Aber die Interpretation fällt nach einer Faktensammlung immer differenzierter aus als ohne. Das vorherige Recherchieren bringt Ruhe in die Stimme.

Meine zweite Regel könnte man als Prinzip der geschlossenen und der geöffneten Tür bezeichnen. Wenn jemand mir gegenüber eine Meinung vertritt, die Menschen verachtet, dann sage ich deutlich, dass ich hierüber nicht sprechen werde. Dann schließe ich die Tür. Aber im nächsten Augenblick öffne ich eine andere Tür zu einem Thema, über das ich sprechen kann. Wer mir sagt, Ausländer seien der letzte Dreck, dem antworte ich, dass ich hierüber nicht sprechen werde. Aber wir können gerne über Migration reden. Doch ich bleibe stehen, zumindest ist das mein Ziel.

Dieses Stehenbleiben habe ich von Christa Kessebrock gelernt. Sie ist eine der beiden besten Freundinnen meiner Tante Cornelia Tangerding. Ich kenne sie, seit ich auf der Welt bin. Christa hat eine Kindertagesstätte in Düsseldorf geleitet. Inzwischen ist sie pensioniert. Seit zehn Jahren setzt sie sich für einen tschetschenischen Jungen ein. Er kam mit seinen vier Geschwistern und seinen beiden Eltern 2012 nach Deutschland und sprach zu Beginn kein Wort Deutsch. Er verstand nichts und wurde wütend. Wenn Christa bei ihm war, brüllte er manchmal laut herum. Seine Erzieherin in der Kindertagesstätte berichtete von Wutausbrüchen und Schubsern. Christa blieb an seiner Seite. Wenn er schrie und tobte, blieb sie ruhig neben ihm stehen. Nachdem er sich beruhigt hatte, setzte sie sich zu ihm und besprach mit ihm, was er getan hatte. Sie traf sich jede Woche mit ihm. Wenn Not am Mann war, kam sie mehrmals. Schritt für Schritt verbesserte sich sein Deutsch. Seine Wutanfälle nahmen ab. Er lernte, sich anders verständlich zu machen. Christa besprach sich immer wieder mit meiner Tante und der dritten besten Freundin. Sie reflektierten die Entwicklungen von Ansar und die Rolle von Christa, meistens mit einem Glas Weißwein in der Hand.

Bis heute verbringen Christa und Ansar Zeit zusammen. Inzwischen sehen sie sich nur noch einmal pro Monat. Denn Ansar hat viel zu tun. Christa ist inzwischen seine Patentante. Sie darf ihn sogar von der Schule abholen und mit seiner Lehrerin sprechen. Die beiden sind ein eingeübtes Team. Wenn nur Ansar Lust auf eine Aktivität hat, Christa aber nicht, denken sie weiter nach. Wenn Ansar zum Bus rennen will, muss er warten, bis Christa zur Haltestelle läuft. Denn sie ist nicht mehr so schnell wie er.

Ansar ist inzwischen gut in der Schule. Er ist ein kritischer Jugendlicher geworden. Die Chancen stehen gut, dass er als Erwachsener ein anderes Leben führen kann als das, was er als Kind erlebt hat. All das ist nur möglich, weil Christa vor zehn Jahren bei ihm geblieben ist, als er wütend wurde. Durch Christa habe ich den Sinn des Bleibens entdeckt.

Nach vier Jahren Reise möchte ich selbst bleiben. Ich will nicht mehr durch das ganze Land fahren und ständig weg sein von zuhause. Aber ich packe mein Gepäck mit einem guten Gefühl aus. Denn es gibt so viele Menschen in diesem Land, die bleiben und Veränderungen möglich machen, weil sie bleiben, wo sie sind. Ich bin gekommen und wieder gegangen. Die Menschen vor Ort sind geblieben und sind schon längst mit neuen Projekten beschäftigt. Würde mich jemand fragen, was ich mir für unser Land wünsche, dann wäre es dieses: mehr Menschen, die bleiben, und weniger Remoulade in Bahnhofsbäckereien.

Ich selbst suche mir neue Projekte. Aber vorher muss ich noch eine alte Aufgabe zu Ende bringen. Eine Frage muss ich dringend beantworten. 2019 wurde sie mir gestellt. Bevor ich eine Antwort finden konnte, musste ich die Koffer packen und aufbrechen.

Im Sommer 2019 suchte ich einen Umzugshelfer für einen Tag. Ich gab eine Anzeige in einem Kleinanzeigen-Portal auf. Bald meldete sich ein junger Mann. Er schrieb freundlich und klang zuverlässig. Ich sagte ihm zu. Ein paar Tage später stand er pünktlich vor unserem Gartentor. Wir schleppten Schränke, Stühle und Kisten auf einen Hänger. Er war bärenstark und dachte mit. Bevor wir die Waschmaschine anhoben, zog er den Abwasserschlauch nach oben und hielt ihn mit einer Hand auf dem Deckel der

Waschmaschine fest, als wir losliefen. Wenn wir Möbel durch eine Tür tragen mussten, öffnete er vorher die Tür. Er war weitsichtig, erfahren und sehr kräftig. Nachdem wir ins Auto gestiegen waren, um die Sachen in einer Garage zu lagern, stellte ich ihm ein paar Fragen. Ich wollte wissen, wo er lebte und was er tat. Er erzählte mir von sich. Er lebe allein in einem Haus. Nebenan wohne seine Mutter. Er arbeite als Selbständiger auf dem Bau. Nebenher nehme er Gelegenheitsjobs wie diesen an. Er fragte, wann wir eingezogen wären, wo wir herkämen. Ich antwortete kurz und bündig wie er. Denn wir waren beide geschafft und genossen es offenbar beide, im Auto zu sitzen und zu entspannen. Nach einer Weile schaltete ich das Radio ein. Es lief eine Geschichtssendung, die von Gastarbeitern handelte. Mein Beifahrer sagte halblaut, dass im Namen Gastarbeiter ja nicht ohne Grund das Wort Gast enthalten sei. Der Mann wählt wahrscheinlich nicht die Grünen, dachte ich mir. Ich erklärte ihm, dass die Bundesrepublik in den 1960er Jahren nur mithilfe der Gastarbeiter einen solchen Wirtschaftsaufschwung erleben konnte. Ich nannte noch einige Unternehmen wie Volkswagen, die Jahrzehnte lang auf Arbeitskräfte aus dem Ausland angewiesen gewesen seien. Ob das heute immer noch so war, wusste ich nicht. Der junge Mann neben mir nickte leicht, sah aus dem Fenster und antwortete nicht. Wahrscheinlich war er nicht einverstanden, aber meine Erklärung erschien ihm nicht so unmöglich, dass er widersprechen musste. Wir fuhren nach Hause zurück. Die Arbeit war getan. Ich gab ihm sein Geld und er mir seine Nummer. Wir könnten jederzeit wieder anrufen, sagte er. Ich bedankte mich für das Angebot und seine tolle Hilfe. Ein paar Tage später speicherten wir seine Nummer und seinen Namen und stellten dabei fest, dass wir uns von einem NPD-Kandidaten hatten helfen lassen. Die Nachricht löste bei meiner Freundin und mir sehr unterschiedliche Reaktionen aus. Sie wollte, dass ich den Kontakt sofort wieder lösche und wir uns nie wieder bei ihm melden. Ich wollte noch am selben Abend in die Kneipe gehen, in der er sich mit seinen Freunden treffen wollte. Sie sagte, dass es mit NPD-Politikern überhaupt gar nichts zu besprechen gebe. Ich fragte sie, ob sie denn nicht gesehen habe, wie er leicht genickt habe, als ich vom Nutzen der Gastarbeiter gesprochen habe. Sie wollte, dass ich ihn aufgebe. Ich forderte, erst einmal anfangen zu dürfen. Die Diskussion wurde hitzig. Ich stimmte irgendwann zu, keinen Kontakt mehr zu unserem Helfer aufzunehmen. Vorher nötigte ich ihr die Zustimmung ab, dass meine Position moralisch wertvoller sei als ihre. Ganz sicher untermauerte ich meine Haltung mit einem Kalenderspruch von Mahatma Gandhi oder Nelson Mandela und sie ihre Position mit einem einfachen: Nein!

Seit vier Jahren denke ich darüber nach, ob wir uns richtig entschieden haben oder nicht. Seit vier Jahren frage ich mich, woran ich mich orientieren soll: an dem, was ich erlebt habe, oder an dem, was ich gelesen habe. Genau jetzt ist es Zeit, eine Antwort zu finden.

DANK

Dirk Setton hat den Text vor zu starken Vereinfachungen bewahrt und mich auf die positiven Seiten von Debatten aufmerksam gemacht. Christian Dries hat dem Verlag die Idee für dieses Buch empfohlen und mir Fotos von den Bauern-Demos in Freiburg geschickt. Christina Müller hat das Manuskript mit der Genauigkeit einer hessischen Studienrätin und dem Einfühlungsvermögen einer engagierten Lehrerin gelesen. Stefanie Schüler-Springorum, Juliane Pfordte, Leni Gröbmaier und Paul Liffman haben einzelne Kapitel mit mir diskutiert. Gregor Buss, Johannes Braun, und Christian Maier haben mich während der täglichen Arbeit motiviert, manchmal gegen meinen Willen. Katharina Neubauer hat meinen Heimatort Rottendorf und einen ehemaligen Messdiener von St. Vitus fotografiert. Uta Oettel hat nicht verraten, dass ich nicht so freundlich bin, wie ich mich in dem Buch darstelle, und wird dies auch in Zukunft nicht tun. Dafür möchte ich mich von Herzen bedanken.

BILDNACHWEIS